Gröhs/A. Lang/Luxbacher/Radinsky

Das finanzstrafrechtliche Ermittlungsverfahren

D1723948

Das finanzstrafrecht-
liche Ermittlungs-
verfahren

Ratgeber für Berater und Klienten

MMag. Dr. Bernhard Gröhs, LL.M.
Wirtschaftsprüfer und Steuerberater in Wien

MMag. Alexander Lang
Wirtschaftsprüfer und Steuerberater in Wien

Mag. Dr. Bernd Luxbacher
Steuerberater in Graz

Dr. Orlin Radinsky
Rechtsanwalt in Wien

Zitiervorschlag: *Gröhs* et al, Das finanzstrafrechtliche Ermittlungsverfahren (2015) Seite

Bibliografische Information der Deutschen Nationalbibliothek

Die Deutsche Nationalbibliothek verzeichnet diese Publikation in der Deutschen Nationalbibliografie; detaillierte bibliografische Daten sind im Internet über http://dnb.d-nb.de abrufbar.

Hinweis: Aus Gründen der leichteren Lesbarkeit wird auf eine geschlechtsspezifische Differenzierung verzichtet. Entsprechende Begriffe gelten im Sinne der Gleichbehandlung für beide Geschlechter.

ISBN 978-3-7073-2072-5

© LINDE VERLAG Ges.m.b.H., Wien 2015
1210 Wien, Scheydgasse 24, Tel.: 01/24 630
www.lindeverlag.at

Druck: Hans Jentzsch u Co. Ges.m.b.H.
1210 Wien, Scheydgasse 31
Dieses Buch wurde in Österreich hergestellt.

PEFC zertifiziert
Dieses Produkt stammt aus nachhaltig bewirtschafteten Wäldern und kontrollierten Quellen
www.pefc.at

Gedruckt nach der Richtlinie „Druckerzeugnisse" des Österreichischen Umweltzeichens, Druckerei Hans Jentzsch & Co GmbH, UW Nr. 790

Vorwort

Das Finanzstrafrecht hat in den letzten Jahren eine noch nie dagewesene Bedeutung erlangt und ist mittlerweile auch Bestandteil der öffentlichen Wahrnehmung und Diskussion. Die veröffentlichten Zahlen veranschaulichen eindrucksvoll, inwieweit finanzstrafrechtliche Sachverhalte in der österreichischen Steuerlandschaft verbreitet sind. So wurden im Jahr 2014 rd 10.000 Finanzstrafverfahren geführt und dabei Strafen iHv 131,7 Mio € gegen Steuersünder verhängt (Tendenz steigend). Dazu kommen zusätzlich rd 14.000 eingebrachte Selbstanzeigen von bereits begangenen finanzstrafrechtlichen Verfehlungen, die den Behörden zur Erlangung der Straffreiheit offengelegt werden.

Das finanzstrafrechtliche Ermittlungsverfahren stellt einen Kernbereich jedes Finanzstrafverfahrens dar. Geht es doch hierbei darum festzustellen, ob eine Abgabenverkürzung oder sonstige abgabenrechtliche Pflichtverletzung auch eine finanzstrafrechtliche Komponente aufweist, also ob eine begangene Verfehlung einer Person auch strafrechtlich vorgeworfen wird oder nicht. Zudem ist das Ermittlungsverfahren auch wesentliche Grundlage für die Entscheidungsfindung der Finanzstrafbehörden und Gerichte in einer allenfalls nachfolgenden Hauptverhandlung. Die Zweiteilung in finanzstrafbehördliches und gerichtliches Finanzstrafverfahren und die damit einhergehenden unterschiedlichen Rahmenbedingungen stellen die betroffenen Personen – die Abgabepflichtigen und deren Berater – vor große Herausforderungen.

Dieses Buch soll helfen, in diesem komplexen Regelungsumfeld die Übersicht zu wahren und sowohl den von einem Finanzstrafverfahren unmittelbar Betroffenen als auch deren Parteienvertretern als Begleiter dienen.

Wir bedanken uns bei Mag. *Robert Rzeszut*, MMag. *Hubertus Seilern-Aspang* sowie Frau Dr. *Petra Vyhnalik* für Ihren Einsatz bei der Erstellung der rechtlichen Ausführungen.

Wien, im Juni 2015   *Die Autoren*

Inhaltsverzeichnis

Abkürzungsverzeichnis

ABGB	Allgemeines Bürgerliches Gesetzbuch (JGS 1811/946, in Kraft getreten 1812) idgF
Abs	Absatz
Abschn	Abschnitt
aF	alte Fassung
Anm	Anmerkung
AnwBl	Österreichisches Anwaltsblatt
AÖF	Amtsblatt der österreichischen Finanzverwaltung
ARD	Aktuelles Recht zum Dienstverhältnis
arg	Argument
Art	Artikel
AT	Allgemeiner Teil
AVOG	Abgabenverwaltungsorganisationsgesetz, BGBl 1975/18 idF BGBl I 2010/9
BAO	Bundesabgabenordnung, BGBl 1961/194 idgF
BBG	Budgetbegleitgesetz (2009), BGBl I 2009/52
Bd	Band
BFG	Bundesfinanzgericht
BGBl	Bundesgesetzblatt für die Republik Österreich
BGH	deutscher Bundesgerichtshof
BKA	Bundeskriminalamt
BlgNR	Beilage(n) zu den Stenographischen Protokollen des Nationalrates
BMF	Bundesministerium für Finanzen
BMJ	Bundesministerium für Justiz
bspw	beispielsweise
B-VG	Bundesverfassungsgesetz, BGBl 1930/1 idgF (BGBl I 2014/102)
BWG	Bankwesengesetz, BGBl 1993/532 idF BGBl I 2010/104 (Finanzstrafgesetz-Novelle 2010)

bzgl	bezüglich
bzw	beziehungsweise
Co	Company
DB	Dienstgeberbeitrag
ders	derselbe
dh	das heißt
DSt	Disziplinarstatut für Rechtsanwälte und Rechtsanwaltsanwärter, BGBl 1990/474 idgF
dStGB	deutsches Strafgesetzbuch
DStR	deutsches Steuerrecht (Zeitschrift)
DZ	Zuschlag zum Dienstgeberbeitrag
E	Erkenntnis
EBRV	Erläuternde Bemerkungen zur Regierungsvorlage
ecolex	Fachzeitschrift für Wirtschaftsrecht
EDV	Elektronische Datenverarbeitung
EGMR	Europäischer Gerichtshof für Menschenrechte
EMRK	Europäische Menschenrechtskonvention
EO	Gesetz über das Executions- und Sicherungsverfahren (Exekutionsordnung), RBGl 1896/79 idgF
ErlRV	Erläuterungen zur Revierungsvorlage
EStG	Einkommensteuergesetz
EStR	Einkommensteuerrichtlinien
etc	et cetera
EU	Europäische Union
EvBl	Evidenzblatt der Rechtsmittelentscheidungen
f	folgende
ff	fortfolgende
FinStrG	Finanzstrafgesetz, BGBl 1958/129 idgF
FinStrGNov	Finanzstrafgesetznovelle 2010, BGBl I 2010/104
FinStrR	Finanzstrafrecht
FJ	Finanzjournal
FN	Fußnote
G	Gesetz
gem	gemäß
GeS	Zeitschrift für Gesellschaftsrecht

ggf	gegebenenfalls
GmbH	Gesellschaft mit beschränkter Haftung
GP	Gesetzgebungsperiode
GPLA	gemeinsame Prüfung lohnabhängiger Abgaben
grds	grundsätzlich
hA	herrschende Ansicht
HausRG	Gesetz zum Schutz des Hausrechts, RBGl 1852/260 idgG
HD-Erl	Hausdurchsuchungserlass
HFR	Höchstrichterliche Finanzrechtsprechung (deutsche Zeitschrift)
hL	herrschende Lehre
hM	herrschende Meinung
Hrsg	Herausgeber
idF	in der Fassung
idgF	in der geltenden Fassung
idR	in der Regel
idZ	in diesem Zusammenhang
iHv	in Höhe von
insb	insbesonder(e)(s)
iSd	im Sinne des (der)
iSe	im Sinne einer(s)
iVm	in Verbindung mit
iZm	im Zusammenhang mit
JAB	Justizausschussbericht
JABl	Justizamtsblatt
JAP	Juristische Ausbildung und Praxisvorbereitung
JBl	Juristische Blätter
JGS	Justizgesetzsammlung Österreichs
JMZ	Erlass des Bundesministeriums für Justiz
JRP	Journal für Rechtspolitik
JSt	Journal für Strafrecht
JuS	Juristische Schulung (deutsche Fachzeitschrift)
JusGuide	Online-Plattform mit Rechtsinformationen (www.jusguide.at)
KESt	Kapitalertragsteuer
KG	Kommanditgesellschaft

KWT	Kammer der Wirtschaftstreuhänder
Lfg	Lieferung
LGZ	Landesgericht für Zivilrechtssachen
lit	litera (Buchstabe)
MedienG	Mediengesetz, BGBl 1981/314 idgF
Mio	Million(en)
mwA	mit weiteren Anmerkungen
mwN	mit weiteren Nennungen
nf	neue Fassung
NO	Notariatsordnung, RGBl 75/1871 idgF
Nov	Novelle
NStZ-RR	Neue Steuerzeitung Rechtsprechungs-Report Strafrecht (deutsche Zeitschrift)
NZ	Österreichische Notariatszeitung
OBDK	Oberste Berufungs- und Disziplinarkommission für Rechtsanwälte und Rechtsanwaltsanwärter
OECD	Organisation for Economic Cooperation and Development
OGH	Oberster Gerichtshof
ÖJZ	Österreichische Juristen-Zeitung
ÖJZ-LSK	Österreichische Juristen-Zeitung Leitsatzkartei
OLG	Oberlandesgericht
österr	österreichisch(e)(n)
ÖStZ	Österreichische Steuerzeitung
ÖStZB	Österreichische Steuerzeitung Beilage
PornoG	Pornografiegesetz – Bekämpfung unzüchtiger Veröffentlichungen und Schutz der Jugend gegen sittliche Gefährdung, BGBl 1950/97 idgF
RA	Rechtsanwalt
RAO	Rechtsanwaltsordnung, RGBl 1868/96 idgF
RAPG	Rechtsanwaltsprüfungsgesetz, BGBl 1985/556 idgF
RdW	Recht der Wirtschaft
RGBl	Reichsgesetzblatt
RL	Richtlinie
RL-BA	Richtlinien für die Ausübung des Rechtsanwaltsberufes und für die Überwachung der Pflichten des Rechtsanwaltes (RA-BL 1977)

RS	Rundschreiben
Rsp	Rechtsprechung
Rz	Randzahl
RZ	Österreichische Richterzeitung
S	Satz
s	siehe
SMG	Suchtmittelgesetz, BGBl I 1997/112 idgF
sog	sogenannte(s)(r)
SPG	Sicherheitspolizeigesetz, BGBl 1991/566 idF BGBl I 2009/72
SSt	Entscheidungen des Obersten Gerichtshofs in Strafsachen und Disziplinarangelegenheiten
StExp	SteuerExpress
StGB	Strafgesetzbuch, BGBl 1974/60 idgF
StGG	Staatsgrundgesetz, über die allgemeinen Rechte der Staatsbürger für die im Reichsrathe vertretenen Königreiche und Länder, RGBl 1867/142 idgF
StiftR	Stiftungsrichtlinien
StPO	Strafprozessordnung
StPRG	Strafprozess-Reformgesetz, BGBl I 2004/19 idgF
StrPRÄG	Strafprozessrechtsänderungsgesetz 2014, BGBl I 2014/71
stRsp	ständige Rechtsprechung
StruktVG	Strukturverbesserungsgesetz, BGBl 1969/69
SWI	Steuer und Wirtschaft International
SWK	Steuer- und WirtschaftsKartei
SZ	Entscheidungen des Obersten Gerichtshofs in Zivil- und Justizverwaltungssachen
Tab	Tabelle
ua	unter anderem
udgl	und dergleichen
uE	unseres Erachtens
UFS	Unabhängiger Finanzsenat
UFSG	Bundesgesetz über den unabhängigen Finanzsenat, BGBl I 2002/97 (aufgehoben 31.12.2013)
UGB	Unternehmensgesetzbuch (das Handelsrechtsänderungs-Gesetz wurde durch BGBl I 2005/120 in das Unternehmensgesetzbuch geändert und trat mit 1.1.2007 in Kraft)

UmgrStG	Umgründungssteuergesetz, BGBl 1991/699 idgF
usw	und so weiter
uU	unter Umständen
UVS	Unabhängiger Verwaltungssenat (außer Kraft getreten per 31.12.2013)
va	vor allem
VbVG	Verbandsverantwortlichkeitsgesetz, BGBl 2005/151 idgF
VersR	Versicherungsrecht (deutsche Zeitschrift)
VfGH	Verfassungsgerichtshof
VfSlg	Gesammelte Beschlüsse und Erkenntnisse des Verfassungs-gerichtshofs
vgl	vergleiche
Vor	Vorbemerkungen
VStG	Verwaltungsstrafgesetz, BGBl 1991/52 idgF
VwGH	Verwaltungsgerichtshof
VwSlg	Sammlung der Erkenntnisse und wichtigen Beschlüsse des Verwaltungsgerichtshofes
VWT	Vereinigung österreichischer Wirtschaftstreuhänder
wbl	wirtschaftsrechtliche blätter
wistra	Zeitschrift für Wirtschafts- und Steuerstrafrecht (deutsche Zeitschrift)
WK-StGB	Wiener Kommentar zum Strafgesetzbuch
WK-StPO	Wiener Kommentar zur Strafprozessordnung
WT-ARL	Wirtschaftstreuhandberufs-Ausübungsrichtlinie 2003
WTBG	Wirtschaftstreuhandberufsgesetz, BGBl I 1999/58 idgF
WTBO	Wirtschaftstreuhänder-Berufsordnung, BGBl 1955/125 (auf-gehoben 1989)
Z	Ziffer
zB	zum Beispiel
ZfVB	Zeitschrift für Verwaltung Judikaturbeilage
zit	zitierte(n)
Zl	Zahl
ZPO	Gesetz über das gerichtliche Verfahren in bürgerlichen Rechtsstreitigkeiten (Civilprocessordnung), RBGl 1895/113 idgF
ZustG	Zustellgesetz, BGBl 1982/200 idgF

Literaturverzeichnis

Achammer in *Fuchs/Ratz* (Hrsg), WK-StPO § 48 Rz 21 ff, § 61 Rz 6 ff

Arnold, ÖJZ 1982, 4

Bandion-Ortner, Strafrechtliches zum Budgetbegleitgesetz, ÖJZ 2009/59, 529

Baritsch, Warten auf eine FinStrG-Novelle 2007 – Ein kritischer Ausblick auf die bevorstehenden Neuerungen, GeS 2007, 164 (166)

Bauer, Ausgewählte beweissichernde Zwangsmittel in der neuen StPO, ÖJZ 2008/81, 754 (755)

Bertel/Venier, Strafprozessrecht[3] (2009) Rz 187, 192 und 281

Bertel/Venier, Strafprozessrecht[4] (2010) Rz 166

Birklbauer, Die geplanten Änderungen durch das Budgetbegleitgesetz 2009 – oder: Was budgetäre Not alles bewirken kann, JSt 2009, 81 ff

Brandl/Gahleitner/Leitner, Offshore-Gestaltungen im Blickpunkt, SWK 23–24/2013, 1061

Brandstetter, Das Bestimmtheitsgebot im (Steuer-)Strafrecht, in *Leitner* (Hrsg), Finanzstrafrecht 2005 (2006) 159 (172) (174)

Burgstaller, Zur Täterschaftsregelung im neuen StGB, Rz 1975, 15, 17

F. Bydlinski, Skizzen zum Verbot des Rechtsmissbrauchs im Österreichischen Privatrecht, in FS Krejci (2001) 1079 sowie 1084 und zusammenfassend 1093 ff

Dannecker/Hagemeier, Grenzen der Beteiligung, in *Leitner* (Hrsg), Finanzstrafrecht 2008 (2009) 105

Dellisch, Hausdurchsuchungen bei Rechtsanwälten – Ein Erfahrungsbericht, AnwBl 1983, 3 (3 ff)

Doralt, Der Steuerberater als „Komplize" des Mandanten, RdW 1997, 621

Eckhard, VWT 1998/5, 38

Ehrke-Rabel/Gunacker-Slawitsch, Governance im Steuerrecht, SWK 23–24/2014, 1054

Fabrizy in *Höpfel/Ratz* (Hrsg), WK-StGB[2] § 12 Rz 24

Fabrizy, StPO[11] § 1 Rz 1, § 5 Rz 2, § 18 Rz 1, § 23 Rz 2, § 49 Rz 1, § 61 Rz 1, § 98 Rz 2, § 99 Rz 1 und 2, § 101 Rz 1, 2 und 6, § 103 Rz 1, § 104 Rz 2, § 105 Rz 2, § 106 Rz 1, § 108 Rz 3, § 110 Rz 2 und 8, § 111 Rz 3 mwN sowie 4, § 112 Rz 2 mwN, § 113 Rz 1, § 120 Rz 3, § 126 Rz 9, § 157 Rz 1 sowie 10, 18 und 21, § 363a Rz 2

Fellner, FinStrG I[6] § 53 Rz 15 sowie 33

Fellner, FinStrG II[6] § 58 Rz 1, 14a f, §§ 58–64 Rz 10, 13a, 18a, §§ 75–79 Rz 7 ff, §§ 80–84 Rz 2 und 6, §§ 89–92 Rz 3a, 21, 39, §§ 93–96 Rz 11, 31 sowie 33, § 98

Rz 27, § 99 Rz 6, §§ 102–108 Rz 13 sowie 18 und 21, § 124 Rz 1a ff, §§ 136–141 Rz 26, § 143 Rz 1, § 196a Rz 2 § 200 Rz 2, §§ 150–155 Rz 6

Fenyves/Spitzer, Zur Verschwiegenheitspflicht des Notars im Fall der Nebenintervention, NZ 2010/66

Fischerlehner, Das neue Abgabenverfahren § 139 Anm 1

Flora in *Fuchs/Ratz* (Hrsg), WK-StPO § 101 Rz 4 und 10

Fuchs, Gerichtliche Stoffsammlung im Ermittlungsverfahren, StPO-Neu Teil III, ÖJZ 2008/12, 102 ff

Fuchs, Rechtsschutz im Ermittlungsverfahren, ÖJZ 2007, 895 (899) (900)

Fuchs/Tipold in *Fuchs/Ratz* (Hrsg), WK-StPO § 54 Rz 11 f

Gassner, Interpretation und Anwendung der Steuergesetze. Kritische Analyse der wirtschaftlichen Betrachtungsweise des Steuerrechts, Schriften zum österreichischen Abgabenrecht Bd 8, 1972 (Habilitationsschrift: Finanzrecht), Wirtschaftsverlag Orac, 72 ff, 89 ff, 115 ff

Geuenich in *Gröhs/Kotschnigg* (Hrsg), Wirtschafts- und Finanzstrafrecht in der Praxis III (2009) 37 ff

Gröhs in *Gröhs/Kotschnigg* (Hrsg), Finanzstrafrecht in der Praxis II (2008) 44 ff

Gröhs/Rzeszut, Missbrauch oder Scheingeschäft, StExp 2011/97

Harbich, Einige Fragen der anwaltlichen Verschwiegenheit, AnwBl 1983/671 (676 f)

Hilber, Hausdurchsuchungen von WT-Kanzleien als finanzstrafrechtliche Verfolgungshandlung, SWK 17/1997, 410

Hilber, Verfahrensrecht in Steuersachen (2001) 234, 237, 268 ff

Hinterhofer in *Fuchs/Ratz* (Hrsg), WK-StPO, 159. Lfg § 125 Rz 20

Iro, Sorgfaltspflicht des Steuerberaters, RdW 1997, 587

Jud, Rechtsberatung durch Wirtschaftstreuhänder und mögliche Haftungsfolgen, AnwBl 2008, 433

Kienapfel/Höpfel, Strafrecht AT[12] E4 Rz 2, 3, 4, 11, 19 sowie AT E3 Rz 13, 15 und 29 ff, weiters AT E5 Rz 1 mwN

Kier, ÖJZ 2008/21, 180 (181 ff)

Kirchbacher in *Fuchs/Ratz* (Hrsg), WK-StPO § 157 Rz 5, 9, 18 mwN, 30 f

Kirchbacher/Rami in *Fuchs/Ratz* (Hrsg), WK-StPO § 173 Rz 2 ff

Klecatzky/Morscher, Rechtsgutachten über die Verschwiegenheitspflicht der Wirtschaftstreuhänder insbesondere im Strafverfahren, Beilage zur „Kammer der Wirtschaftstreuhänder, Nr. 9/1982", 12

Knirsch, § 43 RL-BA und anwaltliche Verschwiegenheitspflicht, AnwBl 1988, 607

Koenig/Pilnacek, ÖJZ 2008/3, 10 (10)

Korinek/Holoubek, Österreichisches Bundesverfassungsrecht, StGG Art 5 Rz 37 f

Kotschnigg, Abgabenbetrug oder auch: die Abgrenzung zwischen Schein- und Umgehungsgeschäft, SWK 13/2011, 600

Kotschnigg, Beweisrecht der BAO (2011) § 119 Rz 29, § 139 Rz 6

Kotschnigg, ecolex 2007/35, 1 (32) sowie 1 (21)

Kotschnigg in *Tannert/Kotschnigg* (Hrsg), FinStrG, § 33 (Teil II) Rz 29

Kotschnigg, Praxisfragen aus dem Grenzbereich von Abgaben- und Finanzstrafverfahren, SWK 2006, 714 (715 f)

Kotschnigg/Pohnert in *Gröhs/Kotschnigg* (Hrsg), Finanzstrafrecht in der Praxis II (2008) 111 (117) (132 f)

Krammer, Sachverständige 2009 202

Lahodny-Karner-Macho, Verrechnungspreisgestaltung und Finanzstrafgesetz – ein Widerspruch? Ansätze aus Beratung und Betriebsprüfung, in *Schrottmeyer* (Hrsg), Finanzstrafrecht in der Praxis I (2007) 85 ff

Lässig in *Fuchs/Ratz* (Hrsg), WK-StPO § 47 Rz 3

Lässig in *Höpfel/Ratz* (Hrsg), WK-StGB² § 12 Rz 2, § 53 Rz 4, 5, 27, § 54 Rz 4, § 196 Rz 1 und 5, § 196a Rz 1, § 199 Rz 1 f

Lehner, Grundlagen der verdeckten Ermittlung, JAP 2008/2009/10, 68 ff

Leitner, Der Wirtschaftstreuhänder als Beteiligter in Finanzdelikten, in *Bertl/Mandl/Mandl* (Hrsg), Handbuch der Wirtschaftstreuhänder (1989) 538 (551), 547 mwN, 557

Leitner, Verbotener Zwang im Abgabenverfahren und Finanzstrafverfahren, SWK 1/2006, 28

Leitner/Toifl/Brandl, Finanzstrafrecht³ , Rz 299, 312, 1472, 1610, 1656, 1677, 1678, 1755, 1760, 1762, 1784, 1789, 1790, 1833, 1834, 1947, 1953, 1956 f, 1963, 1964, 1967, 1974, 2082 ff, 2105, 2106, 2109, 2110, 2112 ff, 2121 ff, 2126 f, 2146 ff, 2169, 2210

Leukauf/Steininger, StGB³ § 6 Rz 13a, § 12 Rz 39, 44 mwN, § 299 Rz 7 mwN

Mandl/Kleiner, Der Berufsgrundsatz der Verschwiegenheit, in *Bertl/Mandl/Mandl* (Hrsg), Handbuch der Wirtschaftstreuhänder: Die Praxis des Steuerberaters, Buchprüfers und Wirtschaftsprüfers (1989) 38

Markel in *Fuchs/Ratz* (Hrsg), WK-StPO § 31 Rz 10

Mayer, B-VG⁴ Art 20 BV-G 161

Mayr/Venier, ÖJZ 2009/29, 254 (258 f)

Medigovic, Unterlassung der Anzeige nach § 84 StPO, JBl 1992, 420

Niemietz, ÖJZ 1993, 389

Novotny in Der Wirtschaftstreuhänder 03/2007, 19

Oshidari, ÖJZ 2008/17, 138 (139)

Pfau, ÖStZ 2014, 347

Pilnacek in WK-StGB² § 299 Rz 20

Pilnacek/Pleischl, Das neue Vorverfahren (2004) Rz 113, 177, 223, 224, 298, 454 ff, 510, 521

Pleischl, ecolex 2008, 204 (205)

Ratz, Beweisverbote und deren Garantie durch die Rechtsprechung des Obersten Gerichtshofes in Strafsachen (Teil 1), Rz 2005, 74 ff

Ratz, Die Handhabung von Beweisverboten durch den OGH, in FS Burgstaller (2004) 307 ff

Reger/Hacker/Kneidinger, Kommentar FinStrG[3] II § 93 Rz 16, § 99 Rz 14 f, § 104 Rz 14

Reind-Krauskopf in *Fuchs/Ratz* (Hrsg), WK-StPO § 144 Rz 3, 18, 20, 21

Ritz, BAO[2] § 23

Ritz, BAO[5] § 111 Rz 4, § 119 Rz 4, § 139 Rz 11, § 144 Rz 4

Ritz/Koran, Finanzverwaltungsgerichtsbarkeit neu in Österreich (2013) 275

Ritz/Koran, Finanzverwaltungsgerichtsbarkeit neu in Österreich § 71a FinStrG

Ritz/Koran, Finanzverwaltungsgerichtsbarkeit neu in Österreich § 133 B-VG

Rzeszut, Wiederaufnahme auf Antrag – Hervorkommen von neuen Tatsachen aus Sicht der Partei?, SWK 30/2014, 1273

Rzeszut/Lang in *Wiedermann/Wilplinger* (Hrsg), Das Familienunternehmen im Steuerrecht (2014) 204, 206

Sadlo, Steuerlicher Rechtsschutz ab 2014: BFG ersetzt UFS, ARD 2014, 7

Scheil in *Leitner* (Hrsg), Finanzstrafrecht 2007 145 (148) (161 f)

Scheil, ÖStZ 2007/738, 370 (370)

Schmoller, Beweise, die hypothetisch nicht existieren – Beweisverwertungsverbote im geltenden und künftigen Strafprozess, JRP 2002, 251 ff

Schmoller, Grundfragen der Beteiligung an Abgabenhinterziehung und fahrlässiger Abgabenverkürzung, in *Leitner* (Hrsg), Finanzstrafrecht 2008 (2009) 11, 25 FN 47

Schön, Strafrechtliche Risiken der Berater, in *Gröhs/Kotschnigg* (Hrsg), Finanzstrafrecht in der Praxis II (2008) 189 (189)

Schur, AnwBl 2009, 257 (261)

Schwedhelm, Strafrechtliche Risiken steuerlicher Beratung, DStR 2006, 1017

Seiler/Seiler, Finanzstrafgesetz[4] § 53 Rz 14, § 57 Rz 14, § 60 Rz 1 f, § 61 Rz 9, § 64 Rz 6 f, § 75 Rz 7 und 25, § 77 Rz 1, § 80 Rz 2 f, § 82 Rz 15, § 83 Rz 18, § 89 Rz 17, 21 ff, 26, 37, 46, § 93 Rz 2, 11, 18 sowie 40, § 94 Rz 2, § 96 Rz 4, § 98 Rz 30 f, § 99 Rz 15, 17, § 104 Rz 12 und 23, § 115 Rz 1, § 145 Rz 7, § 152 Rz 2, 13, 17 Rz 20, § 156 Rz 1 f sowie 7, § 157 Rz 1, § 200 Rz 7

Soyer, Beweisverwertungsverbote im künftigen strafprozessualen Vorverfahren, ÖJZ 1999, 829 ff

Soyer/Kier, AnwBl 2008, 105 (106)

Spenling in *Fuchs/Ratz* (Hrsg), WK-StPO, 145. Lfg, § 367 Rz 2

Steiner, Aggressive Steuerplanung – oder wo das Geld hinfließt, SWI 2007, 313 (308)

Steininger, Verbandsverantwortlichkeitsgesetz (2006) § 3 Rz 12

Stoll, BAO §§ 23, 268 sowie 1579

Tannert, FinStrG[8] § 60 Rz 2, § 61 Anm zu Abs 2, § 75 Anm 2 und 3.4., § 80 Anm 2, § 81 Anm 4, § 82 Anm 7 zu Abs 1, § 89 Anm 4a zu Abs 1, § 99 Rz 1, § 152 Anm 1a und Anm 9 zu Abs 1 sowie Anm 11 zu Abs 2, § 157 Anm zu Abs 2 § 199 Anm 2

Tannert/Dorazil, FinStrG[8] § 93 Anm 6, § 143 Anm 1 zu Abs 3, § 158 Anm 1 ff

Tanzer in *Tanzer* (Hrsg), Die BAO im 21. Jahrhundert, FS Stoll 43 ff

Tanzer/Unger, Die Nachbescheidkontrolle als Institution, SWK 34/35/2008, 947

Tipold in *Fuchs/Ratz* (Hrsg), WK-StPO § 86 Rz 9, 12, § 86 Rz 3 und 6

Tipold/Zerbes in *Fuchs/Ratz* (Hrsg), WK-StPO, 129. Lfg, Vor §§ 119–122 Rz 3

Tipold/Zerbes in *Fuchs/Ratz* (Hrsg), WK-StPO, 145. Lfg, mit Verweis auf *Bertel/Venier*, Einführung[2] Rz 203 sowie § 85 Rz 9, § 109 Rz 2, § 110 Rz 2 und 5, § 111 Rz 13, § 112 Rz 7 f, Vor §§ 110–115 Rz 4 ff, § 120 Rz 21, § 122 Rz 1, § 139 aF Rz 16

Tipold/Zerbes in *Fuchs/Ratz* (Hrsg) WK-StPO, 146. Lfg, § 111 Rz 4 sowie 13, § 113 Rz 4 ff, § 115 Rz 1, 5, 12 f, 15, 18 ff, Vor §§ 119–122 Rz 3 f

Urban, Die Verschwiegenheitspflicht der Wirtschaftstreuhandberufe: Ein Abriss, ÖStZ 2012, 305

Venier, Das Recht der Untersuchungshaft (1999) 16 f

Vogl in *Fuchs/Ratz* (Hrsg), WK-StPO § 18 Rz 1, § 99 Rz 6

W. Völkl, AnwBl 2009/27

E. Völkl/W. Völkl, Die Haftung der rechtsberatenden Berufe im Spiegel der Rechtsprechung 2001–2004, ÖJZ 2006, 261, 263, 266, 272

Wagner/Knechtel, Notariatsordnung[6] § 37 Rz 1 ff

Wiedermann in *Gröhs/Kotschnigg* (Hrsg), Wirtschafts- und Finanzstrafrecht in der Praxis III (2009) 167 ff

Zenz, Staatlich anerkannte Pflicht zur Verschwiegenheit bestimmter Berufsgruppen, JRP 2005, 230 (242)

Zerbes, AnwBl 2013, 567 mwN

Zipf, ÖJZ 1975, 620

I. Allgemeiner Teil: Wie kommt es überhaupt zum Finanzstrafverfahren?

A. Einführung

In den letzten Jahren haben wir unzählige Beratungsaufträge für Kollegen (Wirtschaftstreuhänder, Notare, Rechtsanwälte) begleiten dürfen, denen eines gemeinsam war: Die langjährige gute Zusammenarbeit des Beraters mit Klient und Finanzamt wurde plötzlich und unerwartet in Frage gestellt, es war „Feuer am Dach"! Es wurden Finanzstrafverfahren eingeleitet, Hausdurchsuchungen und Beschlagnahmen beim Klienten und in der eigenen Kanzlei durchgeführt. Woher kommt das?

Die Erklärung liegt nah: Aufgrund der immer komplizierteren und laufend geänderten Gesetze ist die Beiziehung berufsmäßiger Parteienvertreter für die Erledigung rechtlicher oder betriebswirtschaftlicher Angelegenheiten kaum noch wegzudenken. Gerade das Steuerrecht erweist sich als hervorstechendes Beispiel und Herausforderung, sei es bei der Erstellung von Steuererklärungen und Jahresabschlüssen oder weil der Klient die (steuer-)rechtliche Beurteilung gesetzlicher legaler Gestaltungsmöglichkeiten (berechtigt) vom Berater sucht; oder die Unterstützung im Zuge von Betriebsprüfungen oder gemeinsamer Prüfungen lohnabhängiger Abgaben (kurz: GPLA). Man denke an Immobilienkäufe, Unternehmensgründungen, Umgründungen, den Wechsel von Gesellschaftern oder den Unternehmensverkauf. Gerade hier können und müssen Rechtsanwälte, Notare und Wirtschaftstreuhänder sowohl mit ihrem fachlichen Know-how als auch mit ihrer Berufserfahrung ihren Mandanten unterstützend zur Seite stehen.[1]

Gerade in wirtschaftlich turbulenten Zeiten ist aber manchmal die Versuchung groß, mit allen nur erdenklichen Mitteln die eigene finanzielle Situation zu verbessern. In all diesen Fällen ist die „Standfestigkeit" und Überzeugungskraft des Beraters gefragt, dem Mandanten aufzuzeigen, wo der steuerlegale Weg verläuft, wo die Grenzen liegen und wie Risiken eines Strafverfahrens – zB durch geeignete Offenlegung – möglichst vermieden werden können.

Aber selbst bei aller Vorsicht: Es kann auch die eigene Einschätzung einmal auf dem Prüfstand stehen, und wenn dieser Prüfstand die Bilanzpolizei, der Strafrefe-

---

[1] Mit weiteren praktischen Auswirkungen siehe *Schön*, Strafrechtliche Risiken der Berater, in *Gröhs/Kotschnigg* (Hrsg), Finanzstrafrecht in der Praxis II (2008) 189.

rent im Finanzamt oder sogar schon der Staatsanwalt ist, kann es zu unangenehmen „Überraschungen" kommen. Da wird rasch agiert, es werden Unterlagen beschlagnahmt und Fragen gestellt, mit denen man „im Normalfall" nie konfrontiert wird, Motive werden hinterfragt und da gilt es, mit Emotionen zurechtzukommen. Denn seit der neuen StPO ist man ab dem Moment Beschuldigter, in dem man inhaltlich belastet wird. Das ist für die prozessualen Rechte ein Vorteil, aber eben auch eine große Veränderung.

Was sehen wir in unserer täglichen Beratungspraxis? Es werden immer mehr Finanzstrafverfahren eingeleitet und Außenprüfungen führen viel öfter zur Einleitung eines Strafverfahrens als dies in der Vergangenheit der Fall war. Auch der Druck der Staatsanwälte gegenüber der Finanzverwaltung wird spürbarer: Gerade in Korruptionsverfahren wird immer häufiger hinterfragt, warum Prüforgane bei Außenprüfungen nicht „genauer hingeschaut" haben und einen allfälligen Korruptionsverdacht an die Korruptionsstaatsanwaltschaft gemeldet haben.

Damit ist das Ziel dieses Buches klar umrissen: Wenn die Einleitung eines Finanzstrafverfahrens eine immer häufiger werdende Tatsache ist, dann sollte der Berater nicht mehr „in einer anderen Welt" aufwachen, er sollte viel mehr alles daran setzen, in kein Strafverfahren hineingezogen zu werden. Selbst wenn dies passiert, sollte man dafür gewappnet sein und wissen, welche Spielregeln gelten und mit welchen Spielern man es zu tun hat.

B. Parteienvertreter im Vorfeld des Finanzdeliktes

1. Grenzen der Steuerberatung

Zunächst geht es also um die Frage: „Wo liegen die Grenzen zwischen legaler Steuervermeidung, abgabenrechtlich nicht anzuerkennender Steuerumgehung und finanzstrafrechtlich zu ahndender Steuerhinterziehung?"

In einer idealen Welt sind die Abgrenzungsfragen vor dem Hintergrund der geltenden Rechtsordnung zu treffen. In der praktischen Diskussion sehen wir aber: Die reine Rechtslehre wird von der rechtspolitischen Debatte überlagert. In der Seoul Declaration[2] wird als eines der Instrumente für die Sicherung des Steueranspruchs der nationalen Staaten der Einsatz des Finanzstrafrechts immer lauter gefordert. Dies hat in Österreich zB zu der Konsequenz geführt, dass die Einführung einer strafrechtlichen Verbandshaftung zwar überhaupt keinen steuerlichen Beweggrund hatte, sondern vielmehr auf das grauenhafte Seilbahnunglück in Kaprun im Jahre 2000 zurückzuführen ist, von Vertretern der Finanzverwaltung[3] aber offen als Maßnahme bezeichnet wird, die aus steuerlicher Sicht für die Ent-

---

2   Third meeting of the OECD – forum on tax administration 14./15.9.2006; final Seoul Declaration (www.oecd.org).
3   Vgl *Steiner*, Aggressive Steuerplanung – oder wo das Geld hinfließt, SWI 2007, 313 (308).

scheidungsträger großer Unternehmen eine „Rute im Fenster" darstellen soll. Damit kommt der Beantwortung der eingangs gestellten Frage, wo die „Grenzen liegen", eine immer größere Bedeutung zu.

Wie man rasch vermuten kann, ist es für den Praktiker vermutlich unerheblich, ob es eine steuertheoretisch „richtige" Abgrenzung geben kann. Versuchen wir daher anhand konkreter Fallkonstellationen Einordnungen zu treffen, ob eine steuerliche Gestaltung

a) im eindeutig „grünen Bereich" der steuerlichen Gestaltungsplanung liegt („Steuervermeidung") oder aber
b) im „grauen Bereich", also im Bereich der „Steuerumgehung", bei der steuerliche Gestaltungsalternativen aufgrund unklarer Gesetzeslage oder aufgrund eines Missbrauchsverdachts angreifbar sind, ohne dass damit finanzstrafrechtliche Konsequenzen ausgelöst werden sollten, und
c) wo der „rote Bereich" beginnt, nämlich die fahrlässige oder vorsätzliche Abgabenverkürzung.

Fallkonstellation A: Auswahl bestehender gesetzlicher Optionen ohne weitere rechtliche Strukturierung

Jedes Steuerregime gibt Steuerpflichtigen regelmäßig die Möglichkeit, für wirtschaftspolitisch erwünschtes Verhalten durch „Steueranreize" belohnt zu werden. So sieht auch das österr Steuerrecht für bestimmte Maßnahmen Steuerbegünstigungen vor, die nach einfachem Antrag in der Steuererklärung vorzunehmen sind. Eine derartige Auswahl bestehender gesetzlicher Optionen ohne weitere rechtliche Strukturierung (zB §§ 10 ff EStG) bedarf keiner weiteren Erläuterung: Trifft der Steuerpflichtige die Wahl, die Begünstigung in Anspruch zu nehmen, befindet er sich im „grünen Bereich", egal, ob er die Begünstigung nicht, zum Teil oder im größtmöglichen Umfang wahrnimmt. Auch ein Vorziehen von Investitionen, die man ohne steuerliche Begünstigung noch nicht getätigt hätte, ist unbedenklich: Derartige „Vorzieheffekte" sind bekannt und werden bei Prognosen hinsichtlich der Entwicklung der Abgabenentwicklung regelmäßig berücksichtigt. Das Gleiche gilt für wirtschaftliche Entscheidungen, die der Steuerpflichtige im Hinblick auf eine bevorstehende Gesetzesänderung trifft, wenn die Disposition eindeutig und vor dem Stichtag abgeschlossen ist.

Fallkonstellation B: Rechtlich vorgezeichnete Strukturierungen zur Inanspruchnahme bestehender gesetzlicher Optionen

Gehen wir nun einen Schritt weiter: Die Steuersituation wird nicht durch bloßes „Ankreuzen" in der Steuererklärung oder durch Vornahme einer wirtschaftlichen Disposition verbessert, sondern der Gesetzgeber legt fest, dass für unterschiedliche Rechtsformen unterschiedliche Besteuerungskonzepte gelten. Wir befinden uns somit mitten in der steuerlichen Beratungspraxis, sprich bei der

Rechtsformwahl. Die unterschiedliche Besteuerung verschiedener Rechtsformen ist eine simple und in jeder Basisliteratur dargestellte steuerliche Rahmenbedingung. Die Wahl der Rechtsform für die wirtschaftliche Betätigung des Steuerpflichtigen wurde bis vor Kurzem kaum problematisiert, wenn es um den innerstaatlichen Rechtsbereich ging: Selbst Kapitalgesellschaften, die nur ein Bankkonto besaßen, wurden als solche besteuert, auch wenn sie sonst (aus welchen Gründen auch immer) keine oder noch keine sonstige wirtschaftliche Tätigkeit ausübten. Selbst die Besteuerung der GmbH & Co KG wurde seit Jahrzehnten in einer Mischung von Trennungsprinzip (GmbH) und Mitunternehmerprinzip (Betrieb oder Vermögensverwaltung der KG) anerkannt, lediglich eine angemessene Abgeltung der GmbH für Haftung und Geschäftsführung wird als notwendig erachtet.

In der Vergangenheit hat das Trennungsprinzip von der Rsp des VwGH[4] und von der Finanzverwaltung[5] allerdings Einschränkungen erfahren: So wird bei ausländischen Vehikeln insb darauf geachtet, ob es das ausländische Recht zulässt, dass der Errichter des Vehikels damit so „schaltet und waltet", als ob das Vermögen des Vehikels faktisch jenes des Errichters wäre, und ob die Tätigkeit des Vehikels sich von jener des Errichters abhebt (oder ob das Vehikel in Wahrheit nur eine funktionslose Briefkastengesellschaft ist); auch bei inländischen juristischen Personen werden Einkünfte dieser nur dann steuerlich zugerechnet, wenn die juristische nur Tätigkeiten erbringt, die nicht nur „höchstpersönlich" von einer bestimmten natürlichen Person erbracht werden können (zB Schriftsteller, Vortragende, Künstler, Sportler, Vorstände) oder, wenn die juristische Person über einen Betrieb verfügt, der sich von der dahinterstehenden natürlichen Person abhebt.

Eine Ausweitung der rechtlich vorgezeichneten Rechtsformenwahl brachten in der Rechtsentwicklung das StruktVG wie auch dessen Nachfolger, das UmgrStG: Damit zeichnete der Gesetzgeber den Steuerpflichtigen rechtliche Strukturierungen vor, die eine wirtschaftspolitisch erwünschte Beweglichkeit sowohl in der Rechtsformwahl als auch in der Konzentration wirtschaftlicher Betätigung sicherstellen sollen. Die Regelungsdichte seitens des Gesetzgebers, die eine Vielzahl sehr konkreter Missbrauchsbestimmungen gebracht hat, ebenso die Formulierungsfreudigkeit der Finanzverwaltung in den betreffenden Richtlinien haben eine Komplexität angenommen, die es dem Steuerpflichtigen oftmals auch bei wirtschaftlicher Kompetenz und Lernfreude nicht mehr zumutbar machen, die erwähnten gesetzlichen Optionen ohne Beratung wahrzunehmen. In der Praxis muss man daher davon ausgehen, dass ein Steuerpflichtiger immer dann im finanzstrafrechtlich „grünen Bereich" bleibt, wenn er sich gewissenhaft beraten lässt.

---

4   VwGH 23.6.2009, 2006/13/0183.
5   ZB StiftR 2009, Rz 310; EStR 2000, Rz 104.

Ähnliche Schlussfolgerungen wird man auch bei Leasingverträgen anstellen: Die Frage, ob ein Leasingvertrag zur Zurechnung des Leasinggutes beim Leasinggeber oder beim Leasingnehmer führt, sowie, ob es sich um den Fall eines „Finanzierungsleasings" oder den eines „Operating-Leasings" handelt, wird heute mit akzeptabler Treffsicherheit nur eine ausgewählte Gruppe von Experten sagen können, denn mit allgemeinem wirtschaftlichen Verständnis haben die betreffenden Regeln auf den ersten Blick wenig gemeinsam. Ein Steuerpflichtiger, der mit einem Leasingunternehmen kontrahiert, wird sich daher auf dessen Aussagen oder die Aussagen der eingeschalteten Berater stützen können. Handelt er entsprechend, wird er davon ausgehen können, sich im finanzstrafrechtlichen „grünen Bereich" zu bewegen.

Fallkonstellation C: Steuergestaltung durch Ausnützung von Bewertungstoleranzen

Immer dann, wenn sich steuerliche Folgen (Gewinnrealisierung, Abschreibungssatz oder Abschreibungsdauer, Periodisierungen oder Abgrenzungen in- und ausländischer Steueransprüche) an Vorgänge knüpfen, die keine Markttransaktionen zwischen voneinander unabhängigen Marktteilnehmern darstellen, sieht der Steuergesetzgeber Wertmaßstäbe vor, die – eben aufgrund des Fehlens tatsächlicher Geschehnisse – die Wirklichkeit ersetzen und damit auf fiktiven Annahmen/Methoden beruhen. Derartige Methoden finden sich zB im Bereich der „Verrechnungspreise zwischen verbundenen Unternehmen", der „Teilwertbestimmungen", des „gemeinen Wertes" oder der Firmenwertabschreibung (etwa beim Anteilserwerb mit Einbeziehung des Zielunternehmens in eine Steuergruppe).

Wie sich der Steuerpflichtige bei derartigen Bewertungsanlässen verhält, ist entscheidend dafür, ob er sich noch im „grünen" oder bereits im „grauen", also sowohl abgaben- als auch strafrechtlich angreifbaren, Bereich bewegt: Regelmäßig werden die richtige Methodenwahl und die sorgfältige Wahl der Bewertungsparameter sowie die sorgfältige Erhebung der in die Bewertungsübung einfließenden Daten die Chancen der Verteidigung des gewählten Ansatzes im Abgabenverfahren entscheidend erhöhen, jedenfalls aber auch die finanzstrafrechtliche Verfolgung ausschließen. Eine entsprechende Dokumentation, welche die getroffenen Überlegungen abbildet und auch noch Jahre später im Rahmen einer Abgabenprüfung nachvollziehen lässt, ist deshalb dringend zu empfehlen.[6] Eine sorglose Wertermittlung „aus dem Bauch heraus" ist daher, wenn sie mit guten Gründen von der Finanzverwaltung als unzutreffend erkannt wird, abgabenrechtlich keineswegs zielführend und kann finanzstrafrechtlich je nach Lage des Falles eine

---

6   S dazu eingehend und mit Beispielen aus der Betriebsprüfungspraxis: *Lahodny-Karner-Macho*, Verrechnungspreisgestaltung und Finanzstrafgesetz – ein Widerspruch? Ansätze aus Beratung und Betriebsprüfung, in *Schrottmeyer* (Hrsg), Finanzstrafrecht in der Praxis Bd I (2007) 85 ff.

fahrlässige Abgabenverkürzung oder sogar – bei dolus eventualis – eine vorsätzliche Abgabenhinterziehung darstellen. Mit dem hier behandelten Missbrauchsthema hat dies allerdings nur eingeschränkt zu tun: Nur dann, wenn bewusst falsche oder einem Sorgfaltsmaßstab nicht standhaltende Bewertungen auch in zivilrechtliche Gestaltungen „eingepackt" werden, die per se oder iZm den Falschbewertungen dazu führen, dass Steuern missbräuchlich vermieden werden, wird man auf die unten noch darzustellenden Missbrauchsüberlegungen zurückgreifen.

Sonderfall-Konstellation D: Die Inanspruchnahme von Formen und Gestaltungsmöglichkeiten des Bürgerlichen Rechts, die abgabenrechtlich als Missbrauch gewertet werden

Das Phänomen des Rechtsmissbrauchs ist so alt wie die Geschichte der Rechtsordnungen selbst. Gemeint ist immer das Verhalten einer Person, das sich als Ausübung eines dieser Person von der Rechtsordnung eingeräumten subjektiven Rechts darstellt. Andererseits und gleichzeitig muss dieses Verhalten aber rechtlich missbilligt sein, was schon im Wortsinn von „Missbrauch" zum Ausdruck kommt.[7] Dieses logische Rätsel, wie ein Verhalten gleichzeitig rechtlich besonders ermächtigt und geschützt sowie andererseits rechtlich missbilligt sein kann, wird im Zivilrecht durch eine zweistufige Betrachtungsweise gelöst, wonach zunächst „innerhalb des methodischen Systems" geprüft wird, ob den Betreffenden ein bestimmtes subjektives Recht zuerkannt wird und welchen genauen Inhalt dieses Recht hat. Auf einer zweiten, abstrakteren Stufe, eigentlich einer Metaebene, sei dann zu prüfen, ob ein Missbrauchsverbot zum Tragen kommt, das den Inhalt des subjektiven Rechts „ausnahmsweise" begrenzt. Eine derartige Begrenzung kann sich im Privatrecht im Schikaneverbot, genau in der sittenwidrigen Rechtsausübung darstellen.[8]

Im Steuerrecht hingegen geht es aber weniger um die guten Sitten: § 23 Abs 2 BAO sieht nämlich vor, dass die Erhebung der Abgaben dadurch nicht ausgeschlossen wird, dass ein Verhalten gegen gesetzliche Ge- oder Verbote oder gegen die guten Sitten verstößt. Dem Steuerrechtsgesetzgeber geht es nämlich schlicht und ergreifend darum, den Steueranspruch des Staates zu sichern. Daher beschreibt § 22 BAO den Rechtsmissbrauch im Steuerrecht so, dass die Abgabepflicht durch den „Missbrauch von Formen und Gestaltungsmöglichkeiten des Bürgerlichen Rechtes" nicht „umgangen" werden kann. Im Steuerrecht geht es also nur um den sogenannten „institutionellen Missbrauch".[9] Damit kann die Missbrauchsproblematik nach der in der österreichischen Lehre fast durchgängig

---

7   *F. Bydlinski*, Skizzen zum Verbot des Rechtsmissbrauchs im Österreichischen Privatrecht, in FS Krejci (2001) 1079.

8   *F. Bydlinski*, aaO 1084 und zusammenfassend 1093 ff.

9   *Gassner*, Interpretation und Anwendung der Steuergesetze. Kritische Analyse der wirtschaftlichen Analyse des Steuerrechts, 72 ff, 81 ff, 115 ff.

vertretenen „Innentheorie" als nähere Ausführung des Grundsatzes der wirtschaftlichen Betrachtungsweise (§ 21 BAO) gesehen werden, wonach bei der Rechtsanwendung im Steuerrecht auf den „wahren wirtschaftlichen Gehalt" und nicht auf die „äußere Erscheinungsform des Sachverhaltes" abzustellen sei.[10]

In der Praxis ist also darauf abzustellen, ob das Steuerrecht auf wirtschaftliche Sachverhalte abstellt. Ist dies der Fall, kann die Steuerpflicht durch zivilrechtliche Gestaltungen, die diesen wirtschaftlichen Sachverhalt „verdecken" sollen, nicht ausgeschlossen werden. Dies mag in einigen Fällen einfach sein, denn schon die steuerlichen Bilanzierungsvorschriften stellen im Geltungsbereich des Maßgeblichkeitsprinzips § 5 EStG auf die ebenfalls wirtschaftliche Betrachtungsweise der bilanzrechtlichen Bestimmungen des UGB ab. Im Bereich der Gewinnermittlung wird daher sehr häufig eine wirtschaftliche Betrachtungsweise gewählt werden müssen, bei der zivilrechtliche Gestaltungen ohnehin „nur" einen Teil des Gesamtbildes darstellen.

Schwieriger wird die Frage in der Praxis aber immer dort, wo organisationsrechtliche Maßnahmen getroffen werden und es nicht auf die laufenden Bilanzierungsfragen ankommt, sondern, wo es um die Steuerpflicht geht, also die Frage, von wem Einkommen überhaupt erzielt wird (juristische Person oder „dahinterstehende" Personen). Fragen, die typischerweise auch mit der Zuordnung von Einkünften zusammenhängen, oder dort, wo Maßnahmen getroffen werden, die sich in einer Verkettung von Rechtshandlungen darstellen. Es liegt auf der Hand, dass diese Fragen umso heikler werden, wenn die Frage der Zurechnung von Einkünften von den Finanzverwaltungen verschiedener Staaten aufgegriffen wird. In diesen Fällen sehen wir in der Praxis immer häufiger die Einleitung von Verständigungsverfahren (Schiedsverfahren) im Bereich der Doppelbesteuerungsabkommen bzw dem EU-Schiedsübereinkommen. Am allerheikelsten sind diese Fragen natürlich dann, wenn das Steuergefälle zwischen den betreffenden Staaten besonders hoch ist bzw dann, wenn einer der betreffenden Staaten eine „Steueroase" ist.

Können Fragen in diesen Konstellationen zu strafrechtlichen Verfolgungen führen? Dagegen gibt es unter dem Blickwinkel des Legalitätsprinzips, dem im Strafrecht eine erhöhte Aufmerksamkeit zu widmen ist[11], erhebliche Einwände. Anders als im Abgabenrecht, wo mit Generalnormen wie § 22 BAO gearbeitet wird, um Umgehungen zu vermeiden, sind finanzstrafrechtliche Normen am strafrechtlichen Bestimmtheitsgebot iSd Art 18 B-VG und dem Art 7 EMRK zu messen. Insbesondere aufgrund der im FinStR häufig vorkommenden Blankettnor-

---

10   Eine Auswahl von Hinweisen auf die annähernd unübersehbare Fülle der wissenschaftlichen Äußerungen zu diesem Thema zB *Gröhs*, aaO 44 FN 15.

11   Vgl etwa *Kotschnigg*, Abgabenbetrug oder auch: die Abgrenzung zwischen Schein- und Umgehungsgeschäft, SWK 13/2011, 600: Nach Ansicht von *Kotschnigg* ist die Abgrenzung zwischen Scheingeschäft und Umgehungsgeschäft zu unklar, um finanzstrafrechtliche Konsequenzen daran zu knüpfen.

men sind diese strengen Anforderungen auch auf die abgabenrechtlichen Normen, aus denen sich die Verletzung der abgabenrechtlichen Anzeige-, Offenlegungs- und Wahrheitspflicht ergeben, anzuwenden.[12] Das bedeutet, dass auch in Bezug auf die abgabenrechtlichen Normen auf die durch das FinStrG verwiesen wird, aus Sicht des Abgabepflichtigen entsprechend der Rsp des VfGH[13] *„die Verpflichtung zu einem bestimmten Handeln oder Unterlassen in einer jeden Zweifel ausschließbaren Weise ablesbar sein muss".* Der Tatbestand des § 22 BAO ist somit laut *Kotschnigg*[14] in seiner Gesamtheit zu allgemein, abstrakt und damit zu unbestimmt gehalten, um dem strafrechtlichen Bestimmtheitsgebot zu genügen.[15] Zusätzlich sind die beweisrechtlichen Anforderungen im Finanzstrafrecht deutlich strenger als im Abgabenrecht, während die BAO bloß eine Wahrscheinlichkeit von mehr als 50 % fordert, bedarf es in Finanzstrafverfahren der vollen Überzeugung des Richters. Deshalb gibt es bislang noch keinen Fall der Abgabenhinterziehung, in dem sich ein Höchstgericht auf § 22 BAO stützt.[16]

Dennoch: In der Praxis befinden wir uns hier im „grauen Bereich"! Gerade dann, wenn eine Gestaltung aus Sicht der Behörde ein „klarer" Missbrauch ist, werden bei Betriebsprüfungen Strafverfahren angedroht bzw eingeleitet. Die Verteidigungsposition ist dann sowohl bei Klient als allenfalls auch beim Berater geradezu vorprogrammiert.

Fallgruppe E: Schwarzgeschäfte, Scheingeschäfte und Scheinhandlungen, verdeckte Treuhand

Obwohl oft unter dem Titel des „Missbrauchs" diskutiert, ist die finanzstrafrechtlich klar einzuordnende Steuerverkürzung durch simples Nichtdeklarieren von Einkünften oder Nichtabgabe von Steuererklärungen kein Missbrauch iSd Steuerrechtslehre: Hier wird kein institutioneller Missbrauch durch Formen und Gestaltungsmöglichkeiten des bürgerlichen Rechts angewendet, sondern faktisches Verhalten gesetzt. Das Gleiche gilt für Scheingeschäfte: § 23 BAO stellt klar, was jedem vernünftigen Menschen einleuchten muss: Scheingeschäfte[17] – das sind Willenserklärungen, deren Rechtsfolgen die beteiligten Personen einverständlich aus Sicht eines objektiven Dritten gar nicht („absolutes Scheingeschäft") erwirken wollten oder mit denen sie ein anderes Rechtsgeschäft verdecken wollten („relati-

---

12 Vgl *Brandstetter*, Das Bestimmtheitsgebot im (Steuer-)Strafrecht, in *Leitner* (Hrsg), Finanzstrafrecht 2005 (2006) 159 (172).
13 VfGH 13.12.1991, G 280, 281/91, G 385/91.
14 *Kotschnigg* in *Tannert/Kotschnigg* (Hrsg), FinStrG § 33 (Teil II) Rz 29.
15 Vgl so auch *Brandstetter,* aaO 159 (174) § 22 BAO ist für die Begründung strafrechtlicher Haftung im FinStr absolut untauglich.
16 Vgl *Kotschnigg* in *Tannert/Kotschnigg* (Hrsg), FinStrG § 33 (Teil II) Rz 29.
17 Der Begriff der Scheinhandlung ist wie *Stoll*, BAO, § 23, 268, ausführt, aus historischer Sicht (vorgetäuschter Wohnsitz zur Vermeidung der Reichsfluchtsteuer) erklärbar, aber steuerrechtlich gesehen zumindest für Tathandlungen entbehrlich und bedeutungslos, für Rechtshandlungen allenfalls klarstellend.

ves Scheingeschäft")[18] – sind für die Erhebung der Abgaben ohne Bedeutung. Wird durch ein Scheingeschäft ein anderes Rechtsgeschäft verdeckt, so ist das verdeckte Rechtsgeschäft für die Abgabenerhebung maßgebend, dh, es werden von den Partnern Geschäfte vorgetäuscht, die in Wirklichkeit gar nicht bestehen, auch ernstlich gar nicht gewollt sind.[19] Werden derartige Scheingeschäfte zur Vermeidung unerwünschter Steuerwirkungen getroffen, ist damit regelmäßig eine Verletzung der Wahrheitspflicht verbunden; im Falle einer Abgabenverkürzung wird sich der bei einem Scheingeschäft erforderliche Vorsatz daher auch bzw gerade auf die Abgabenverkürzung beziehen.

Ebenfalls hat das Halten einer „Domizilgesellschaft" in einem Steueroasenstaat durch einen Treuhänder, der gegenüber der Finanzbehörde nicht offengelegt wird, nichts mit Missbrauch zu tun, sondern mit einer simplen Verschleierung rechtserheblicher Tatsachen (steuerlich: der Grundsätze über das wirtschaftliche Eigentum an Anteilen[20]), die dann, wenn aus einer derartigen „Domizilgesellschaft" Einkünfte bezogen werden, zu einem Nichtdeklarieren dieser Einkünfte und damit zu einer Abgabenverkürzung führt.

Warum diese Abgrenzung zum Rechtsinstitut des Missbrauchs? Ob ein Scheingeschäft vorliegt, wird in der Lebensrealität gerade beim relativen Scheingeschäft manchmal nicht einfach nachzuweisen sein, doch die Rechtsfolge ist klar definiert und wohl auch jedem einsichtig. Warum sollte man ein Rechtsgeschäft vortäuschen können, um Steuern zu sparen? Ganz anders in jenen oben besprochenen Fällen, in denen Gestaltungen gewählt werden, die zu organisatorischen Konsequenzen führen, die in öffentliche Bücher eingetragen werden müssen, in denen Personen gesellschaftsrechtliche Verantwortung übernehmen – Gestaltungen also, die in der Realität sehr wohl zu rechtserheblichen und organisatorischen Konsequenzen führen, sodass die Frage, ob rechtlich sauber von möglichem Missbrauch gesprochen werden kann, allenfalls nur mit höchstem intellektuellen Anspruch zu lösen sein wird. Diese Fälle ziehen in aller Regel eine intensive methodische Diskussion und eine Analyse, welche Normen anzuwenden sind (s die obige Diskussion), nach sich.

Mit der Einführung des Abgabenbetrugs im Rahmen der FinStrGNov 2010[21] hat sich die Rechtslage verschärft. Die Tatbestandsvoraussetzungen des Abgabenbetrugs sind:

- Die Begehung eines gerichtlich zu ahndenden Finanzvergehens
- unter Verwendung

---

18 S die weiterführenden Hinweise bei *Stoll*, BAO § 23, und *Ritz*, BAO[2] § 23.
19 VwGH 15.4.193, 93/16/56.
20 § 24 Abs 1 lit b BAO.
21 BGBl I 2010/104.

- falscher oder verfälschter Urkunden, Daten oder anderer solcher Beweismittel oder
- von Scheingeschäften oder anderen Scheinhandlungen iSd § 23 BAO
• bzw subsidiär der Vorsteuerbetrug.

In derartigen Fällen sieht der Gesetzgeber nunmehr primäre Freiheitsstrafen von bis zu zehn Jahren vor. Daneben sind Geldstrafen bis zu 2,5 Mio € bzw für Verbände bis zum Vierfachen des strafbestimmenden Wertbetrages vorgesehen. Dies entspricht den Strafdrohungen des schweren Betrugs im allgemeinen Strafrecht. Aus finanzstrafrechtlicher Sicht hat die Unterscheidung zwischen Missbrauch/ Steuerumgehung (§ 22 BAO) und Scheingeschäft (§ 23 BAO) erhebliche Bedeutung. Wie oben bereits ausgeführt, ist jedoch gerade diese Abgrenzung in der Praxis aufgrund ihrer *natürlichen Nahebeziehung* beinahe unmöglich bzw eine *Geschmacksfrage*, ob das eine oder das andere angenommen wird.[22] Da diese als Blankettstrafnormen erst durch die Abgabennorm, die nicht erfüllt wurde, anwendbar sind, ist der verfassungsrechtliche Bestimmtheitsgrundsatz besonders zu beachten. Der Verstoß gegen eine Abgabenrechtsnorm kann einem Steuerpflichtigen nur dann finanzstrafrechtlich vorgeworfen werden, wenn diesem die Strafbarkeit seines Verhaltens erkennbar war. Ob die allgemeine Formulierung des § 22 BAO für finanzstrafrechtliche Zwecke dem verfassungsrechtlichen Bestimmtheitsgebot gerecht wird, bleibt zu bezweifeln.[23]

Für den Berater ist klar: Um Schwarzgeschäfte, Scheingeschäfte, Scheinhandlungen, verdeckte Treuhandschaften zum Zwecke der Vermeidung von Abgaben muss man einerseits einen großen Bogen machen und andererseits dann, wenn man dazu gefragt wird, klar und unmissverständlich davon abraten. Hier enden die Grenzen legaler Steuerberatung eindeutig.

2. Steuerberatung mit Risikominimierung als Handlungsimperativ für den Berater

In einem von hoher medialer Aufmerksamkeit geprägten Finanzstrafverfahren gegen einen ehemaligen Finanzminister hatte das Oberlandesgericht Wien[24] zu prüfen, ob der Berater unter dem dringenden Tatverdacht einer Beitragstäterschaft zum möglichen Delikt seines Mandanten stehe.

Dieser Steuerberater (der nicht der laufende Steuerberater seines Mandanten war) war von diesem beauftragt worden, eine Gesellschaftsstruktur zu entwerfen, die die eigene Altersversorgung des Klienten, eine Abschirmung gegenüber potenziellen Risiken aus einem unternehmerischen Engagement sowie die weitge-

---

22 Vgl *Tanzer* in *Tanzer* (Hrsg), Die BAO im 21. Jahrhundert, FS Stoll 43 ff; *Kotschnigg*, SWK 13 /2011, 600.
23 Vgl *Gröhs/Rzeszut*, Missbrauch oder Scheingeschäft, StExp 2011/97.
24 OLG Wien vom 13.2.2012, 18 Bs 161/11z.

hende Diskretion der Struktur gegenüber der österreichischen Öffentlichkeit gewährleisten sollte. In Erfüllung dieses Auftrages wurde eine Struktur entwickelt, die auch Liechtensteinische Stiftungen inkludierte. Zu dieser Tätigkeit des Steuerberaters hielt das OLG Wien plakativ fest:

> Diese Vorgehensweise ist grundsätzlich nicht nur nicht zu beanstanden, sondern der Entwurf derartiger Modelle gehört geradezu zur Berufserfüllung eines Steuerberaters, der seinen Klienten im Rahmen des rechtlich Zulässigen möglichst vorteilhafte und steuergünstige Gestaltungsvarianten aufzeigen soll.

Mit erfrischender Klarheit hat das OLG Wien in diesem Verfahren (es ging um die Rechtmäßigkeit der Anordnung eines Durchsuchungsbefehls der Staatsanwaltschaft Wien) das Verhalten des Steuerberaters als sozial adäquates und daher strafrechtlich nicht zu verfolgendes Verhalten gesehen. Nicht immer aber wird in der Praxis die Tätigkeit eines steuerlichen Beraters von der Judikatur so klar von der Tätigkeit seines Mandanten abgegrenzt, nicht immer liegt der Fall so abgrenzbar am Tisch. Warum ist das so, warum spricht man oft von der „Pflichtenzange" der Rechtsberater?

3. Vertragspflichten der Rechtsberatung

Eine laufende Betreuung und Beratung, die von Rechtsberatern – Anwälten, Notaren und Wirtschaftstreuhändern – ihren Klienten gegenüber erbracht wird, ist im österr Recht nach übereinstimmender Lehre und Rsp als Bevollmächtigungsvertrag, der die entgeltliche Besorgung von Geschäften in Vertretung des Klienten zum Gegenstand hat,[25] anzusehen. Der OGH hat ausdrücklich in mehreren Entscheidungen die Anwendung sowohl des Dienstvertrags- als auch des Werkvertragsrechts abgelehnt. Lediglich in jenen Fällen, wo ein Gutachten oder eine Bilanzerstellung, also die Erstellung eines bestimmten Werkes (§ 1151 Abs 1 ABGB), beauftragt wird, ist der OGH zu der Auffassung gelangt, dass der Vertrag zwischen einem Rechtsberater und seinem Klienten im Einzelfall auch ein Werkvertrag sein kann.[26]

Im Rahmen eines Beratungsvertrages – (in diesem Zusammenhang vor allem die steuerliche Beratung, sei es durch Anwälte, Steuerberater, Notare) – ist der Berater durch einen umfangreichen Pflichtenkreis bestimmt und begrenzt, nämlich durch

- die Treuepflicht,
- die Aufklärungspflicht,
- die Belehrungs- und Beratungspflicht,

---

25 *Völkl/Völkl,* Beraterhaftung[2] (2014) Rz 2/116 f; *Krejci* in *Rummel,* ABGB I[3] § 1151 Rz 12 f, OGH 30.9.1969, 4 Ob 543/68.

26 Vgl zB OGH 26.1.1995, 8 Ob 7/93; 20.1.2000, 6 Ob 304/99w; *E.Völkl/W.Völkl,* Die Haftung der rechtsberatenden Berufe im Spiegel der Rechtsprechung 2001–2004, ÖJZ 2006, 261 (263).

- die Verschwiegenheitspflicht,
- die Geschäftsbesorgungspflicht,
- die Verpflichtung zur persönlichen Erbringung der Leistung,
- die Verpflichtung zur Prüfung der Geschäftsfähigkeit des Klienten,
- die Verpflichtung zur Identitätsprüfung sowie
- die Schaffung einer funktionsfähigen Kanzleistruktur.

Für Notare gelten weitere Verpflichtungen, wie

- der Kontrahierungszwang,
- die Verpflichtung zur Äußerung von Bedenken gegen ein abzuschließendes Geschäft und
- das Mitwirkungsverbot.

Im Rahmen eines umfassenden Steuerberatungsmandats ist der Berater verpflichtet, dafür zu sorgen, dass der Mandant im Rahmen des gesetzlich Zulässigen möglichst wenig Steuern bezahlt.[27] Verletzt er diese Verpflichtung, hat der Mandant Schadenersatzansprüche. Gibt es unterschiedliche Gestaltungsmöglichkeiten für den Mandanten, hat der Steuerberater im Rahmen eines umfassenden Steuerberatungsmandates die Verpflichtung, die Interessen des Mandanten „bestmöglich" zu wahren, ihn umfassend steuerlich zu beraten und dabei den relativ sichersten Weg aufzuzeigen, um ihn vor Schaden zu bewahren.[28] Auskunft oder Rat müssen richtig sein. Bestehende Erkenntnisquellen müssen genutzt werden. Lassen sie keinen hinlänglich sicheren Schluss zukommen, muss der Steuerberater bei seiner Auskunft oder Empfehlung deutlich machen, dass er nichts als eine unbestätigte Meinung zu der Frage bieten kann. Er hat insb auf offene Rsp zu der ihm gestellten Frage und auf eine von seiner Auffassung abweichende Praxis der Finanzverwaltung hinzuweisen.[29]

Die Auswahl des sichersten Weges zur Erreichung des vom Mandanten angestrebten Zieles ist sohin ein wichtiger Ausfluss der allgemeinen Belehrungs- und Beratungspflicht. Folgt der Mandant der Empfehlung des sichersten Weges nicht, ist eine ausführliche Belehrung über die damit verbundenen Risiken und eine Dokumentation der ausdrücklich erteilten Zustimmung aus zivilrechtlicher Sicht unbedingt erforderlich.

Für Anwälte ist zu bedenken, dass sich ihr Berufsbild als das umfassendste gesetzlich geregelte juristische Berufsbild darstellt und damit auch den umfassendsten Tätigkeitsbereich im Vergleich zu anderen Beratungsberufen hat. Insb ist der RA nicht nur in den spezifisch rechtlichen Fächern vertretungs- und beratungsbefugt, sondern auch vor Abgabenbehörden, da § 20 Z 6 RAPG auch das Abgaben-

---

27 *Schwedhelm*, Strafrechtliche Risiken steuerlicher Beratung, DStR 2006, 1017.
28 VersR 2003, 1137.
29 Dazu weiterführend *Völkl/Völkl*, aaO 272.

recht einschließlich Finanzstrafrecht und Verfahrensrecht als Prüfungsgegenstand vorsieht. Berät der Anwalt daher zivilrechtliche Fragen, hat er sich in seiner Belehrungspflicht nicht nur auf diese zivilrechtlichen Fragen zu beschränken, sondern auch steuer- und gebührenrechtliche Rechtsfragen mit zu beraten.

Ein weiterer Grundpfeiler der gesamten Berufstätigkeit der Berater ist die in den Berufsrechtsgesetzen normierte Verschwiegenheitspflicht.[30] Die Verschwiegenheitsverpflichtung erlaubt dem Mandanten jene Offenheit, die zu der Rechtssicherheit dienenden Belehrung und Betreuung notwendig ist. Sie ist Zeichen des besonderen Vertrauensverhältnisses zwischen dem Berater und seinem Mandanten.

4. Lösungsansätze zur Grenzziehung zwischen freier Berufsausübung und strafbarer Beihilfe

Vor allem aus dem Zusammenhalt dieser Verpflichtungen, nämlich der „advokatorischen" Treue-, Belehrungs-, Beratungs- und Verschwiegenheitsverpflichtung und der strafrechtlichen Gefahr, durch Beteiligung an der Hinterziehung des Mandanten in eine strafrechtliche Haftung zu schlittern, beschreibt der bildhafte Ausdruck „Pflichtenzange"[31]: Berufsrechtlich muss der Berater zum einen die Interessen des Mandanten bestmöglich wahren, zum anderen darf er sich an einer Hinterziehung nicht beteiligen. So ist zB die Frage, *„wie weit ein Rechtsberater als Berater eines möglicherweise steuerhinterziehenden Mandanten gehen kann"*, dabei gar nicht einfach zu beantworten: In der deutschen Literatur wird vielfach darauf hingewiesen, dass Steuerhinterziehung als ein Delikt mit geringem Unrechtsbewusstsein gesehen wird. Steuerhinterziehung kann in allen Bevölkerungsgruppen vorkommen, sie ist ein Massenphänomen.

Hat der Steuerberater davon auszugehen, dass der eigene Mandant notwendigerweise ein „Hinterzieher" sein muss?

Mit einem Wort: Der Berater steht zivilrechtlich im Risiko, der Verpflichtung der Interessenwahrnehmung des Mandanten nicht nachzukommen, wenn er nicht mehrere Optionen aufzeigt. Kann ein derartiges Verhalten aber auch dazu führen, einen Beitrag zu einer Steuerhinterziehung zu leisten? Prinzipiell wohl nein. Aufgrund des Autonomieprinzips begründet die Erteilung von zutreffenden Rechtsauskünften grundsätzlich weder Bestimmungs- noch Beitragstäterschaft.[32] In der Praxis der Steuerberatung verzahnen sich aber klar abzugrenzende Rechtsauskünfte häufig mit weiteren Dienstleistungen, Pflichten aus Treuhand- und Organfunktionen.

---

30 § 9 RAO, § 91 WTBG, § 37 NO.
31 *Schwedhelm*, aaO 1017.
32 Vgl *Kienapfel/Höpfel*, Strafrecht AT[12] E4 Rz 11.

In der Praxis sind vor allem die Angehörigen der Wirtschaftstreuhandberufe oft auch als Treuhänder oder Organe ihrer Klienten tätig. Klammert man jene Treuhandschaften aus, die dazu dienen, sichere Zug-um-Zug-Abwicklungen zu ersetzen (Treuhänder agiert zB zugleich für den Verkäufer und den Käufer eines Grundstücks), so ist bei Übernahme der Treuhandschaft zu hinterfragen, was den Sinn der Treuhandschaft ausmachen soll. Oft haben Treuhandschaften den Zweck, die tatsächlichen Eigentumsverhältnisse an bestimmten Vermögen oder Unternehmen in der Öffentlichkeit nicht darzustellen. Der Zweck einer derartigen Treuhandschaft kann aber auch steuerliche Aspekte haben, die dann zu prüfen sind.

Agiert der Wirtschaftstreuhänder als Organ einer juristischen Person für den Klienten, treffen ihn abgabenrechtlich gem § 80 Abs 1 BAO alle abgabenrechtlichen Pflichten, die der vertretenen abgaben- oder abfuhrpflichtigen juristischen Person obliegen. Als Intraneus kann er dann kraft Garantenstellung ein Vorsatz- oder Fahrlässigkeitsdelikt auch durch Unterlassen begehen.

Nehmen Berater rechtsgeschäftlich die abgabenrechtlichen Pflichten für ihre Mandanten wahr (§ 83 BAO) und wirken sie an der Abfassung einer unvollständigen oder unrichtigen Erklärung mit, so kann sich dies als Beitragshandlung im Vorbereitungsstadium eines versuchten oder vollendeten Delikts des Mandanten darstellen. Unmittelbarer Täter kann der Rechtsberater jedoch nur dann sein, wenn er die abgabenrechtlichen Pflichten rechtsgeschäftlich übernimmt und die Tathandlung (zB Übermittlung der unvollständigen oder unrichtigen Abgabenerklärung) selbst ausführt.

5. Täterschaftsformen des Beraters

Nach dem österr Konzept der Einheitstäterschaft stellen die §§ 11 und 12 FinStrG, die den §§ 12 und 13 StGB entsprechen, klar, dass das Gesetz im Sinne eines extensiven Täterbegriffs das Zusammenwirken mehrerer Personen an einer Tat gleich behandelt.

§ 11 FinStrG nennt drei Formen der Täterschaft:

- Der unmittelbare Allein- oder Mittäter ist jeder, der eine dem gesetzlichen Tatbild entsprechende Ausführungshandlung ganz oder zumindest teilweise setzt, vorsätzlich oder fahrlässig, vollendet oder im Versuchsstadium beendet, alleine oder mit mehreren Beteiligten (§ 11 1. Fall FinStrG).
- Bestimmungstäter ist, wer einen anderen (unmittelbaren Täter oder Beitragstäter) vorsätzlich veranlasst, eine Finanzstraftat zu begehen (§ 11 2. Fall FinStrG).
- (Sonstiger) Beitragstäter ist, wer sonst durch eine Handlung ursächlich dazu beiträgt, dass eine Finanzstraftat begangen wird („Unterstützungs- bzw Beitragstäter", § 11 3. Fall FinStrG).

§ 11 FinStrG stellt alle drei Formen der Deliktsbegehung vom Grundsatz her gleich („Funktionale Einheitstäterschaft"):

- Das Gesetz kennt nur Täterformen (keine Unterscheidung zwischen Tätern und Teilnehmern),
- gleicher Strafrahmen für alle Beteiligten,
- wert-, wesens- und haftungsmäßige Gleichstellung der Begehungsform,
- die Strafbarkeit der Beitragstäter hängt nicht von einer bestimmten rechtlichen Qualität der Haupttat ab (keine qualitative Akzessorietät).

Damit ist die begriffliche Abgrenzung zwischen diesen drei Begehungsformen (außer beim Versuch und bei bestimmten Strafmilderungsgründen) praktisch bereits wenig relevant. Die Schuldfrage ist gem § 12 FinStrG für jeden an der Tat Beteiligten nach seinem vorwerfbaren Beitrag am Zustandekommen der Tat zu beurteilen.

Die Regelung des § 14 StGB, die bei Sonderdelikten gilt, wurde im Rahmen der FinStrG-Novelle 1975 bewusst nicht in das FinStrG übernommen. Die Diskussion, ob eine Anwendung des § 14 StGB per Analogie auch im FinStrG möglich wäre, hat der OGH in einer Entscheidung[33] in anderem Zusammenhang abgelehnt.[34] Die Klärung dieser Frage wirft aber weitere Fragen auf: Wenn man die §§ 33 und 34 FinStrG als Sonderdelikte begreift (dafür spricht zumindest in der Begehungsvariante des Delikts vieles), dann erhebt sich die Frage, ob ein Extraneus nun gar nicht als Beitragstäter in Frage kommt oder wie *Schmoller*[35] ausführt: Es bleibt diese Nichtübernahme des § 14 StGB selbst dann, wenn §§ 33 f FinStrG (teilweise) als Sonderdelikte gesehen werden, im Rahmen des FinStrG ohne Konsequenzen, weil das FinStrG weder schuldbezogene Sonderdelikte (Fall des § 14 Abs 2 StGB) noch eigenständige Sonderdelikte (Fall des § 14 Abs 1 Satz 2 Halbsatz StGB) kennt, noch der Gesetzgeber §§ 33 f FinStrG als Sonderpflichtdelikte verstanden wissen wollte, wie dies die Rsp bspw für Untreue (§ 153 StGB) oder Amtsmissbrauch (§ 302 StGB) vertritt.[36] Daher sei nach *Schmoller* die Strafbarkeit des Außenstehenden am Finanzvergehen aufgrund der §§ 11 f FinStrG ohne zusätzliche Heranziehung des § 14 StGB zu untersuchen. Dieser Auffassung ist *Burgstaller*[37] entgegengetreten, er plädiert für eine Beteiligungsmöglichkeit von Extranei dann, wenn ein Finanzvergehen in der Begehungsvariante gegeben ist (dann ein Sonderdelikt), nicht aber dann, wenn ein Finanzvergehen in der Unterlassungsvariante begangen wird (dann kein Sonderdelikt).

---

33   OGH 23.4.2008 13 Os 16/08i = JSt 2008/36.
34   Vgl so auch *Lässig* in *Höpfel/Ratz* (Hrsg), WK-StGB[2] § 12 Rz 2.
35   *Schmoller*, Grundfragen der Beteiligung an Abgabenhinterziehung und fahrlässiger Abgabenverkürzung, in *Leitner* (Hrsg), Finanzstrafrecht 2008 11 (25).
36   Nachweise bei *Schmoller*, aaO 25 FN 47.
37   *Burgstaller*, Zur Täterschaftsregelung im neuen StGB, Rz 1975, 15.

Verbandshaftung: Die §§ 11 f FinStrG haben auch für Verbände Bedeutung. Ihre Verantwortlichkeit erstreckt sich auf Straftaten ihrer Entscheidungsträger/Mitarbeiter, gleichgültig, in welcher Form sie begangen werden. In der Praxis kann dies eine erhebliche Ausdehnung der Verbandsverantwortlichkeit auf Fälle bedeuten, in denen Finanzdelikte von Kunden/Lieferanten unter Mitwirkung von Entscheidungsträgern/Mitarbeitern eines Verbands begangen werden.

Aufgrund der im StGB und FinStrG getroffenen begrifflichen Unterscheidung zwischen unmittelbarem Täter, Bestimmungs- und Beitragstäter spricht man auch vom funktionalen Einheitstätersystem, weil nach den verschiedenen Funktionen des Täters unterschieden wird. Es soll aber kein wertender Unterschied zwischen den Täterschaftsformen erfolgen.[38]

Auch wenn im System der Einheitstäterschaft der „internen Begriffsabgrenzung" wenig Bedeutung zukommt (zukommen soll), ist die Klärung der Begriffsinhalte der Täterschaftsformen aus folgenden Gründen erforderlich:

1. Die Begriffsdefinitionen sind schon deshalb erforderlich, weil zu klären ist, ob eine Person, die mit einem Finanzvergehen „in Zusammenhang steht", überhaupt als Täter in Frage kommt (Begrenzung der Strafbarkeit).
2. Die versuchte Bestimmung und die versuchte unmittelbare Mittäterschaft sind strafbar, der versuchte sonstige Tatbeitrag nicht.
3. Für den Beitragstäter, nicht für den Bestimmungstäter, kommen besondere Strafmilderungsgründe in Betracht (zB § 34 Z 4 StGB [Verübung der Tat unter der Einwirkung eines Dritten oder aus Furcht oder Gehorsam] sowie Z 6 [untergeordnete Tatbeteiligung]).

a) Unmittelbarer Täter

Unmittelbarer Täter ist jeder, der eine dem gesetzlichen Tatbild entsprechende Ausführungshandlung setzt, vorsätzlich oder fahrlässig, vollendet oder im Versuchsstadium beendet, alleine oder mit mehreren Beteiligten. Unmittelbarer Täter bei einem Finanzstrafdelikt kann ein „Berater" daher etwa dann sein, wenn er gerichtlich als Verlassenschaftskurator, Sachwalter oder Masseverwalter bestellt wird. Diesfalls tritt er unmittelbar und selbst in abgabenrechtliche Pflichten ein und kann bei deren Verletzung unmittelbarer Täter eines Finanzstrafverfahrens sein.

Im Unterschied zum unmittelbaren Alleintäter handelt es sich bei unmittelbaren Mittätern um Personen, die von einem gemeinsamen Vorsatz getragene Ausführungshandlungen setzen.[39]

---

38 VwGH 28.11.2002, 99/13/0038, ÖStZB 2003, 606.
39 *Fabrizy* in *Höpfel/Ratz* (Hrsg), WK-StGB² § 12 Rz 24.

Nach dem der funktionalen Einheitstäterschaft zugrundeliegenden Prinzip der autonomen und individuellen Verantwortlichkeit aller Beteiligten kann eine Mittäterschaft vorsätzlich oder fahrlässig gemeinsam mit der vorsätzlichen oder fahrlässigen Tat eines anderen begangen werden.[40] Fehlt es am gemeinsamen Vorsatz, handelt es sich nicht um Mittäterschaft. sondern bei Fahrlässigkeit um Nebentäterschaft und bei Vorsatz um Mehrtäterschaft.[41]

Die Abgrenzung der unmittelbaren Mittäterschaft zur Beitragstäterschaft kann im Rahmen des funktionalen Einheitstätersystems durch delikts- und ausführungsspezifische Präzisierungen erfolgen:

Beteiligung lediglich im Vorbereitungsstadium kann nicht zur unmittelbaren Mittäterschaft führen, sondern zur Bestimmungs- oder Beitragstäterschaft.

Beteiligung im Ausführungsstadium kann entweder unmittelbare Mittäterschaft oder Beitragstäterschaft sein. Entscheidend ist eine wortlautkonforme, deliktsspezifische Auslegung: Ob eine (für Mittäterschaft sprechende) dem Wortlaut des Tatbestands entsprechende Ausführungshandlung gesetzt wurde, hängt entscheidend von der gesetzlichen Formulierung der deliktischen Ausführungshandlung ab. Insb bei mehraktigen Ausführungshandlungen können Tatanteile mehrerer Täter iSe „wechselseitigen Zurechnung" zu einer Mittäterschaft führen.[42]

In der Praxis des allgemeinen Strafrechts neigen viele Entscheidungen dazu, in floskelhafter Umschreibung großzügig Mittäterschaft zu Lasten der Beitragstäterschaft anzunehmen.[43]

b) Bestimmungstäter

Bestimmungstäter ist, wer vorsätzlich einen anderen zur Ausführung einer strafbaren Handlung veranlasst (§ 11 2. Fall FinStrG).

Obwohl das Vorsatzerfordernis für den Bestimmungstäter im Gesetz zwar nicht ausdrücklich genannt wird, ergibt es sich doch aus der finalen Struktur des vom Gesetzgeber bewusst gewählten Begriffs „bestimmen".[44]

In gleicher Weise wie bei der Beitragstäterschaft erfüllt auch § 11 2. Fall FinStrG die Funktion einer authentischen gesetzlichen Auslegungsregel.[45] Praktisch gesehen ist bei der Rechtsanwendung die „Bestimmung eines anderen", die betreffende Tat zu begehen, in den jeweiligen Tatbestand „hineinzulesen". Beispiel für den Fall der Abgabenhinterziehung: *„Wer einen anderen dazu bestimmt, vorsätz-*

---

40 Ausführlich *Kienapfel/Höpfel,* AT E3 Rz 29 ff.
41 *Fabrizy* in *Höpfel/Ratz* (Hrsg), WK-StGB² § 12 Rz 24.
42 *Kienapfel/Höpfel,* AT E3 Rz 13.
43 *Kienapfel/Höpfel,* AT E3 Rz 15 und die dort zit Judikatur.
44 *Kienapfel/Höpfel,* AT E4 Rz 2.
45 *Kienapfel/Höpfel,* AT E4 Rz 3.

lich unter Verletzung einer abgabenrechtlichen Anzeige-, Offenlegungs- oder Wahrheitspflicht eine Abgabenverkürzung zu bewirken ..."

Im Unterschied zur unmittelbaren Täterschaft besitzt die Bestimmungstäterschaft somit eine auf zwei Handelnde aufgeteilte dogmatisch-legistische Struktur:[46] Zur eigenen Tathandlung des Bestimmenden („Bestimmungshandlung") muss (im Vollendungsfall) die Tatausführung durch den unmittelbaren Täter hinzutreten. Diese muss nach heute hM[47] nicht den rechtlichen Mindesterfordernissen der qualitativen Akzessorietät entsprechen. Im Rahmen der Einheitstäterschaft genügt das bloße Faktum, dass der unmittelbare Täter die mit Strafe bedrohte Handlung ausgeführt hat. Der Ausführungstäter braucht sohin weder rechtswidrig noch vorsätzlich noch sonst schuldhaft zu handeln. Selbst bei der Benutzung eines „Werkzeugs" (eines nicht volldeliktisch handelnden Dritten) tritt die hM für die Lösung im Rahmen der Bestimmungstäterschaft ein.[48]

Bestimmungstäterschaft und Versuch: Hat der unmittelbare Täter die ihm angesonnene Tat nicht vollendet, so kommt für den allenfalls bestimmenden Versuch, dh versuchte Bestimmungstäterschaft, in Betracht:[49] § 13 Abs 2 FinStrG bezieht den Bestimmungstäter – nicht aber den Beitragstäter – in den Umfang des finanzstrafrechtlichen Versuchsbegriffs ein und begrenzt diesen damit zugleich.

Rechtfertigungsgründe: Im Rahmen der Einheitstäterschaft ist jeder Mitwirkende ausschließlich für eigenes Unrecht verantwortlich, sodass das Vorliegen von Rechtfertigungsgründen für jeden Beteiligten ad personam zu prüfen ist. Handelt der unmittelbare Täter gerechtfertigt, kann der Bestimmungstäter gleichwohl rechtswidrig handeln. Der umgekehrte Fall (rechtswidriges Handeln des unmittelbaren Täters, gerechtfertigtes Handeln des Bestimmungstäters) ist theoretisch denkbar, aber gerade im Bereich des Finanzstrafrechts praxisfremd.

c) Beitragstäter

Beitragstäter iSd § 11 3. Fall FinStrG ist, wer vorsätzlich oder fahrlässig[50] in sonstiger Weise zur Ausführung einer strafbaren Handlung beiträgt, sei es durch physischen oder psychischen Tatbeitrag. Es kommen grundsätzlich alle Handlungen in Betracht, die die Ausführungen der Tat durch einen anderen erleichtern, ermöglichen, absichern oder in anderer Weise fördern.[51] Derartige Tatbeiträge können bereits im Vorbereitungsstadium erfolgen.[52] Der Kausalzusammenhang

---

46 *Kienapfel/Höpfel*, AT E4 Rz 4.
47 *Kienapfel/Höpfel*, AT E4 Rz 19 mwN.
48 Abweichend *Burgstaller*, aaO Rz 1975, 15, 17; und *Zipf*, ÖJZ 1975, 620, die für eine Bestrafung gem § 12 1. Fall StGB im Rahmen der Rechtsfigur einer „*verdeckten unmittelbaren Täterschaft*" eintreten.
49 HM; vgl zB *Leukauf/Steininger*, StGB³ § 12 Rz 39.
50 HM; vgl *Kienapfel/Höpfel*, AT E5 Rz 1 mwN.
51 *Leukauf/Steininger*, StGB³ § 12 Rz 44 mwN zur hM und stRsp.
52 OGH 1.10.1998, 15 Os 87/98, ÖStZB 1999, 324.

wird denkbar weit gesehen.[53] Diese Uferlosigkeit des Begriffes der Beitragstäterschaft erfordert eine Grenzziehung zwischen Handlungen, die unter Strafrechtssanktion zu stellen sind, und solchen Handlungen, die an sich anerkannten Ordnungsvorstellungen im sozialen Zusammenleben entsprechen und sich im Rahmen der Rechts- und Sozialordnung halten, aber lediglich ausnahmsweise in concreto zu einem strafrechtlich verpönten Erfolg führen (können). Wie diese Grenzziehung erfolgen kann und wie es somit zu allgemein akzeptablen Lösungen der unterschiedlichsten denkbaren Fallgestaltungen kommen kann, darüber gibt es in der wissenschaftlichen Diskussion unterschiedlichste Lösungsansätze, in deren Mittelpunkt der Umgang mit berufsneutralen Handlungen steht. Nach den Bankenfällen in Deutschland ist die Diskussion zu dieser Thematik ähnlich uferlos geworden wie der abzugrenzende Begriff selbst. Das bunte Spektrum von Lösungsansätzen der deutschen Literatur kann die Diskussion in Österreich zwar befruchten, der gewohnte Blick auf die Literatur und Rsp des deutschen Nachbarn darf aber nicht kritiklos sein, weil die Unterschiede in der Rechtsmaterie nicht unerheblich sind: Sie reichen vom Teilnahmesystem des dStGB, das neben dem Täter eine weitere Kategorie der Täterschaft, die (bloßen) Teilnehmer, kennt und diese wiederum in Anstifter und Gehilfe unterteilt, vom Akzessorietätsprinzip getragen (Teilnahme der Anstifter und Gehilfen an fremder Tat) wird, bis hin zu unterschiedlichen gesetzgeberischen Wertungen der Diskretion im Bankgeschäft. Die Wertungen, die deutsche Gerichte in den Bankenfällen getroffen haben, und auch viele Diskussionsstandpunkte der deutschen Literatur lassen sich daher wohl nicht unbesehen für den österr Rechtsbestand übernehmen.

6. Typische Gefahrenquellen

a) Risikofelder beim Wirtschaftstreuhänder

aa) Laufende Beratung: Von der reinen Erfassungsarbeit zur Erstellung der Steuererklärung

Wirtschaftstreuhänder kommen wegen Beteiligung am Finanzvergehen ihrer Mandanten zunächst dann als Beitragstäter in Betracht, wenn sie durch Mitwirkung im Vorbereitungsstadium eines Finanzvergehens des Klienten dieses fördern, sprich: durch „physischen oder psychischen Tatbeitrag".

Im Rahmen der Buchführung und Bilanzierung für den Klienten könnte daher zB eine vorsätzliche oder grob fahrlässige Nichtaufnahme von Umsätzen oder aufwandswirksame Berücksichtigung von Aufwendungen, die nicht die Sphäre des Unternehmens betreffen, oder eben die Erstellung von unrichtigen Bilanzen eine strafbare Mitwirkung des Beraters im Vorbereitungsstadium darstellen.

---

53   OGH 1.12.1977, 12 Os 160/77, EvBl 1978/107.

Im Beratungsalltag wird die Frage von Bedeutung sein, inwieweit der buchführende oder bilanzierende Steuerberater auf die Richtigkeit und Vollständigkeit der ihm ausgehändigten Belege und der ihm erteilten Informationen vertrauen kann. Grundsätzlich ist davon auszugehen, dass Steuerberater und Mandant auf der Ebene gegenseitigen Vertrauens miteinander verkehren. Die Sorgfaltsanforderungen, die an den Steuerberater zu stellen sind, sind daher nach hL und Rsp durch den Vertrauensgrundsatz begrenzt;[54] danach darf jeder darauf vertrauen, dass sich andere Personen rechtmäßig verhalten und muss niemand damit rechnen, dass diese Rechtsverletzungen begehen. In diesem Sinne bestimmt auch § 88 Abs 5 WTBG, dass der Steuerberater berechtigt ist, die ihm erteilten Auskünfte und übergebenen Unterlagen des Auftraggebers, insb dessen Zahlenangaben, als richtig und vollständig anzusehen. Stellt der Wirtschaftstreuhänder fest, dass die ihm übergebenen Unterlagen bzw erteilten Auskünfte unrichtig sind, hat er den Mandanten darauf hinzuweisen. Einer Prüfpflicht unterliegt diese Hinweisverpflichtung aber nicht; die Unrichtigkeiten müssen innerhalb der sorgfältigen Ausführung der Leistungen hervorkommen. Auch wird vom Steuerberater nicht verlangt, dass er den ihm bekanntgegebenen Tatsachen mit Misstrauen begegnet. Er hat also so lange keine Nachprüfungs- oder Erkundigungspflichten als er nicht die Unzuverlässigkeit seines Mandanten definitiv erkannt hat oder dem vorliegenden Material eklatante Ungereimtheiten leicht entnehmen kann.

Nach der zum Schadenersatzanspruch eines Klienten gegenüber dem Steuerberater ergangenen OGH-Entscheidung vom 25.4.1991[55] bejaht der OGH das Fehlen einer Nachforschungsverpflichtung des Steuerberaters. *Iro*[56] führt dazu aus, dass sich der Steuerberater grundsätzlich auf Angaben und Unterlagen des Mandanten verlassen kann, soweit nicht Unstimmigkeiten oder Widersprüche „augenfällig" sind. Erst in diesem Fall müsste sich der Wirtschaftstreuhänder mit Hilfe des Klienten um Aufklärung von unschlüssigen Angaben bemühen, wobei er aber nicht zu detektivischen Nachforschungen auf eigene Faust verpflichtet ist.

Was soll aber gelten, wenn dem Wirtschaftstreuhänder, der die Buchführung oder Bilanzierung für den Klienten übernommen hat, im Zuge seiner Arbeiten nun tatsächlich von seinem Klienten mitgeteilt wird, dass dieser zB „schwarze" Umsätze getätigt hat und Abgabenverkürzungen plant? Der Wirtschaftstreuhänder wird zweifellos seinen Mandanten beraten und ihn auf die steuerrechtlichen Verpflichtungen und finanzstrafrechtlichen Folgen aufmerksam machen müssen. Was nun, wenn der Mandant diese Beratung in den Wind schlägt und weiterhin auf einer auftragsgemäßen Durchführung seiner Anweisungen besteht?

---

54 *Leukauf/Steininger*, StGB³ § 6 Rz 13a mwN.
55 OGH 25.4.1991, 8 Ob 1536/91, ARD 4285/25/91.
56 *Iro*, Sorgfaltspflichten des Steuerberaters – Entscheidungsbesprechung OGH 29.4.1997, 1 Ob 33/97b, RdW 1997, 587.

Aufgrund seiner gesetzlichen Verschwiegenheitsverpflichtung[57] ist der Wirtschaftstreuhänder keinesfalls berechtigt, diese (geplanten) Abgabenverkürzungen seines Klienten offenzulegen. Erstellt er allerdings auftragsgemäß die eingeforderten unrichtigen oder unvollständigen Bilanzen, würde er dann einen strafbaren Beitrag zum Finanzvergehen seines Klienten leisten?

Nach der Diktion des BGH[58] würde sich der Berater allenfalls vorwerfen lassen müssen, sich *„in die deliktische Planung des Haupttäters eingebunden zu haben"*. Nach den Grundgedanken der objektiven Erfolgszurechnung würde man allenfalls feststellen, dass sich durch das Verhalten des Steuerberaters (Erstellung eines Jahresabschlusses ohne Darstellung von Schwarzumsätzen) nach allgemeiner Lebenserfahrung wohl ein Erfolg realisiert hat, der denkbar klar ist und aufgrund des „Maßgeblichkeitsprinzips" ein immanentes Risiko jeder Falschbilanzierung darstellt: eine Abgabenverkürzung. Der redliche Wirtschaftstreuhänder wird in einer derartigen Situation keine andere Wahl haben, als das Auftragsverhältnis zu kündigen, die erbrachten Leistungen mit einem klaren Statusbericht und Warnhinweisen zu übergeben oder zumindest ohne Auftragskündigung mit eben denselben Warnhinweisen davon Abstand zu nehmen, an der Erklärungserstellung weiter mitzuwirken. Gleiches gilt natürlich dann, wenn der Mandant vom Wirtschaftstreuhänder die Vorbereitung unrichtiger Dokumentationen verlangt, zB das Rückdatieren von Verträgen, die Erstellung oder Vorbereitung von Scheinrechnungen oder Scheinverträgen. Ebenso selbstverständlich leistet der Wirtschaftstreuhänder einen psychischen Tatbeitrag, wenn er seinem Mandanten derartige Handlungen, die dann zu einer Abgabenverkürzung führen, auch noch empfiehlt.

In der Praxis wird der Steuerberater neben der Buchhaltung auch häufig mit der Erstellung von Abgabenerklärungen beauftragt (laufende Steuerberatung; Steueradministration; „Tax Compliance"). Wird der Berater auch damit beauftragt, die Abgabenerklärungen einzureichen und entspricht der Berater diesem Auftrag, so unterliegt er aufgrund rechtsgeschäftlicher Pflichtenübernahme den gleichen abgabenrechtlichen Offenlegungs- und Wahrheitspflichten wie der Abgabepflichtige selbst (unmittelbare Täterschaftsform).[59]

Unterfertigt der Berater die Abgabenerklärung im eigenen Namen für den Mandanten, so sieht die Rsp darin dann im Hinblick auf die Überprüfungspflicht des Beraters auch keine bloße Formsache, sondern verlangt vom Berater (auch) eine zumindest eingeschränkte Prüfung der Angaben des Mandanten.[60]

---

57 § 91 WTBG.
58 26.10.1998, 5 StR 746/97, NStZ-RR 1999, 184.
59 *Leitner/Toifl/Brandl*, Österreichisches Finanzstrafrecht[3] (2008) Rz 299.
60 VwGH 24.6.1999, 97/15/0149, ÖStZB 1999, 707.

bb) Gestaltungsberatung und Rechtsauskünfte des Wirtschaftstreuhänders

Wirtschaftstreuhänder beraten sowohl im laufenden Auftragsverhältnis als auch bei „Einzelprojekten" häufig zivilrechtliche Gestaltungen bzw Gestaltungsvarianten ihrer Klienten. Wie oben dargestellt, ist der Steuerberater im Rahmen einer derartigen Gestaltungsberatung dazu zivilrechtlich verpflichtet, die Interessen des Mandanten bestmöglich zu wahren, ihn umfassend steuerlich zu beraten und dabei den relativ sichersten Weg aufzuzeigen. Bewegt sich der Steuerberater in diesem Rahmen und analysiert er die Rechtslage, indem er die unterschiedlichen Alternativen (Gestaltungsmöglichkeiten) aufzeigt, auf die steuerrechtlichen und finanzstrafrechtlichen Risiken und insb auf offene Rsp oder aber – mangels Rsp oder mangels gefestigter Rsp – auf eine von ihm vertretene Auffassung und allenfalls abweichende Praxis der Finanzverwaltung hinweist, wird man davon ausgehen können, dass der Berater professionell handelt. Wenn der Klient – abweichend von den Vorschlägen des Steuerberaters und ohne diesen weiter zu involvieren – den Entschluss fasst, eine Variante zu wählen, die finanzstrafrechtlich bedenklich ist und in der Folge auch als Finanzvergehen beurteilt wird, kann grundsätzlich weder Bestimmungs- noch Beitragstäterschaft seitens des Beraters vorliegen.[61] Der Berater hat ohne jeden objektiven Sorgfaltsverstoß gehandelt. Der Graubereich mag nach heutigem Stand der Rsp und Literatur aber schon dort beginnen, wo der Vertrauensgrundsatz nicht mehr greift: Solange das Auftreten des Mandanten dessen Unzuverlässigkeit oder Unglaubwürdigkeit nicht definitiv erkennbar macht und solange keine eklatanten Ungereimtheiten hervortreten, die durch Kontrollfragen des Beraters nicht hinreichend beantwortet werden, kann der Steuerberater auf die Richtigkeit der ihm erteilten Informationen vertrauen.

In der Praxis wird der Steuerberater bei der Schilderung von Klientenvorhaben dann allfällige eklatante Ungereimtheiten leichter feststellen können, wenn er mit demselben Mandanten in einem laufenden Beratungsverhältnis steht. Die „Augenfälligkeit"[62] kann dann schon früher erreicht werden als bei der Einzelberatung, bei der Zusammenhänge oft nicht erkennbar sind. Die Erfahrung des Beraters und die Kenntnis des Unternehmens wird für den anzulegenden Standard der „Augenfälligkeit" wohl ebenso eine Rolle spielen.

Ist es dem Berater also „augenfällig", dass seine Beratung von seinem Mandanten zur Begehung einer Finanzstraftat ausgenützt wird, so kann eine nun fortgeführte Hilfeleistung wohl bald das Risiko eines strafbaren Verhältnisses bewirken, soweit man die Möglichkeit einer fahrlässigen Beteiligung des Extraneus an den Sonderdelikten der §§ 33 und 34 FinStrG bejaht. Der Rückgriff auf das „Beraterprivileg" des § 34 Abs 3 FinStrG wird dann in der Praxis in manchen Fällen mög-

---

61   *Kienapfel/Höpfel,* Strafrecht AT[12] E4 Rz 11; so *Iro,* Sorgfaltspflichten des Steuerberaters, aaO.
62   *Iro,* Sorgfaltspflichten des Steuerberaters, aaO.

lich sein, aber die richterliche Würdigung derartiger Beratungssituationen kann ebenso leicht in der Annahme eines dolus eventualis münden. Genau diese Beratungssituationen sind im Licht der jüngst in den Medien berichteten Fälle der Wirtschaftskriminalität für Berater brandgefährliche und vom derzeitigen Diskussionsstand der Lehre und Rsp nicht mit genügend sicherer Abgrenzung beantwortete Problembereiche:

Beispiel

Der Berater wird zu einer Beratung herangezogen, bei der ihm ein abstrakter Sachverhalt geschildert wird. Er erkennt Zusammenhänge mit ihm bekannten realen Sachverhalten, fragt nach, der Sachverhalt wird vom Mandanten relativiert. Wo wird hier der Maßstab der professionellen Sorgfalt verlassen? Die Frage ist bei der schillernden Farbenpracht der Diskussion um die Grenzziehung der Beteiligung an Finanzdelikten kaum zu beantworten.

Daher wird vor allem in derartigen Situationen mit besonderer Sorgfalt zu walten sein: Soll der Wirtschaftstreuhänder nämlich von schriftlichen Stellungnahmen Abstand nehmen und wird er lediglich zu Beratungen zugezogen, die zB mit einem zur Umsetzung der zivilrechtlichen Gestaltung beauftragten Anwalt stattfinden, so sollte der Wirtschaftstreuhänder dann, wenn er finanzstrafrechtliche Risiken erkennt, seinen Warnpflichten deutlich und zu Beweiszwecken am besten auch dokumentiert (zumindest in professioneller und somit unter Verschwiegenheitsschutz stehender Korrespondenz mit dem Anwalt) nachkommen. Ein leichtfertiges Wegschauen, ein Schweigen oder gar schmunzelndes Nicken könnte von seinem Mandanten als Zustimmung oder als Ermunterung (psychischer Tatbeitrag) zur Tatbegehung gewertet werden. Damit könnte die Grenze der bloßen Mitwisserschaft, die jedenfalls keine Beitragstäterschaft begründet,[63] überschritten werden – eine richterliche Entscheidung, die je nach Sachverhaltswürdigung völlig unterschiedlich ausfallen kann.

Mit der Abgrenzung zwischen bloßer Mitwisserschaft/Billigung und psychischem Tatbeitrag hat sich der BGH-Beschluss vom 20.12.1995[64] beschäftigt. In diesem Fall ging es um die Teilnahme eines Steuerberaters an einer Besprechung, bei der es um die Beantwortung der Frage ging, wie sein Mandant und dessen Geschäftspartner einen in steuerlicher Hinsicht „kritischen" Sachverhalt gegenüber dem Finanzamt darstellen sollten. Der BGH forderte für eine Strafbarkeit des Verhaltens des Steuerberaters konkrete Anhaltspunkte dafür, dass

1. seine Anwesenheit die Tat objektiv gefördert oder erleichtert hat und
2. er sich dessen auch bewusst war.

---

63 *Klecatzky/Morscher*, Rechtsgutachten über die Verschwiegenheitspflicht der Wirtschaftstreuhänder insb im Strafverfahren, Beilage zur „Kammer der Wirtschaftstreuhänder, Nr. 9/1982", 12; *Leitner*, Der Wirtschaftstreuhänder als Beteiligter an Finanzdelikten, in *Bertl/Mandl/Mandl* (Hrsg), Handbuch für Wirtschaftstreuhänder (1989) 538 (551).

64 5 StR 412/95, wistra 1996, 184.

In der Praxis sollte dieses Urteil nicht als „Freibrief" verstanden werden, sondern als wichtiger Hinweis darauf, professionelles Verhalten bei der Teilnahme an Besprechungen in den Vordergrund zu stellen. Entsprechend den Berufspflichten der Wirtschaftstreuhänder besteht keine Verpflichtung, die Warnpflicht schriftlich auszuüben. Aus Selbstschutz und aus Beweisgründen sollten mündlich erteilte Warnhinweise schriftlich dokumentiert werden, denn die Wahrnehmung des Klienten aus einer mündlichen Besprechung kann diametral anders sein als die Risikobewertung des Beraters, der für den Klienten vielleicht zu wenig „Sorgenfalten" aufgezogen hat, weil er schlicht und einfach ein höflicher und zuvorkommender Mensch ist und dadurch den Eindruck erwecken kann, zur Begehung einer Finanzstraftat ermuntert zu haben. Daher gilt für die Praxis: Keine Scheu vor klaren Aussagen und professioneller Distanz! Der Berater ist, auch wenn dies Klienten gerne wünschen mögen, nicht zur Erteilung des steuerlichen Blasius-Segens befugt, wenn sich sein Klient über die Grenzen des Zulässigen hinaus bewegt.

Bei der Transaktionsbegleitung, also der Umsetzung der steuerlichen Gestaltungsberatung, sei es bei der Rechtsformberatung oder bei der Ausarbeitung sonstiger Vertragsstrukturen oder bei Umgründungen, verlässt der Wirtschaftstreuhänder dann jedenfalls den Bereich der neutralen Analyse der Rechtslage. Die Beiträge des Wirtschaftstreuhänders, der etwa einen Umsetzungsplan (Step Plan) erstellt, erste Vertragsentwürfe, die die steuerlichen Überlegungen abbilden, vorbereitet, oder Zahlungsflüsse beschreibt, setzen sich sehr genau mit der beratenen Struktur auseinander. Der Berater, der sich hier im Übrigen hinsichtlich des Umfangs seiner Tätigkeit im Rahmen des § 3 WTBG halten sollte, um nicht in eine unbeschränkte Haftung zu schlittern,[65] muss bei diesem Umfang der Tätigkeit genau prüfen, ob sich die von ihm erbrachte steuerliche Gestaltungsberatung im Rahmen der gesetzlichen Bestimmungen bewegt. Andernfalls kommt er allenfalls sogar als Bestimmungstäter in Frage.[66]

Der Berater muss sich also in allen Fällen der Gestaltungsberatung davon überzeugen, ob die Gestaltung auf einer vertretbaren Rechtsauffassung beruht.[67] Ist die Vertretbarkeit der Rechtsauffassung für eine bestimmte Gestaltung gegeben, so werden Gestaltungen, die im Nachhinein abgabenrechtlich mit dem Missbrauchsargument des § 22 BAO nicht anerkannt werden, kaum als Finanzvergehen beurteilt werden können.[68] Damit ist auch eine strafrechtliche Haftung des Beraters auszuschließen. Nicht viel anders wird sich die Lage darstellen, wenn die Umsetzung durch den Anwalt unter Anleitung des Wirtschaftstreuhänders erfolgt. Je-

---

65   OGH 8.3.2006, 7 Ob 258/05z, mit Entscheidungsbesprechung von *Novotny* in Der Wirtschaftstreuhänder 03/2007, 19.

66   *Leitner*, Der Wirtschaftstreuhänder als Beteiligter an Finanzdelikten, aaO 557.

67   S *Wiedermann*, Finanzstrafrecht in der Praxis Bd 3 (2009) 167 ff; *Wiedermann* in *Gröhs/Kotschnigg* (Hrsg), Wirtschafts- und Finanzstrafrecht in der Praxis III (2009) 167 ff.

68   *Gröhs* in *Gröhs/Kotschnigg* (Hrsg), Finanzstrafrecht in der Praxis II (2008) 44 ff.

denfalls wird auch bei einer derartigen Rollenverteilung der Anwalt aufgrund seiner umfassenden Berufsbefugnis gut beraten sein, sich ein klares Bild über die abgabenrechtliche Vertretbarkeit der gewählten Gestaltung zu verschaffen.[69]

Heikel kann die Situation für den Steuerberater auch dann werden, wenn er bei einer Transaktion in Vertretung einer Partei, zB des Erwerbers oder Veräußerers eines Unternehmens, in Gestaltungen mit einbezogen wird, die nicht auf Seiten seines Mandanten, sondern auf Seiten der anderen Partei abgabenrechtlich bedenklich erscheinen. Ein derartiger Fall könnte zB dann auftreten, wenn der Steuerberater den Erwerber vertritt und der Veräußerer den bereits vereinbarten Kaufpreis so „umlegen" möchte, dass dieser seinen steuerpflichtigen Veräußerungsgewinn oder den Steuersatz möglichst verringert. Plakativ gesagt: Der Veräußerer schlägt dem eigenen Mandanten vor, für ihn relativ wertlose Gegenstände, deren Veräußerung beim Veräußerer steuerfrei ist, mit zu erwerben und den Kaufpreis darauf entfallen zu lassen. Die Entscheidung, von einer derartigen Strukturierung abzuraten, ist in der Praxis gegenüber dem eigenen Mandanten oft nicht leicht in die Tat umzusetzen, vor allem dann, wenn eine derartige Kaufpreisverteilung allenfalls dem eigenen Mandanten als Erwerber durch erhöhte Abschreibungen zu einer Steuerreduktion verhilft.

Ist eine derartige Gestaltung wirtschaftlich nicht mehr argumentierbar, so muss der Steuerberater zum Schutz des eigenen Mandanten davon abraten. Kommt es hingegen beim eigenen Mandanten zu keinen steuerlichen Konsequenzen, so wird sich der Berater in einer derartigen Situation mit einem Warnhinweis begnügen können, weil sich sein Beratungsverhältnis zumindest in jenen Fällen, in denen der Veräußerer ebenfalls vertreten ist, nicht auf den Veräußerer erstrecken wird. Ist der Veräußerer hingegen nicht vertreten, so sollten aus Beweiszwecken die Warnhinweise besonders gut dokumentiert sein, um nicht in Gefahr zu laufen, später als Berater auch des Veräußerers angesehen zu werden. Auch wenn es sich oft um eine Schutzbehauptung handeln wird, sollte der Berater seine Rolle klar dokumentiert haben.

Eine weitere Verstärkung der Involviertheit des Wirtschaftreuhänders stellt sich dann dar, wenn der Wirtschaftstreuhänder iZm von ihm empfohlenen Gestaltungen nicht nur deren Umsetzung berät, sondern auch im Zuge des Fortlebens dieser Gestaltungen als Organvertreter „für seinen Klienten" Stiftungsvorstandspositionen, Geschäftsführungsmandate oder Aufsichtsratsmandate übernimmt. Im Zuge der Übernahme derartiger Mandate muss die abgabenrechtliche Zulässigkeit derartiger Gestaltungen aus mehreren Gründen beständig reflektiert werden:

---

69   Vgl dazu auch BGH 6.7.2004, 5 StR 333/03, HFR 2005, 64; und *Geuenich* in *Gröhs/Kotschnigg* (Hrsg), Wirtschafts- und Finanzstrafrecht in der Praxis III (2009) 37 ff.

1. Zunächst einfach deshalb, weil der Wirtschaftstreuhänder nun Aufgaben übernimmt, die weit über seine gesetzlich beschriebene Tätigkeit[70] hinausgehen und damit allenfalls ein enger Bezug zu einem Tatplan, der die – isoliert betrachtet vermutlich legitime – Tätigkeit des Wirtschaftstreuhänders beinhaltet, hergestellt werden kann: Die richterliche Entscheidung erfolgt ja dann in einer Ex-post-Betrachtung in Kenntnis aller Umstände und idR auf der Grundlage eines Sachverständigengutachtens.

Der Rolle des Gutachters kommt also bei Abwägung aller Umstände hinsichtlich der Zurechnung des vom Täter begangenen Unrechts (auch) auf dessen Berater entscheidende Bedeutung zu, insb bei der Beurteilung, wie eng der zeit- oder aktionsmäßige Kontext zur Ausführungshandlung gesehen wird, so zB ob der Berater – ihm vorwerfbar? – an einer Verschleierung mitgewirkt hat.

2. Weil der Wirtschaftstreuhänder in manchen Fällen als gesetzlicher Vertreter einer juristischen Person agiert, hat er alle abgabenrechtlichen Pflichten derselben zu erfüllen und daher gerade in jenen Fällen, in denen rechtsgeschäftliche Beziehungen mit seinem Mandanten bestehen, häufig selbst abgabenrechtliche Anzeige-, Offenlegungs- oder Wahrheitspflichten zu beachten.

Gerade in diesen Zusammenhängen wird der Wirtschaftstreuhänder auch häufig Abzugsverpflichtungen (KESt) wahrnehmen müssen. Ist er gleichzeitig auch weiterhin steuerlicher Vertreter seines Klienten, wird man ihm eine genaue Kenntnis des Sachverhalts zuschreiben können.

b) Risikofelder beim Rechtsanwalt

Der Rechtsanwalt kann aufgrund seiner umfassenden Berufsbefugnis sämtliche Aufgaben wahrnehmen, die ein Steuerberater zu erfüllen hat. Für ihn gilt daher dann, wenn er Steuerberatungsleistungen erbringt, nichts anderes, als oben beim Wirtschaftstreuhänder geschildert.

Als Vertragserrichter ist der Anwalt zur umfassenden Beratung verpflichtet. Die Belehrung des vertragserrichtenden Anwalts hat sich nicht nur auf zivilrechtliche Fragen zu beschränken, er hat auch steuer- und gebührenrechtliche Rechtsfragen zu umfassen. Damit erstreckt sich die zivilrechtliche Sorgfaltspflicht gegenüber dem Klienten auch auf eine zutreffende Belehrung über steuerrechtliche Aspekte. Auch hier gilt: Bei mehreren möglichen Gestaltungsvarianten ist der – steuerlich – relativ sichere Weg aufzuzeigen. Wählt der Mandant aber einen Weg in der Absicht, damit eine Steuerverkürzung zu bewirken, und wird der Anwalt sogar in den Tatplan des Klienten eingeweiht, so kann auch eine Vertragserrichtung allenfalls als Beitragshandlung zu einem später verwirklichten Finanzdelikt gewertet werden. Daher empfiehlt sich eine dokumentierte Belehrung des Klienten, die auf

---

70 Vgl den Katalog der „Vorbehaltsaufgaben" gem § 23 Abs 2 WTBG.

eine richtige Offenlegung gerichtet ist, oder zumindest die Empfehlung, die steuerlichen Konsequenzen mit einem Steuerberater zu besprechen. Heikel sind Situationen, in denen der Klient dem Anwalt versichert, *„alles mit seinem Steuerberater besprochen zu haben"*. Erweckt dies beim Anwalt den Eindruck, dass eine bestimmte Gestaltung deshalb gewählt wurde, um bestimmte steuerliche Konsequenzen zu erzielen, und hält der Anwalt diese für abgabenrechtlich bedenklich, so muss er sich wohl selbst ein Bild darüber machen, ob die gewählte Gestaltung auf einer vertretbaren Rechtsansicht beruht. Am besten bespricht er dies wohl direkt mit dem betreffenden Steuerberater. Kann er sich dessen Meinung nicht anschließen, so führt kein Weg an einer begründeten „Second Opinion" vorbei.[71]

Auch wenn der Anwalt als Organvertreter bei juristischen Personen agiert, die im Interesse seines Klienten tätig sind, oder wenn er als Treuhänder agiert, wird er sich über die steuerlichen Konsequenzen ein klares Bild verschaffen müssen und für den Fall, dass die Konstruktion für ihn erkennbar zur Vorbereitung einer Abgabenverkürzung dient, den Klienten darauf hinweisen und ihm von der weiteren Verfolgung seines Tatplans abraten müssen. Aber die Tätigkeitsbereiche des Anwalts, die mit Steuerfragen zu tun haben können, sind natürlich wesentlich weiter als beim Wirtschaftstreuhänder, dessen Vorbehaltsaufgaben wesentlich enger gezogen sind.[72]

c) Risikofelder beim Notar

Nach den Bestimmungen der NO lassen sich für den Notar im Wesentlichen zum einen die Tätigkeit als „öffentliche Urkundsperson" (§ 1 NO) und zum anderen die „privatwirtschaftliche Tätigkeit" zur Verfassung jeglicher Privaturkunden auch ohne jeden Zusammenhang mit einer öffentlichen Beurkundungstätigkeit sowie die Vertretung von Parteien (soweit kein Anwaltszwang besteht) außerbehördlich oder vor Gericht (§ 5 NO) unterscheiden.

Soweit der Notar „privatwirtschaftlich" als Berater und Verfasser von Urkunden tätig wird, ergeben sich für dieses Thema wohl keine Unterschiede zur Tätigkeit des Anwalts. Anderes mag dort gelten, wo der Notar als „öffentliche Urkundsperson" Urkunden über Rechtserklärungen und Rechtsgeschäfte sowie über Tatsachen, aus denen Rechte abgeleitet werden wollen, aufnimmt und ausfertigt und diese von den Parteien anvertrauten Urkunden verwahrt. Für eine derartige Tätigkeit des Notars gilt als professioneller Standard zunächst § 52 NO, wonach der Notar verpflichtet ist, bei Aufnahme eines Notariatsakts die Parteien über dessen

---

71 S zur Qualität, die an eine Second Opinion anzulegen ist: *Wiedermann*, aaO 167 ff.
72 Zu den haftungsrechtlichen Konsequenzen einer Überschreitung der Vorbehaltsaufgaben s *Jud*, Rechtsberatung durch Wirtschaftstreuhänder und mögliche Haftungsfolgen, AnwBl 2008, 433; zu den versicherungsrechtlichen Aspekten s *W. Völkl* in AnwBl 2009, 27.

Sinn und die Folgen zu belehren und sich von ihrem ernstlichen und wahren Willen zu überzeugen, ihre Erklärung mit voller Klarheit und Bestimmtheit schriftlich aufzunehmen und sich nach geschehener Verlesung des Akts durch persönliche Befragung der Parteien zu vergewissern, dass dieser ihrem Willen entspricht.

Grundsätzlich erstreckt sich die Rechtsbelehrungspflicht des Notars nicht auf steuerliche Nachteile,[73] jedoch kann eine erweiterte Belehrungspflicht auch im Hinblick auf eine in besonderen Umständen des Einzelfalls wurzelnde, den Beteiligten unbewusste steuerliche Gefahrenlage bestehen, wenn der Notar diese erkennt oder zumindest erkennen kann. Wenn dem Notar bekannt ist, dass der Entwurf eines ihm zur Beurkundung übergebenen Vertrags mit einem Steuerberater abgestimmt wurde und wenn sich die Beteiligten auf eine Änderung dieses Vertrags vor ihm einigen, ist er verpflichtet, den Vertragsparteien zu empfehlen, die Tragweite der Änderung nochmals durch den Steuerberater überprüfen zu lassen, bevor er den Vertrag in der geänderten Form beurkundet.[74]

Aus diesen Standards ergibt sich wohl, dass der Notar vor allem dann, wenn er, wie dies idR der Fall sein wird, von den Vertragsparteien und deren Beratern redlich oder auch listig nicht über die steuerlichen Hintergründe eines Rechtsgeschäftes informiert wird, bei einem Einschreiten als öffentliche Urkundsperson kaum dem Vorwurf einer Beitragstäterschaft ausgesetzt sein wird. Lediglich dann, wenn sich der „begründete Verdacht ergibt", dass die Parteien von ihm beurkundete Rechtsgeschäfte „nur zum Scheine", „zur Umgehung des Gesetzes" abschließen, könnte § 34 NO greifen, der es dem Notar untersagt, derartige Amtshandlungen vorzunehmen. § 34 NO könnte also als Standard für professionelles Verhalten gesehen werden.[75]

7. Verbandsverantwortlichkeit bei Beratungsgesellschaften

Viele Freiberufler sind heute aus verschiedensten Überlegungen (Kontinuität, Unternehmensnachfolge, Steueroptimierung von nicht entnommenen Gewinnen etc) in Kapitalgesellschaftsform – beinahe ausschließlich in GmbHs – organisiert. Nicht zuletzt auch deshalb, um die Haftung zu verringern.

Seit dem Inkrafttreten des VbVG mit 1.1.2006 ist der Schutz des verbandsrechtlich organisierten Beratungsunternehmens bei strafrechtlicher Verantwortung eines seiner Berater freilich durchbrochen. Ist der Berater einmal strafrechtlich zur Verantwortung gezogen, so kann auch eine strafrechtliche Haftung seines Verbandes eintreten, wenn die Tat zu seinen Gunsten begangen worden ist oder

---

73   *Völkl/Völkl*, aaO 266.
74   RdW 2001/301.
75   S auch BGH 26.10.1998, 5 StR 736/97, NStZ-RR 1999, 184, zum Untreuetatbestand: Bei umfassender Kenntnis des Notars über die Transaktionen seines Mandaten, die über sein Treuhandkonto abgewickelt wurden und dolus eventualis des Notars.

durch die Tat Pflichten verletzt worden sind, die den Verband treffen.[76] Einer der „Eingangstests" der Verbandshaftung ist somit, ob durch die Tat Pflichten verletzt worden sind, die den Verband selbst treffen (sog Verbandspflichten). In jenen Fällen, in denen Berater Aufträge abwickeln, die der Verband selbst abgeschlossen hat, wird man vermutlich annehmen können, dass der für den Verband verantwortliche Berater die ihm strafrechtlich zum Vorwurf gemachte Pflichtenverletzung im Rahmen der beruflichen Tätigkeit des Verbandes, sohin funktionell innerhalb des spezifischen Tätigkeitsbereichs des Verbandes, begangen hat.[77] Gerade bei Verbänden, zu denen sich Freiberufliche zusammengeschlossen haben, wird der Berater oft auch Entscheidungsträger des Verbandes sein, weil dies zum einen die berufsrechtlichen Vorschriften regelmäßig erfordern,[78] aber auch deshalb, weil dies ein üblicher Marktmechanismus sein wird. Gerade in diesen Fällen ist aber die Verbandshaftung auch rascher im Spiel, weil sie dann lediglich voraussetzt, dass der Entscheidungsträger (Berater) als solcher die Tat rechtswidrig und schuldhaft begangen hat. Die weiteren Voraussetzungen für eine Verbandshaftung, die bei Mitarbeitern des Verbandes gefordert werden, nämlich die Außerachtlassungs-(Überwachungs-)Sorgfalt (Aufsichtspflichtverletzung) der Entscheidungsträger und das Fehlen von entsprechender organisatorischer oder personeller Maßnahmensysteme zur Verhinderung solcher Taten (Organisationsverschulden), sind nicht mehr erforderlich. Ist der Berater hingegen – wie dies bei Bankangestellten idR der Fall sein wird – als „Mitarbeiter" und nicht als Entscheidungsträger anzusehen, ist auch das Vorliegen dieser Voraussetzungen der Verbandshaftung zu prüfen.

Hinzuweisen ist in diesem Zusammenhang darauf, dass bei Finanzvergehen die Begrenzung der Verbandsgeldbuße des § 4 Abs 4 VbVG im Geltungsbereich des FinStrG nicht gilt, weil § 28a FinStrG sowohl für gerichtlich als auch behördlich zu ahndende Finanzvergehen eine spezielle Vorschrift enthält, nämlich eine Gleichsetzung der Verbandsgeldbuße mit der für das Finanzvergehen angedrohten Geldstrafe. Die Verbandsgeldbuße kann bei Steuerdelikten für den Verband daher weitaus teurer als die in § 4 Abs 4 VbVG vorgesehene Obergrenze von 1,8 Mio € sein, weil das Tagessatzsystem des § 4 Abs 2–4 VbVG durch das Geldsummenstrafensystem des FinStrG ersetzt wird.

8. Ausländische Beratung im österreichischen Finanzstrafverfahren

Die Beitragstäterschaft macht nicht vor der österr Grenze halt: Das österr Finanzstrafrecht unterscheidet grundsätzlich nicht danach, ob der Berater In- oder Aus-

---

76   § 3 Abs 1 VbVG.
77   *Steininger*, Verbandsverantwortlichkeitsgesetz (2006) § 3 Rz 12.
78   § 65 Abs 3 WTBG; § 21 c Z 9 RAO.

länder ist. Das heißt: Beitragstäter zum Finanzvergehen eines österr Steuerpflichtigen kann auch dessen ausländischer Berater sein.

In der steuerlichen Praxis hat die Frage der Beitragstäterschaft, also ob sich ein ausländischer Berater noch sozialadäquat verhält oder bereits in finanzstrafrechtlich relevanter Weise handelt, vor allem bei der Unterstützung in der Verschleierung von Einkünften und deren Besteuerung zentrale Bedeutung. Berater, die mit Hilfe von Scheinkonstruktionen eine derartige „Verschleierungsarchitektur" mit entwerfen, sind finanzstrafrechtlich besonders exponiert: Sie können sich jedes Jahr an einem Finanzvergehen ihres Mandanten beteiligen, da sie die Struktur errichtet haben. Dies führt zu einer dramatischen Erhöhung des strafbestimmenden Wertbetrags und damit auch – aufgrund der jährlichen Verwirklichung des Finanzvergehens – zu einem fortdauernden Neubeginn der Verjährungsfrist (§ 31 Abs 3 FinStrG).[79]

Der ausländische Berater macht sich als Beitragstäter jedoch nicht bereits dadurch strafbar, dass die Beratung zum Entstehen des Abgabenanspruchs führt: Das bloße Bewerben von ausländischen Kapitalveranlagungsmöglichkeiten oder auch die aktive Vermögensverwaltung im Ausland ist für sich alleine gesehen unbedenklich, da sie lediglich dazu führt, dass ausländische Einkünfte entstehen, die im Inland steuerpflichtig sind; strafbar könnte nur jene Beratung sein, die auf eine Minimierung des Entdeckungsrisikos im Inland abzielt,[80] zB Vortäuschung von wirtschaftlicher Substanz einer ausländischen Gesellschaft durch Scheingeschäfte und -handlungen.

C. Parteienvertretung und drohendes Finanzstrafverfahren

Wer kennt sie nicht – jene Beratererfahrungen, die man als „böses Erwachen" beschreiben kann: Die Steuererklärungen sind eingereicht, die Bescheide sind zugestellt, bei der Bescheidprüfung oder beim Gespräch mit dem Mandanten stellt sich heraus: *„Die Steuererklärung war falsch, die Bescheide dementsprechend auch."* Das kann mehrere Ursachen haben:

1. Erkennen eigener Fehler

Wohl kaum ein Steuerberater hat die unangenehme Situation noch nicht erlebt: Man erstellt die Steuererklärung für das vergangene Jahr und stellt fest, das bereits in den Vorjahren ein Fehler unterlaufen ist, der sich immer wieder fortgesetzt hat, weil man sich darauf verlassen hat, dass es „im Vorjahr schon gepasst hat". Was nun? Ist alles schon in trockenen Tüchern, weil der Bescheid ja schon

---

79 *Brandl/Gahleitner/Leitner*, Offshore-Gestaltungen im Blickpunkt, SWK 23-24/2013, 1061.
80 *Dannecker/Hagemeier*, Grenzen der Beteiligung, in *Leitner*, Finanzstrafrecht 2008 (2009) 105.

rechtskräftig ist? Mitnichten: Die BAO hat für solche Situationen mit einer umfassenden Berichtigungspflicht vorgesorgt:

Gem § 139 BAO hat der Steuerberater abgabepflichtige Fehler, die erst nach Einreichung der Steuererklärung aufgefallen sind, zu berichtigen. Die Berichtigungspflicht besteht jedoch nur dann, wenn der Fehler zu einer Abgabenverkürzung geführt hat oder führen kann und der Fehler noch innerhalb der Festsetzungsverjährungsfrist nach § 207 BAO erkannt wird.

Fraglich ist, ob die Berichtigungspflicht auch für den Parteienvertreter, also den Steuerberater, gilt: Dies wird in der Literatur unterschiedlich gesehen, von der hM jedoch dann bejaht, wenn die Berichtigungspflicht vom Vollmachtsverhältnis mitumfasst ist.[81]

Die Berichtigungspflicht besteht nur in jenen Fällen, in denen der zeitlich vorgelagerte Fehler in der Abgabenerklärung nicht bereits ein Finanzvergehen war. Andernfalls bestünde eine Pflicht zur strafrechtlichen Selbstbelastung, welche es abgeleitet aus Art 90 B-VG (Verbot zum Zwang der Selbstbelastung: „nemo tenetur") nicht geben darf.[82] Wird daher ein Fehler in Steuererklärungen vergangener Jahre entdeckt, besteht nur dann eine Berichtigungspflicht, wenn der Fehler bei der Einreichung der Steuererklärung nicht bereits ein Finanzvergehen darstellte.

Die vorsätzliche Nichterfüllung der Berichtigungspflicht nach § 139 BAO stellt eine Finanzordnungswidrigkeit nach § 51 FinStrG dar, welche mit einer Geldstrafe von bis zu 5.000 € zu ahnden ist.

Erkennt daher der Steuerberater, dass er in der Vergangenheit bei der Erstellung der Steuererklärung einen Fehler gemacht hat, hat sich zunächst der von ihm vertretene Mandant den Fehler zurechnen zu lassen. Die Berichtigungspflicht trifft daher in erster Linie den Mandanten; bei einer entsprechend weitreichenden Vollmacht jedoch wohl auch den Steuerberater. Weigert sich der Mandant (wider besseren Wissens), eine Berichtigung durchzuführen, macht er sich einer Finanzordnungswidrigkeit nach § 51 FinStrG schuldig. Will sich der Steuerberater aus der Schusslinie nehmen und finanzstrafrechtliche Konsequenzen für sich selbst ausschließen, wird ihm nichts anderes übrig bleiben, als zu dokumentieren, dass man den Mandanten auf dessen Berichtigungspflicht hingewiesen hat. Eine Berichtigung gegen den Willen des Mandanten wird man dem Steuerberater jedoch nicht auferlegen können, zumal dies die berufliche Verschwiegenheitspflicht verletzen würde. Eine Dokumentation dessen, dass man den Mandanten über die Berichtigungspflicht aufgeklärt hat, sollte daher vor einer strafrechtlichen Verfolgung des Steuerberaters schützen.

---

81 *Stoll*, BAO 1579; *Leitner/Toifl/Brandt*, Finanzstrafrecht[3] Rz 312; aA *Kotschnigg*, Beweisrecht BAO § 139 Rz 6.

82 *Ritz*, BAO[5] § 139 Rz 11; BMF, AÖF 2006/124, Abschn 3; *Fischerlehner*, Das neue Abgabenverfahren § 139 Anm 1.

2. Fehler des Mandanten

Die Berichtigungspflicht nach § 139 BAO greift natürlich auch für Fehler, die der Mandant gemacht hat: Stellt der Mandant bspw fest, dass von ihm zunächst getragene Werbungskosten von Dritten ersetzt wurden, sodass diese nicht geltend gemacht werden hätten dürfen, und wurden die Werbungskosten in die Steuererklärung aufgenommen, weil der Mandant vergaß, den Steuerberater vom Kostenersatz zu verständigen (wir unterstellen, dass weder Vorsatz noch Fahrlässigkeit vorliegt), greift die Berichtigungspflicht.

Diese trifft – wie oben erläutert – in erster Linie den Abgabepflichtigen selbst, bei einer entsprechend weitreichenden Vollmacht jedoch auch den Steuerberater. Es spielt daher unterm Strich keine Rolle, ob der Abgabepflichtige oder der Steuerberater einen Fehler gemacht hat – die Berichtigungspflicht greift, wenn der Fehler ursprünglich kein Finanzdelikt darstellte.

3. Begünstigungstatbestände

Nach § 248 FinStrG bzw § 299 StGB begeht eine Begünstigung, wer einen anderen, der ein Finanzvergehen begangen hat, das entweder von der Finanzstrafbehörde zu ahnden ist (§ 248 FinStrG) oder gerichtlich zu verfolgen ist (§ 299 StGB), der Verfolgung oder der Vollstreckung der Strafe absichtlich ganz oder zum Teil entzieht.

Täter der Begünstigung kann sohin jeder sein, außer der begünstigte Vortäter selbst. Daher kommt auch der Rechtsberater oder der Bankangestellte als Beitragstäter in Betracht, denn bei der Begünstigungshandlung kann es sich sowohl um Tat (zB nachträgliches Erstellen einer falschen Rechnung, Stornierung von Banküberweisungen und Überweisung auf andere Rechtsträger etc) als auch um Rat handeln. Auch die bewusste Erteilung einer falschen Auskunft gegenüber den zur Strafverfolgung berufenen Organen kommt als Tathandlung in Betracht. Hingegen scheint es analog den bei der Beitragstäterschaft diskutierten Überlegungen notwendig, die uferlose Weite der möglichen „Entziehungshandlungen" insofern einzugrenzen, als solche Tathandlungen ausscheiden sollten, die aus Ex-ante-Sicht kein rechtlich missbilligtes Risiko darstellen.

So wird die Ansicht vertreten, dass die Vernichtung von Büchern und Aufzeichnungen nach Ablauf der siebenjährigen Aufbewahrungspflicht (§ 132 BAO) kein rechtlich missbilligtes Risiko mehr darstellt, weil keine Verpflichtung zur Aufbewahrung mehr besteht und der Gesetzgeber das Risiko, dass auf diese Unterlagen nicht mehr zurückgegriffen werden kann, in Kauf nimmt. Dadurch sei auch die Absicht, durch Vernichtung der Bücher und Aufzeichnungen den Täter eines Finanzvergehens dadurch der Verfolgung zu entziehen, unschädlich, weil bereits der objektive Tatbestand nicht erfüllt sei.[83]

---

83 *Leitner/Toifl/Brandt*, aaO Rz 1472.

Die Begünstigung ist ein Erfolgsdelikt, wobei es zumindest auf die vorübergehende Entziehung des Vortäters ankommt. Ein endgültiges Entziehen ist nicht erforderlich, es genügt jede Erschwerung oder auch bloß vorübergehende Entziehung.[84] Tritt trotz geeigneter Entziehungshandlung der Taterfolg nicht ein, kommt ein strafbarer Versuch in Betracht.[85] Subjektiver Tatbestand: Die Begünstigung muss vorsätzlich begangen werden, wobei es dem Täter darauf ankommen muss, sohin wird Absicht iSd § 5 Abs 2 StGB vorausgesetzt. Hinsichtlich der Beurteilung des Finanzvergehens des Vortäters genügt hingegen Vorsatz, sohin auch dolus eventualis: Es genügt, wenn es der Begünstigende ernstlich für möglich hält und sich damit abfindet, dass der Vortäter wegen eines Finanzvergehens strafbar ist.

Nach offenbar einheitlicher Auffassung[86] scheidet Begünstigung jedenfalls dann aus, wenn der Berater Verteidiger im Finanzstrafverfahren ist.

In aller Regel wird die Vollmacht des Steuerberaters auch die Strafverteidigung mit umfassen. Der Steuerberater selbst kann sohin im behördlichen Finanzstrafverfahren die Verteidigerrolle übernehmen. Ihm wird diese Stellung dann zukommen, sobald der von ihm vertretene Abgabepflichtige selbst Beschuldigter ist, sohin ab dem Zeitpunkt, in dem dem Abgabepflichtigen die Verständigung über die Einleitung des Strafverfahrens zukommt (§ 75 FinStrG), oder ab seiner ersten Vernehmung (§ 83 Abs 3 FinStrG) bzw sobald eine Verfolgungshandlung nach § 14 Abs 3 FinStrG gesetzt wird.

Hinzuweisen ist darauf, dass im gerichtlichen Finanzstrafverfahren dem Wirtschaftstreuhänder nur ein beschränktes Mitwirkungsrecht zukommt. Die Verteidigerstellung kommt gem § 48 Abs 1 Z 4 StPO nur den dort genannten Personen zu. Der Wirtschaftstreuhänder kann gem § 199 FinStrG lediglich zur Unterstützung des Verteidigers beigezogen werden bzw an der mündlichen Verhandlung „gleich einem Verteidiger" teilnehmen. Zu Anträgen und Willenserklärungen für den Vertretenen und zur Ausführung von Rechtsmitteln ist er jedoch nicht berechtigt. Die Verteidigerrechte des § 57 StPO sind allerdings sinngemäß anzuwenden, ebenso die Beschuldigtenrechte des § 58 Abs 1 und 3 StPO. Auch die Ausschlussgründe des § 60 StPO (Beteiligung an derselben Straftat oder Begünstigung hinsichtlich der anhängigen Straftat) gelten sinngemäß. Daher wird davon auszugehen sein, dass der nach § 199 FinStrG beigezogene Wirtschaftstreuhänder im gegebenen Zusammenhang wie der Verteidiger zu messen sein wird:

---

84   *Leukauf/Steininger*, StGB[3] § 299 Rz 7 mwN.
85   *Pilnacek* in WK-StGB[2] § 299 Rz 20.
86   *Leitner*, Der Wirtschaftstreuhänder als Beteiligter an Finanzdelikten, Handbuch für Wirtschaftstreuhänder, aaO 547 mwN.

Der Verteidiger ist zur Parteilichkeit gegenüber dem Beschuldigten verpflichtet. Für den Beschuldigten nachteilige Tatsachen muss er verschweigen. Der Verteidiger ist kein Rechtspflegeorgan und steht daher in keinem besonderen Verpflichtungsverhältnis zum Staat. Als Verteidiger ist es ihm auch erlaubt, in streitigen Rechtsfragen eine nach seiner Auffassung falsche Rechtsansicht zu vertreten, wider besseres Wissen auf Freispruch des Beschuldigten zu plädieren und er ist bei seiner Verteidigung nicht zur Vollständigkeit verpflichtet, sondern kann für den Beschuldigten nachteilige Tatsachen verschweigen. Der Verteidiger hat aber nicht das unbeschränkte „Lügenprivileg" des Beschuldigten. Eine bewusste Wahrheitsverletzung des Verteidigers wird zumindest als standeswidrig angesehen, ebenso der Rat des Verteidigers an den Beschuldigten, die Unwahrheit zu sagen. Gleiches gilt für Urkundenfälschung oder Verleitung von Zeugen oder Sachverständigen zu unwahren Aussagen oder dann, wenn er dem Beschuldigten zur Flucht verhilft.

4. Aufklärungspflicht und Rat zur rechtzeitigen Selbstanzeige

Aus den Sorgfaltspflichten[87] des Wirtschaftstreuhänders ist abzuleiten, dass der Steuerberater auch in finanzstrafrechtlicher Hinsicht Aufklärungspflichten hat, um sicherzustellen, dass sich der Mandant sämtlichen abgabenrechtlichen und finanzstrafrechtlichen Risiken seines Handelns bewusst ist. Dies umfasst naturgemäß nicht eine Schätzung der Eintrittswahrscheinlichkeit von Risiken (zu einer solchen sollte man sich keinesfalls hinreißen lassen, andernfalls könnte dies als Bestärkung des Mandanten in pflichtwidrigem Verhalten verstanden werden), sehr wohl aber hat der Steuerberater darauf hinzuweisen, wenn abgabenrechtliche und finanzstrafrechtliche Risiken bestehen, und darüber aufzuklären, was man dagegen tun kann.

Dies gilt nicht nur pro futuro bei der Steuerplanung, sondern auch ex post, wenn dem steuerlichen Vertreter Sachverhalte aus der bisherigen steuerlichen Gebarung seines Mandanten mitgeteilt werden. Stellt sich heraus, dass der Mandant einen Fehler begangen hat, muss auf die Möglichkeit einer Selbstanzeige nach § 29 FinStrG hingewiesen werden. Dies gilt insb im Vorfeld von Betriebsprüfungen: Hier besteht ein besonders hohes Entdeckungsrisiko, vor dessen Hintergrund Steuerpflichtige die Sachverhalte der Vergangenheit gemeinsam mit dem Steuerberater im Rahmen der Prüfungsvorbereitung nochmals Revue passieren lassen. Erkennt der Steuerberater, dass in der Vergangenheit ein Fehler passiert ist, sollte die Möglichkeit einer Selbstanzeige unbedingt besprochen werden – egal, ob der Steuerberater an der Verwirklichung des Fehlers beteiligt war oder nicht. In diesem Zusammenhang sind natürlich auch die mit einer Selbstanzeige

---

[87] § 1 der Richtlinie des Vorstandes der Kammer der Wirtschaftstreuhänder über die Ausübung der Wirtschaftstreuhandberufe (Wirtschaftstreuhandberufs-Ausübungsrichtlinie 2003 – WT-ARL 2003); §§ 82 ff WTBG.

verbundenen Risiken zu erläutern: Ist die Selbstanzeige nicht rechtzeitig, drohen trotz des proaktiven Zugehens auf die Abgabenbehörde Strafen!

Es ist daher vor Erstattung einer Selbstanzeige zu erörtern, ob die Tat bereits entdeckt sein könnte oder ob es bereits finanzstrafrechtliche Verfolgungshandlungen (§ 14 Abs 3 FinStrG) gab. Im Vorfeld von Betriebsprüfungen, nach deren Ankündigung noch eine Selbstanzeige erstattet werden soll, ist insb auf das Risiko von nach der Abgabenhöhe gestaffelten Abgabenzuschlägen (5–30 %) hinzuweisen (§ 29 Abs 6 FinStrG), wenn ein grob fahrlässig oder vorsätzlich begangenes Finanzvergehen angezeigt wird. Die Zuschläge fallen trotz strafbefreiender Wirkung der Selbstanzeige an (liegt ein Sperrgrund nach § 29 Abs 3 FinStrG vor, der eine strafbefreiende Wirkung vereitelt, fallen die Abgabenzuschläge hingegen nicht an). Hat die Prüfung jedoch bereits begonnen (sobald der Prüfungsauftrag vorliegt und die Anforderung von Unterlagen erfolgte), ist es bei vorsätzlich begangenen Finanzdelikten jedoch jedenfalls für eine strafbefreiende Selbstanzeige zu spät. Im Vorfeld von Betriebsprüfungen ist daher genau zu evaluieren, von welchem Verschuldensgrad die Finanzstrafbehörde wohl ausgehen wird, und der Mandant von den entsprechenden Konsequenzen aufzuklären.

Weiters ist vor einer Selbstanzeige zu prüfen, ob in der Vergangenheit bereits eine Selbstanzeige für denselben Abgabenanspruch (gleicher Zeitraum, gleiche Abgabenart) erstattet wurde; liegt bereits eine Selbstanzeige (mit Ausnahme von Selbstanzeige für Vorauszahlungen) vor, ist die zweite Selbstanzeige nicht mehr strafbefreiend (§ 29 Abs 3 lit d FinStrG).

Selbst wenn es für eine strafbefreiende Selbstanzeige bereits zu spät sein mag, ist der Mandant darüber aufzuklären, dass auch eine nicht mehr strafbefreiende Selbstanzeige als Geständnis zumindest strafmildernde Wirkung entfalten wird.

Wurden mit einem Finanzvergehen allenfalls andere strafrechtliche Tatbestände (zB Untreue gem § 153 StGB) verwirklicht, ist der Mandant darüber aufzuklären, dass auch andere Straftatbestände noch nachträglich durch Wahrnehmung der tätigen Reue (§ 167 StGB) saniert werden können. Bei Zweifeln, ob auch wirtschaftsstrafrechtliche Risiken drohen, sollte der Mandant daher an einen Rechtsanwalt verwiesen werden und von einer voreiligen Selbstanzeige (wenn möglich) vorerst abgeraten werden, solange nicht die übrigen strafrechtlichen Risiken und deren Sanierungsmöglichkeiten geklärt sind.

Geht eine Selbstanzeige trotz aller Vorkehrungsmaßnahmen schief und kommt es zu einem Strafverfahren, ist überdies zu bedenken, wie bei der finanzstrafrechtlichen Verteidigung vorgegangen werden soll: Erfahrungswerte haben immer wieder bewiesen, dass ein laufender steuerlicher Vertreter nicht als Verteidiger vor der verwaltungsbehördlichen Finanzstrafbehörde auftreten sollte. Nicht selten kommt es vor, dass der laufende Steuerberater vom Beschuldigten, der bereits mit dem Rücken zur Wand steht, in das Verfahren „hineingezogen" wird, indem der Vorwurf in den Raum gestellt wird, dass der Steuerberater seinen Aufklärungspflichten nicht ausreichend nachgekommen sei oder dass die sich als falsch erwiesene steuerliche Behandlung sogar die Idee des Steuerberaters gewesen sei. In derartigen Fällen ist es für den Steuerberater nahezu unmöglich, die Rolle des Verteidigers weiterhin wahrzunehmen, da das Risiko einer Beitragstäterschaft des Steuerberaters immer mitschwingt. Die Rolle des Steuerberaters sollte sich daher allenfalls auf die des Zeugen beschränken, der vom Verteidiger zur Entlastung des beschuldigten Mandanten befragt wird.

D. Straftaten im (un)mittelbaren Zusammenhang mit Finanzvergehen

Finanzvergehen können auf Sachverhalten beruhen, bei denen es dem Täter ausschließlich um die pflichtwidrige Verkürzung von Abgaben geht (zB mangelnde Aufnahme von Umsätzen in die Steuererklärung). Vielfach ist in der Praxis aber zu beobachten, dass mit Finanzvergehen auch weitere strafbare Handlungen einhergehen. Werden einerseits zusätzliche Straftatbestände als Ausfluss des zur Begehung des Finanzvergehens bedingten Handelns gesetzt, so werden auch andere Straftaten oftmals – ohne dass dies die eigentliche Intention des Täters ist – nur mit der parallelen Begehung von Finanzvergehen begangen. Folgende Beispiele sollen dies verdeutlichen:

> Ein Steuerpflichtiger, der Dienstnehmer „schwarz" beschäftigt und damit Lohnabgaben (Lohnsteuer, DB, DZ, Kommunalsteuer) hinterzieht, wird „konsequenterweise" die Dienstnehmer auch nicht dem zuständigen Sozialversicherungsträger melden und somit auch Sozialversicherungsbeiträge verkürzen.

Da das Vorenthalten von Sozialversicherungsbeiträgen nicht vom Finanzstrafgesetz, sondern vom StGB (§§ 153c–153e StGB) umfasst ist, wird der Steuerpflichtige im Zusammenhang mit dem Finanzvergehen der Abgabenhinterziehung allenfalls auch eine Straftat nach dem StGB begehen. Diese Straftaten stehen nebeneinander, zumal das FinStrG eine Konsumation von anderen Straftaten durch Finanzvergehen nur in sehr engen Grenzen kennt. Lediglich für Finanzvergehen, die auf betrügerische Weise oder durch Täuschung begangen worden sind, oder im Zusammenhang mit Urkunden- und Beweismittelfälschung stehen, sieht § 22 Abs 2 und 3 StGB vor, dass diese Taten ausschließlich als Finanzvergehen zu ahnden sind. Alle übrigen im Zusammenhang mit Finanzvergehen begangenen strafbaren Handlungen sind gesondert zu ahnden.

Finanzvergehen können aber auch mit Straftaten einhergehen, bei denen die Verkürzung von Abgaben nicht im Vordergrund stand: Der Geschäftsführer einer GmbH leistet Schmiergeldzahlungen zwecks Auftragserlangung an Dritte, welche als Marketingleistungen verrechnet werden. Die Vornahme des Betriebsausgabenabzuges für derartige Ausgaben kann dazu führen, dass Abgaben verkürzt werden. Das Korruptionsdelikt steht bei diesem Sachverhalt im Vordergrund, das Finanzvergehen ist lediglich eine Konsequenz daraus.

Für den Berater ist es bei derartigen Sachverhaltskonstellationen wichtig, über den jeweiligen „Tellerrand" des eigenen Berufsbildes und des jeweiligen Auftrages hinauszublicken. Erlangt der Steuerberater im Rahmen der abgabenrechtlichen Beratung davon Kenntnis, dass sein Klient möglicherweise auch andere Straftaten begangen hat, so sollte er ihm diese Bedenken mitteilen und ihn an einen darauf spezialisierten Berater verweisen. Umgekehrt sollte ein Verteidiger in einem Strafverfahren auch abgabenrechtliche Implikationen aus der zur Last gelegten Straftat nicht außer Acht lassen. Vielfach stehen zu diesem Zeitpunkt noch Instrumente zur Erlangung einer strafbefreienden Wirkung zur Verfügung (Selbstanzeige, tätige Reue), die nur Wirkung entfalten können, wenn sie rechtzeitig angewendet werden.

E. Problematik: Abgabenverfahren/Finanzstrafverfahren

Abgabenverfahren und Finanzstrafverfahren bieten ein besonderes Spannungsfeld: Während im Abgabenverfahren umfassende Wahrheits- und Mitwirkungspflichten bestehen, besteht im Finanzstrafverfahren das Verbot des Zwangs zur Selbstbelastung („nemo tenetur"[88]). Finanzstrafverfahren finden jedoch sehr häufig ihren Ursprung in abgabenbehördlichen Überprüfungsmaßnahmen: Im Rahmen der Mitwirkungspflicht werden der Behörde Unterlagen übergeben, die Zweifel an der Richtigkeit und Vollständigkeit der bisherigen steuerlichen Gebarung aufkommen lassen; von der Abgabenbehörde werden Nachfragen gestellt, die vom Abgabepflichtigen unter Wahrheitspflicht zu beantworten sind. Irgendwann im Laufe der Betriebsprüfung erhärtet sich der Verdacht, dass ein Finanzdelikt verwirklicht wurde, sodass ein Finanzstrafverfahren eröffnet wird. In solchen Fällen kann die Wahrnehmung der Mitwirkungs- und Wahrheitspflicht im zeitlich vorgelagerten abgabenrechtlichen Betriebsprüfungsverfahren dazu führen, dass vom Abgabepflichtigen Beweismittel gegen sich selbst geschaffen werden. In der Praxis ist daher sehr genau darauf zu achten, wo „normale", bloß abgabenrechtlich relevante Fragen gestellt werden, die wahrheitsgemäß zu beantworten sind, und wo die Grenze zur Klärung finanzstrafrechtlicher Verdachtsmomente beginnt, bei der das „Nemo-tenetur-Prinzip" zur Anwendung kommt.

1. Mitwirkungspflichten (Grenzen im Abgabenverfahren)

Die Mitwirkungspflichten des Abgabepflichtigen im Abgabenverfahren sind umfassend. Diese fangen schon lange vor Einreichung einer Steuererklärung an: Der

---

88   Art 90 B-VG, Art 6 EMRK.

Abgabepflichtige hat Aufzeichnungen (§ 126 BAO), ggf auch Bücher zu führen (§ 124 BAO iVm § 189 UGB), die den Abgabenerklärungen zugrunde zu legen sind. In den Abgabenerklärungen hat der Steuerpflichtige bereits erste rechtliche Würdigungen zu treffen:[89] Er muss selbst auf Basis seiner Aufzeichnungen bekanntgeben, welche Einkünfte steuerpflichtig oder steuerfrei sind bzw welche von ihm getragenen Aufwendungen abzugsfähig sind und welche nicht. Die Steuererhebung ist im Lichte dessen, dass das Abgabenverfahren ein Massenverfahren ist, welches mit beschränkten personellen Ressourcen vom Fiskus zu bewältigen ist, anfänglich zur Gänze an den Abgabepflichtigen ausgelagert. Basierend auf den Angaben des Steuerpflichtigen rechnet der Finanzamtscomputer aus, welche Steuerlast vom Steuerpflichtigen zu tragen ist.[90] Naturgemäß unterliegt der Abgabepflichtige bei der Erstellung seiner Steuererklärung einer umfassenden Wahrheits- und Offenlegungspflicht (§ 119 BAO).

Die Mitwirkungspflichten des Abgabepflichtigen gehen jedoch noch weiter: In der Praxis hat sich die sog „Nachbescheidkontrolle" durchgesetzt:[91] So werden Abgabenerklärungen, über die bereits schon längst ein Bescheid erlassen wurde, nachträglich innerhalb eines Jahres ab Bescheidzustellung von der Behörde geprüft. Das Abgabenrecht macht es möglich, dass „Rechtskraft des Bescheides" hier nicht absolute Rechtssicherheit bedeutet, denn die Abgabenbehörde ist berechtigt, einen Bescheid – ohne Weiteres – aufzuheben und durch einen neuen zu ersetzen, wenn sich *„der Spruch als nicht richtig erweist"* (§ 299 BAO); dies bedeutet nichts anderes, als dass die Behörde problemlos ein Jahr lang Zeit hat, einen Bescheid in jede Richtung abzuändern (selbstverständlich nur im Rahmen der Ermessensübung, aber hier gilt der Grundsatz „Vorrang der Rechtsrichtigkeit vor der Rechtsbeständigkeit"[92]).

Zur Feststellung der Richtigkeit von bereits erlassenen Bescheiden gebraucht die Finanzverwaltung insb im Rahmen von Ergänzungsersuchen das Verfahrensmittel des Auskunftsersuchens nach § 143 BAO. Demnach kann die Abgabenbehörde von jedermann Auskunft über alle für die Abgabenerhebung maßgebenden Tatsachen verlangen. Für den Auskunftsverpflichteten besteht wiederum die dem Abgabenverfahren allgemein zugrundeliegende Wahrheits- und Mitwirkungsverpflichtung.

Zur Klärung konkreter, umfangreicherer Sachverhalte führen Abgabenbehörden idR eine Nachschau nach § 144 BAO durch, im Rahmen derer Organe der Behörden dazu berechtigt sind, Gebäude, Grundstücke und Betriebe des Abgabepflich-

---

89 *Ehrke-Rabel/Gunacker-Slawitsch*, Governance im Steuerrecht, SWK 23–24/2014.
90 *Rzeszut/Lang* in *Wiedermann/Wilplinger*, Das Familienunternehmen im Steuerrecht (2014) 204; *Kotschnigg*, Beweisrecht der BAO (2011) § 119 Rz 29.
91 *Tanzer/Unger*, Die Nachbescheidkontrolle als Institution, SWK 34/35/2008, 947.
92 *Ritz/Koran*, Finanzverwaltungsgerichtsbarkeit neu in Österreich (2013) 275; *Rzeszut*, Wiederaufnahme auf Antrag – Hervorkommen von neuen Tatsachen aus Sicht der Partei?, SWK 30/2014, 1273.

tigen zu betreten.[93] Die umfangreichste Prüfungsmaßnahme der Finanzverwaltung stellt die Außenprüfung („Betriebsprüfung") nach §§ 147 ff BAO dar. Diese ist idR auf die letzten drei veranlagten Jahre angesetzt und wird in Sonderfällen sogar auf fünf oder alle noch nicht verjährten Jahre ausgedehnt.[94] Ist die Jahresfrist seit Zustellung des letzten Abgabenbescheides bereits abgelaufen, berechtigen im Rahmen solcher Prüfungsmaßnahmen neu hervorgekommene Tatsachen die Abgabenbehörde, eine Wiederaufnahme des Verfahrens nach § 303 BAO durchzuführen (dies ist bis zum Ablauf der Festsetzungsverjährungsfrist nach §§ 207 ff BAO zulässig).

Bei all diesen abgabenbehördlichen Überprüfungsmaßnahmen besteht eine umfassende Mitwirkungspflicht des Abgabepflichtigen, im Rahmen derer der Abgabepflichtige überdies unter Wahrheitspflicht steht (§ 119 BAO). Eine Verweigerung der Mitwirkungspflicht kann von der Behörde durch die Verhängung von Zwangsstrafen (§ 111 BAO) iHv bis zu 5.000 € sanktioniert werden. Die Verhängung einer Zwangsstrafe ist jedoch dann nicht zulässig, wenn die Grenzen der Mitwirkungspflicht erreicht werden, denn in solchen Fällen besteht für den Abgabepflichtigen schlichtweg keine Mitwirkungspflicht mehr:[95] Die Grenzen der Mitwirkungspflicht liegen in der Notwendigkeit (Erforderlichkeit für die Abgabenerhebung), Erfüllbarkeit und Zumutbarkeit der Mitwirkung.[96] So darf es nicht zum Nachteil des Abgabepflichtigen gehen, wenn Unterlagen verlangt werden, die vom Abgabepflichtigen wegen des Ablaufs der gesetzlichen Aufbewahrungspflicht bereits unwiederbringlich vernichtet wurden. Auch die Anforderung von Besteuerungsnachweisen von Geschäftspartnern des Abgabepflichtigen im Ausland geht über die Mitwirkungspflicht des Abgabepflichtigen hinaus, wenn der Abgabepflichtige über diese nicht verfügt und die Beschaffung solcher auch nicht von den Abgabevorschriften vorgesehen ist.

Die Frage, ob bei einer abgabenbehördlichen Überprüfungsmaßnahme eine Mitwirkungspflicht unter Wahrheitspflicht besteht, kann im Rahmen eines Rechtsmittels gegen eine verhängte Zwangsstrafe ausgefochten werden. Auf diese Weise lässt sich auch klären, ob abgabenbehördliche Erhebungen noch auf Basis der BAO vorgenommen werden dürfen (für die ja die umfassende Wahrheits- und Mitwirkungsverpflichtung gilt) oder ob nicht bereits eine Prüfung nach § 99 Abs 2 FinStrG aufzunehmen wäre, für die umfassende Beschuldigtenrechte gelten, die die Wahrheits- und Mitwirkungspflicht des Abgabeverfahrens dem Schutz des „Nemo-tenetur-Prinzips" unterordnen.[97]

---

93   *Ritz*, BAO[5] § 144 Rz 4; *Rzeszut/Lang* in *Wiedermann/Wilplinger*, aaO 206.
94   BMF 2.2.2010, BMF-280000/0016-IV/2/2010, Organisationshandbuch der Finanzverwaltung Abschnitt 8.6.
95   VwGH 16.2.1994, 93/13/0025; *Ritz,* BAO[5] § 111 Rz 4.
96   *Ritz*, BAO[5] § 119 Rz 4.
97   *Leitner*, Verbotener Zwang im Abgabenverfahren und Finanzstrafverfahren, SWK 1/2006, 28; *Seiler/Seiler*, Finanzstrafgesetz[4] § 99 Rz 17;

2. Dualität zwischen § 99 FinStrG und § 147 BAO

Gem § 99 Abs 2 FinStrG können Finanzstrafbehörden Prüfungen durchführen, um einen finanzstrafrechtlichen Tatverdacht zu untersuchen. Eine Prüfung nach § 99 Abs 2 FinStrG kann bereits vor Eröffnung eines Finanzstrafverfahrens durchgeführt werden.[98] Sie ist nach abgabenrechtlichen Vorschriften (§§ 147 ff BAO) durchzuführen und unterscheidet sich daher in den Befugnissen, die der Finanzstrafbehörde zukommen, zunächst nicht von einer „regulären" Betriebsprüfung oder Nachschau: Es ist ein Prüfungsauftrag vorzuweisen; die Beamten haben sich auszuweisen; am Ende der Prüfung ist eine Schlussbesprechung durchzuführen und eine Niederschrift darüber zu erstellen.

Ein wesentlicher Unterschied zu einer Prüfung nach § 147 BAO besteht jedoch darin, dass bereits zu Beginn der Prüfung darauf hinzuweisen ist, dass eine Prüfung nach § 99 Abs 2 FinStrG durchgeführt wird und dass dem Abgabepflichtigen somit die Rechte eines Beschuldigten bzw Verdächtigen zukommen.[99] Dies umfasst das Recht auf Beiziehung eines Verteidigers und sich durch diesen vertreten zu lassen (sofern nicht ausdrücklich persönliches Erscheinen gefordert wird), das Recht auf Parteiengehör und die Stellung von Beweisanträgen, Informations- und Belehrungsrechte über die zur Last gelegte(n) Tat(en), das Aussageverweigerungsrecht, das Verbot des Zwangs zur Aussage und der Zwangsstrafe zur Herausgabe von Tatgegenständen und Beweismitteln etc.[100]

Die Mitwirkungspflicht des Beschuldigten oder Verdächtigen ist im Rahmen von Prüfungen nach § 99 Abs 2 FinStrG nur insoweit ausgesetzt, als Anforderungen der Finanzstrafbehörde dem Verbot des Zwangs zur Selbstbelastung (nemo tenetur) widersprechen würden. So muss der Abgabepflichtige zwar dulden, dass eine Einsichtnahme in seine Bücher erfolgt und seine Geschäftsräume von behördlichen Organen betreten werden dürfen, er ist jedoch nicht dazu verpflichtet, der Aufforderung zur Vorlage von belastenden Dokumenten Folge zu leisten; vielmehr wird er sogar abstreiten dürfen, dass es die angeforderten Unterlagen überhaupt gibt. Für diese Fälle stehen der Finanzstrafbehörde jedoch die Möglichkeiten der Beschlagnahme und Hausdurchsuchung offen.[101] Werden dennoch Beweise unter Verletzung des Verbots des Zwangs zur Selbstbelastung gewonnen, unterliegen diese einem Beweisverwertungsverbot (§ 98 Abs 4 FinStrG).[102] Die Verweigerung jedweder Mitwirkung kann jedoch nicht dazu führen, dass ein Abgabepflichtiger, gegen den finanzstrafrechtliche Verdachtsmomente vorliegen, besser gestellt wird als ein redlicher Abgabepflichtiger in einem „regulären" Betriebsprüfungsverfahren: So wird die (zulässige) Verweigerung der Mitwirkungs-

---

98   VwGH 20.4.1993, 92/13/0036; *Tannert*, FinStrG[8] (2012) § 99 Anm 1.
99   *Reger/Hacker/Kneidinger*, Kommentar FinStrG[3] II § 99 Rz 14;.
100 *Fellner*, FinStrG II[6] § 99 Rz 6.
101 *Reger/Hacker/Kneidinger*, Kommentar FinStrG[3] II § 99 Rz 14.
102 *Fellner*, FinStrG II[6] § 98 Rz 27.

pflicht in begründeten Fällen eine Schätzungsberechtigung der Behörde eröffnen.[103]

Grundsätzlich ist eine parallele Durchführung von abgabenrechtlichen Betriebsprüfungen nach §§ 147 ff BAO und finanzstrafrechtlichen Prüfungen nach § 99 Abs 2 FinStrG wegen des Verbots des Zwangs zur Selbstbeschuldigung nicht zulässig:[104] Sobald der Behörde Umstände bekannt werden, die den Verdacht eines Finanzvergehens begründen, hat die Abgabenbehörde die Finanzstrafbehörde darüber in Kenntnis zu setzen und eine Prüfung nach § 99 Abs 2 FinStrG anzuregen. Nur wenn die Finanzstrafbehörde keinen Anlass für eine Prüfung nach § 99 Abs 2 FinStrG sieht, ist die „reguläre" Betriebsprüfung nach §§ 147 ff BAO fortzusetzen.[105]

---

103 *Leitner/Toifl/Brandl*, Finanzstrafrecht[3] Rz 1677.
104 *Leitner/Toifl/Brandl*, Finanzstrafrecht[3] Rz 1678.
105 *Reger/Hacker/Kneidinger*, Kommentar FinStrG[3] II § 99 Rz 15.

II. Abgrenzung zwischen gerichtlichem und verwaltungsbehördlichem Finanzstrafverfahren

A. Einleitung

Infolge des im Finanzstrafrecht ausgeprägten Dualismus ist in Abhängigkeit von der „Schwere" bzw Gewichtigkeit des Finanzvergehens entweder das Gericht oder die Finanzstrafbehörde für die Durchführung des Finanzstrafverfahrens zuständig (vgl § 53 FinStrG). Ausgehend von dieser Zweiteilung der Zuständigkeiten lassen sich finanzstrafrechtliche Tatbestände folglich in gerichtlich strafbare und verwaltungsbehördlich strafbare Finanzvergehen einteilen. Die verfahrensrechtlichen Bestimmungen befinden sich für das behördliche Strafverfahren im FinStrG (§§ 56–194e FinStrG), für die vom Gericht zu ahndenden Finanzvergehen gilt grds die StPO (§ 195 Abs 1 FinStrG), jedoch erweitert um die Sonderbestimmungen des FinStrG (§§ 196a–245 FinStrG).

B. Das gerichtliche Finanzstrafverfahren

1. Grundlegendes

Das Gericht ist zur Durchführung des Finanzstrafverfahrens nur dann zuständig, wenn dies in den Abs 1–4 des § 53 FinStrG ausdrücklich vorgesehen ist. In einem ersten Schritt muss die Finanzstrafbehörde gem § 82 Abs 1 FinStrG prüfen, ob genügend Verdachtsgründe für die Einleitung eines Finanzstrafverfahrens vorliegen. Ergibt sich aus der Prüfung der Verdachtsmomente, dass für die Durchführung des Strafverfahrens das Gericht zuständig ist, so hat die Finanzstrafbehörde das Strafverfahren gem § 82 Abs 2 FinStrG nach den Bestimmungen des dritten Unterabschnittes der StPO zu führen.[106] So muss in einem ersten Schritt immer zuerst die Möglichkeit der Gerichtszuständigkeit überprüft werden.[107]

2. Primäre Abgrenzung – Wertzuständigkeit

Zur Ahndung von Finanzvergehen ist gem § 53 Abs 1 FinStrG das Gericht zuständig, wenn das Finanzvergehen vorsätzlich begangen wurde und der strafbe-

---

106 *Fellner*, FinStrG I⁶ § 53 Rz 33.
107 Vgl dazu VwGH 14.6.1984, 84/16/0074, 0075, SWK 1984, K 84 = ÖStZB 1985, 16.

stimmende Wertbetrag 100.000 € übersteigt. Zur Begründung der gerichtlichen Zuständigkeit muss folglich der strafbestimmende Wertbetrag diese betragsmäßige Grenze überschreiten. Dies gilt bspw für die Abgabenhinterziehung (§ 33 FinStrG) oder die Abgabenhehlerei (§ 37 Abs 1 FinStrG, wenn die Vortat eine Verkürzung von Verbrauchsteuern war).

Für die Finanzvergehen des Schmuggels (§ 35 Abs 1, § 53 Abs 2 lit a FinStrG), der Hinterziehung von Eingangs- und Ausgangsabgaben (§ 35 Abs 2, § 53 Abs 2 lit a FinStrG) oder bei der vorsätzlichen Abgabenhehlerei (§ 37 Abs 1 FinStrG), mit Ausnahme jener, deren Vortat eine Verkürzung von Verbrauchsteuern war, ist das Gericht bereits bei Überschreiten der Höhe von 50.000 € zur Ahndung zuständig (vgl § 53 Abs 2 FinStrG).

3. Zuständigkeit bei Zusammenrechnung der strafbestimmenden Wertbeträge

Auch dann, wenn die Summe der strafbestimmenden Wertbeträge aus mehreren zusammentreffenden, vorsätzlich begangenen Finanzvergehen die Grenze von 100.000 € bzw 50.000 € übersteigt, ist das Gericht zuständig, vorausgesetzt, dass all diese Vergehen in die örtliche und sachliche Zuständigkeit ein und derselben Finanzstrafbehörde fielen (§ 53 Abs 1 lit b FinStrG).

Zur Verdeutlichung dieser Zusammenrechnungsbestimmung folgendes Beispiel:

Beispiel 1 – Zusammenrechnung

Im Zuge einer Betriebsprüfung werden bei einem Unternehmer folgende Verkürzungsbeträge ermittelt:

2011	35.000 €	
2012	40.000 €	Einkommensteuer
2013	45.000 €	
Summe	120.000 €	

Lösung

Das Gericht ist zur Durchführung des Finanzstrafverfahrens unter folgenden Voraussetzungen zuständig:

- Vorsätzliche Begehung der Verkürzung unter Verletzung einer abgabenrechtlichen Anzeige-, Offenlegungs- oder Wahrheitspflicht iSd § 33 Abs 1 FinStrG (Abgabenhinterziehung).
- Örtliche und sachliche Zuständigkeit ein und derselben Finanzstrafbehörde: Gem § 58 Abs 1 lit f FinStrG ist dies jenes Finanzamt, das zur Erhebung der beeinträchtigten Abgaben zuständig ist.

Zusammentreffen können nach dem letzten Satz des § 53 Abs 1 FinStrG nur Finanzvergehen, über welche noch nicht rechtskräftig entschieden wurde. Dieser

Satz soll nach den Gesetzesmaterialien[108] zur Vermeidung von Zweifeln ausdrücklich in das Gesetz aufgenommen werden: Wenn über eines dieser Finanzvergehen schon verwaltungsbehördlich entschieden wurde, so bleibt dieses – entsprechend der Judikatur[109] – bei der Zusammenrechnung der strafbestimmenden Wertbeträge außer Betracht und kann daher auch nicht mehr in die gerichtliche Zuständigkeit fallen.[110]

Dabei ist des Weiteren zu beachten, dass man die gerichtliche Zuständigkeit nicht dadurch umgehen könnte, indem man die Finanzstrafverfahren nicht miteinander verbindet. Die Zusammenrechnung ist zwingend.[111]

Unabhängig in welcher Form der Täterschaft (§ 11 FinStrG) die Finanzvergehen begangen worden sind, hat nach hA und Rsp diese Zusammenrechnung – bei Vorliegen der übrigen Voraussetzungen – zu erfolgen.[112] In einer Entscheidung hat der OGH[113] bspw ausgesprochen, dass eine Zusammenrechnung der strafbestimmenden Wertbeträge erfolgen muss, wenn der Täter ein Finanzvergehen als unmittelbarer Täter, ein anderes als Bestimmungstäter begangen hat. Maßgebend für eine Zusammenrechnung ist nur, ob über diese Finanzvergehen in einem Urteil abgesprochen werden könnte.

Bei zeitlich aufeinanderfolgenden Finanzvergehen sind die Wertbeträge unter den Voraussetzungen des § 53 Abs 2 lit b FinStrG zusammenzurechnen.

4. Subjektive Konnexität

Besteht gerichtliche Zuständigkeit nach § 53 Abs 1 oder 2 FinStrG, dann ist es auch zur Ahndung von mit diesen zusammentreffenden anderen Finanzvergehen zuständig, wenn all diese Vergehen in die (fiktive) örtliche und sachliche Zuständigkeit derselben Finanzstrafbehörde fallen (§ 53 Abs 3 FinStrG). Wenn einem Beschuldigten mehrere strafbare Handlungen (in Ideal- oder Realkonkurrenz) vorgeworfen werden, dann spricht man idZ von „subjektiver Konnexität".[114]

Da aber Voraussetzung für eine Zuständigkeit nach Abs 3 jene nach den Abs 1 oder 2 des § 53 FinStrG ist, hat dies zur Folge, dass das Gericht reine Fahrlässigkeitstäter niemals verfolgen kann.

---

108   ErlRV 81 BlgNR 23. GP, 11.
109   Vgl dazu VwGH 24.9.1996, 95/13/0219, SWK 1997, R 59.
110   Vgl so auch *Lässig* in *Höpfel/Ratz* (Hrsg), WK-StGB² § 53 Rz 5.
111   *Fellner*, FinStrG I⁶ § 53 Rz 15.
112   *Lässig* in *Höpfel/Ratz* (Hrsg), WK-StGB² § 53 Rz 4.
113   OGH 20.11.1997, 12 Os 120/97, ÖStZB 1998, 462.
114   *Seiler/Seiler*, Finanzstrafgesetz⁴ § 53 Rz 14.

Beispiel 2 – Subjektive Konnexität

Ein Abgabepflichtiger bewirkt im Jahre 2012 vorsätzlich eine Verkürzung von Einkommen- und Umsatzsteuer in Höhe von 130.000 €. Ein Jahr später bewirkt er fahrlässig eine Verkürzung von Einkommensteuer in Höhe von 30.000 €.

Lösung

Das Gericht ist zur Ahndung der Abgabenhinterziehung (§ 33 FinStrG) gem § 53 Abs 1 lit b FinStrG zuständig; dazu kommt nach § 53 Abs 3 FinStrG die Ahndung wegen der fahrlässigen Abgabenverkürzung (§ 34 FinStrG), die im Jahre 2013 begangen wurde.

Die beiden Verfahren werden zudem miteinander verbunden, da ein Täter mehrere Taten bzw Finanzvergehen begangen hat.

Wenn sich jemand durch dieselbe Tat einerseits einer gerichtlich strafbaren Handlung, welche kein Finanzvergehen ist, und andererseits eines Finanzvergehens, das der Finanzstrafbehörde zufällt, schuldig macht, so findet keine gemeinsame Verhandlung der Delikte statt; sie sind gesondert zu ahnden (§ 53 Abs 7 FinStrG).[115] Die vorangegangene rechtskräftige Bestrafung ist aber nach § 53 Abs 7 letzter Satz FinStrG bei der Strafbemessung angemessen zu berücksichtigen.

5. Objektive Konnexität

Von „objektiver Konnexität" spricht man, wenn sich an demselben Finanzvergehen mehrere Personen beteiligt haben. Ist das Gericht zur Ahndung von Finanzvergehen des unmittelbaren Täters zuständig, so begründet dies gem § 53 Abs 4 S 1 FinStrG auch die Zuständigkeit zur Ahndung von Finanzvergehen anderer an der Tat vorsätzlich „Beteiligter", wobei darunter Mittäter, Beitrags- oder Bestimmungstäter zu verstehen sind. Gerade dieser Umstand führt folglich dazu, dass ein Beteiligter vom Gericht zu verurteilen ist, obwohl er sich bloß einer im Rahmen eines sonst in die verwaltungsbehördliche Zuständigkeit zu ahndenden Finanzvergehens schuldig gemacht hat.[116]

Dies gilt aber nicht für den umgekehrten Fall: Die Verfolgung des Bestimmungs- oder Beitragstäters begründet nicht die Gerichtszuständigkeit für das Verfahren gegen den unmittelbaren Täter.[117] Das nachfolgende Beispiel soll dies demonstrieren:

Beispiel 3 – Objektive Konnexität

Bestimmt jemand mehrere Personen zur Begehung von Finanzvergehen, ergibt sich für ihn durch Zusammenrechnung der strafbestimmenden Wertbeträge Gerichtszuständigkeit. Für die unmittelbaren Täter besteht Gerichtszuständigkeit jedoch nur dann, wenn ihre Tat allein für sich Gerichtszuständigkeit begründet.

---

115 Vgl OGH 7.2.1995, 14 Os 138/94.
116 OGH 27.3.2007, 11 Os 142/06a; 16.11.2004, 14 Os 130/04; 11.11.1998, 13 Os 130/98.
117 OGH 15.11.1989, 14 Os 120/89.

Auch für fahrlässige Beitragstäter ist das Gericht nicht zuständig, sondern die Finanzstrafbehörde.[118]

Wenn der vorsätzlich Beteiligte wegen eines sonst in die Zuständigkeit der Finanzstrafbehörde fallenden Finanzvergehens vom Gericht verurteilt wurde, dann sind mit dieser Verurteilung nicht die Folgen einer gerichtlichen Verurteilung verbunden, lediglich die einer Ahndung durch die Finanzstrafbehörde, wobei dies das Gericht im Urteil festzustellen hat (§ 53 Abs 4 S 2 FinStrG). Nach den Gesetzesmaterialien zu § 53 Abs 4 FinStrG muss bei der Normierung der Zuständigkeit auf die Ahndung des Finanzvergehens und nicht bloß auf die Durchführung des Strafverfahrens durch das Gericht abgestellt werden. Begründend dazu wird ausgeführt, dass die Durchführung des Strafverfahrens im Stadium des Ermittlungsverfahrens der Staatsanwaltschaft obliegt und nicht alleine dem Gericht.[119]

6. Die Regelung des § 53 Abs 5 FinStrG

Für die Ahndung von Finanzordnungswidrigkeiten und die selbstverschuldete Berauschung ist das Gericht jedoch niemals zuständig (§ 53 Abs 5 FinStrG), und zwar auch nicht im Falle der subjektiven Konnexität nach § 53 Abs 3 FinStrG.

	verwaltungsbehördliches Finanzstrafverfahren	gerichtliches Finanzstrafverfahren
Fahrlässigkeit	grundsätzlich Zuständigkeit der Finanzstrafbehörden jedenfalls bei selbstverschuldeter Berauschung	bei subjektiver Konnexität, wenn dieselbe Finanzstrafbehörde örtlich und sachlich zuständig ist. bei objektiver Konnexität, wenn für den unmittelbaren Täter Gerichtszuständigkeit besteht
Vorsatz	bei einem strafbestimmenden Wertbetrag < 100.000 bzw 50.000 € bei Zolldelikten jedenfalls bei Finanzordnungswidrigkeiten selbstverschuldeter Berauschung Finanzvergehen ohne strafbestimmenden Wertbetrag (§§ 48, 48a, 48b FinStrG)	bei einem strafbestimmenden Wertbetrag > 100.000 bzw 50.000 € bei Zolldelikten Zusammenrechnung im Rahmen der Verjährungsvorschriften

Abb 1: Abgrenzung verwaltungsbehördliches und gerichtliches Finanzstrafverfahren

---

118 Vgl OGH 11.9.2003, 12 Os 8/03.
119 EBRV 81 BlgNR 23. GP 11.

7. Instanzenzug

Gem § 196a FinStrG obliegt das Hauptverfahren wegen gerichtlich strafbarer Finanzvergehen dem Landesgericht als Schöffengericht. Dieses setzt sich seit dem Inkrafttreten des Budgetbegleitgesetzes 2009[120] (BBG 2009, BGBl I 2009/52), welches weitgehende Auswirkungen va auf das Strafprozessrecht hat, nur noch aus einem (zuvor noch zwei) Berufsrichter (dem Vorsitzenden) und zwei Laienrichtern (sog Schöffen) zusammen (§ 32 Abs 1 StPO). Ihm obliegen die Hauptverhandlung und die Urteilsfällung.[121]

Begründet wird die Verkleinerung des Schöffengerichts damit, um die knappe richterliche Arbeitskapazität besser nutzen zu können. Im Gegensatz dazu kann gegen die Stimme des Vorsitzenden weder ein Schuldspruch ergehen noch die richterliche Beurteilung der Tat zum Nachteil des Angeklagten entschieden werden (§§ 32 Abs 1 u 3 sowie 41 Abs 1 StPO).[122]

Im gerichtlichen Strafverfahren richtet sich die sachliche Zuständigkeit grds nach der Strafdrohung des jeweiligen Deliktes, wobei die Zuständigkeit des Landesgerichts als Schöffengericht primär nur bei sehr schwerwiegenden strafbaren Handlungen gegeben ist: So bestimmt § 31 Abs 3 Z 1 StPO dessen Zuständigkeit bei strafbaren Handlungen, die mit einer Freiheitsstrafe bedroht sind, deren Höchstmaß fünf Jahre überschreitet. In § 31 Abs 3 Z 2–6 StPO wird zudem ausdrücklich dem Schöffengericht die Zuständigkeit für einige Delikte eingeräumt; diese Aufzählung ist demonstrativ. § 31 Abs 3 Z 7 StPO bestimmt, dass auch durch weitere Straftaten die Zuständigkeit des Schöffengerichts festgelegt werden kann und der oben zitierte § 196a FinStrG ist eine derartige Bestimmung.[123]

Gegen dessen Urteile stehen gem § 280 StPO zwei ordentliche Rechtsmittel zur Verfügung, nämlich die Berufung an das OLG (§ 294 StPO) hinsichtlich der Straffrage und die Nichtigkeitsbeschwerde an den OGH (§§ 281 f StPO) hinsichtlich prozessualer und materiellrechtlicher Fehler des Urteils. Der Instanzenzug im gerichtlichen Finanzstrafverfahren lässt sich daher grafisch wie folgt darstellen:

---

120 Nicht davon betroffen ist das FinStrG; Die neuen Bestimmungen der §§ 83 Abs 3 sowie 115a–115d StPO traten erst mit 1.1.2010 in Kraft (vgl § § 514 Abs 5 StPO nF), alle übrigen bereits mit 1.6.2009; s dazu auch mwA *Bandion-Ortner*, Zum Schluss der ÖJZ-Serie, Strafrechtliches zum Budgetbegleitgesetz, ÖJZ 2009/59, 529; *Birklbauer*, Die geplanten Änderungen durch das Budgetbegleitgesetz 2009 – oder: Was budgetäre Not alles bewirken kann, JSt 2009, 81 ff.

121 *Lässig* in *Höpfel/Ratz* (Hrsg), WK-StGB[2] § 196a Rz 1.

122 EBRV 113 BlgNR 24. GP, 36.

123 *Fellner*, FinSrG II[6] § 196a Rz 2.

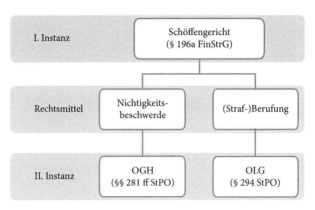

Abb 2: Instanzenzug im gerichtlichen Finanzstrafverfahren

C. Das verwaltungsbehördliche Finanzstrafverfahren

Nach der Generalklausel des § 53 Abs 6 FinStrG sind Finanzvergehen, deren Ahndung nicht dem Gericht zukommt, von den Finanzbehörden zu ahnden. Wie bereits erwähnt, fallen die Finanzordnungswidrigkeiten (§§ 49–51 FinStrG) und die selbstverschuldete Berauschung nach § 52 FinStrG ausschließlich in die verwaltungsbehördliche Zuständigkeit (§ 53 Abs 5 FinStrG). Weiters zuständig sind sie für die Ahndung von vorsätzlichen Finanzvergehen, wenn der strafbestimmende Wertbetrag bei mit Geldstrafe angedrohten Finanzvergehen die Grenzen des § 53 Abs 1 und 2 FinStrG (100.000 € bzw 50.000 €) nicht überschreitet. Letztendlich fallen in die Zuständigkeit der Finanzstrafbehörden fahrlässige Finanzvergehen (§§ 34, 36, 37 Abs 3, 45, 46 Abs 3 FinStrG) und jene Finanzvergehen, bei denen die maximal angedrohte Geldstrafe unabhängig von einem strafbestimmenden Wertbetrag ist (§§ 48, 48a, 48b FinStrG). Dabei ist allerdings zu beachten, dass weder „objektive" noch „subjektive" Konnexität iSd § 53 Abs 4 FinStrG vorliegen darf.

1. Örtliche und sachliche Zuständigkeit

Welche Behörde zur Durchführung des Finanzstrafverfahrens zuständig ist, bestimmt die sachliche Zuständigkeit. Welche von mehreren sachlich zuständigen Behörden zuständig ist, bestimmt sich nach der örtlichen Zuständigkeit. Regelungen dazu finden sich in den §§ 58–62 FinStrG, was sich ausdrücklich durch den Verweis aus § 15 Abgabenverwaltungsorganisationsgesetz (AVOG, BGBl 1975/18 idF BGBl I 2010/9) ergibt.[124]

---

124 *Fellner*, FinStrG II[6] § 58 Rz 1.

a) Zuständigkeit der Zollämter oder Finanzämter

Die örtliche und sachliche Zuständigkeit ist in § 58 Abs 1 lit a–f FinStrG geregelt. Die Durchführung des erstinstanzlichen Finanzstrafverfahrens obliegt entweder den Finanzämtern oder den Zollämtern. Diese haben gem § 64 Abs 1 S 1 FinStrG ihre Zuständigkeit von Amts wegen wahrzunehmen.

In der nachfolgenden Tab wird überblicksweise die Zuständigkeit der Zollämter und Finanzämter dargestellt:

Zollamt		Finanzamt	
§ 58 Abs 1 lit a	• Finanzvergehen, welche bei oder im Zusammenhang mit Ein-, Aus- oder Durchfuhr von Waren begangen werden (Zollvergehen), • Finanzvergehen, durch die sonst Abgaben- oder Monopolvorschriften verletzt werden.	§ 58 Abs 1 lit f	• alle übrigen Finanzvergehen (wie insb für §§ 33, 34 FinStrG). Die örtliche Zuständigkeit richtet sich nach den Bestimmungen des Abgabenverwaltungsorganisationsgesetzes (AVOG 2010).
§ 58 Abs 1 lit b	• Abgaben- und Monopolhehlerei.		
§ 58 Abs 1 lit d	• selbstverschuldete Berauschung iSd § 52 FinStrG, wenn das Finanzvergehen ansonsten in ihre Zuständigkeit fallen würde.	§ 58 Abs 1 lit d	• selbstverschuldete Berauschung iSd § 52 FinStrG, wenn das Finanzvergehen ansonsten in ihre Zuständigkeit fallen würde.

Abb 3: Zuständigkeit der Zollämter und Finanzämter

b) Amtshilfe

Im Rahmen ihrer sachlichen Zuständigkeit sind die Finanzstrafbehörden gem § 58 Abs 3 FinStrG zur Leistung von Amtshilfe zuständig, sofern die Amtshilfehandlung in ihrem Amtsbereich vorzunehmen ist.[125]

---

125   S *Fellner*, FinStrG II[6] § 58 Rz 14a f.

c) Subjektive Konnexität

Trifft ein Abgabenvergehen mit einem Monopolvergehen idealkonkurrierend (ein Täter begeht durch dieselbe Tat mehrere Vergehen) zusammen, dann richtet sich die sachliche und örtliche Zuständigkeit nach der des Abgabenvergehens; beide Strafverfahren sind gemeinsam durchzuführen. Bei Zusammentreffen einer Abgabenhehlerei mit einer Monopolhehlerei richtet sich die Zuständigkeit ebenfalls nach jener der Abgabenhehlerei (vgl § 59 Abs 1 FinStrG).

Im Falle von Realkonkurrenz (ein Täter begeht durch mehrere Handlungen mehrere Vergehen) ist nach den Bestimmungen über die Delegierung nach § 60 FinStrG vorzugehen, wobei die gleiche sachliche Zuständigkeit vorausgesetzt wird.

d) Objektive Konnexität

Nach § 59 Abs 2 FinStrG begründet die sachliche und örtliche Zuständigkeit einer Finanzstrafbehörde zur Durchführung des Strafverfahrens gegen einen Täter auch die Zuständigkeit gegenüber anderer an der Tat Beteiligten sowie gegenüber jenen Personen, welche sich einer Hehlerei mit Beziehung auf das Finanzvergehen schuldig gemacht haben.

Wenn ein Zollamt zur Durchführung des Finanzstrafverfahrens zuständig ist (vgl bereits oben § 58 Abs 1 lit a FinStrG), begründet dies die örtliche Zuständigkeit auch gegenüber dem Beitragstäter.

Zur Durchführung der mündlichen Verhandlung ist unter bestimmten Voraussetzungen ein Spruchsenat zuständig (s unter Punkt II.C.3.), und zwar bereits dann, wenn diese bei einer Person erfüllt sind (§ 59 Abs 2 FinStrG). Dies gilt ex lege auch dann, wenn ein Beschuldigter oder Nebenbeteiligter die Fällung des Erkenntnisses durch einen Spruchsenat beantragt hat (§ 58 Abs 2) und keine Spruchsenatszuständigkeit nach § 58 Abs 2 lit a FinStrG gegeben wäre.

Die gemeinsame Oberbehörde, das ist das Bundesministerium für Finanzen (BMF), kann aus Zweckmäßigkeitsgründen von Amts wegen eine Verfahrenstrennung anordnen oder nach § 60 FinStrG eine andere sachlich zuständige Finanzstrafbehörde zur Durchführung bestimmen. Die Finanzstrafverfahren gegen den unmittelbaren Täter, den Beteiligten oder Vortäter sowie Hehler sind nach der Bestimmung des § 61 FinStrG zu einem Finanzstrafverfahren zu verbinden.

e) Zuständigkeit des Zuvorkommens

Nach § 59 Abs 3 FinStrG ist eine sachlich zuständige Finanzstrafbehörde vorläufig zuständig, wenn sie von einer strafbaren Tat Kenntnis erlangt und solange Gefahr im Verzug gegeben ist, oder solange nicht die ausschließliche Zuständigkeit einer anderen Finanzstrafbehörde bekannt ist.

f) Delegierung

Gem § 60 Abs 1 FinStrG kann die gemeinsame Oberbehörde (Abs 2) aus Zweckmäßigkeitsgründen für die Durchführung des Finanzstrafverfahrens eine andere sachlich zuständige Finanzstrafbehörde bestimmen.

Nach dem Gesetzeswortlaut darf eine Delegierung nur dann erfolgen, wenn sie zur Vermeidung von Verzögerungen oder Erschwerungen des Verfahrens oder zur Verkürzung der Verwahrung oder der Untersuchungshaft eines Beschuldigten dient. Es müssen überwiegende Vorteile für die Strafrechtspflege dafür sprechen, wobei jedoch auch die Interessen des Beschuldigten im Vordergrund zu stehen haben.[126] Ein diesbezügliches Antragsrecht besteht jedoch nicht.[127]

> **Beispiel 4[128] – Zweckmäßigkeit einer Delegierung**
>
> In einer Entscheidung hat der VwGH ausgesprochen, dass eine Delegierung insb dann zweckmäßig ist, wenn der Beschuldigte und die Zeugen ihren Wohnsitz in größerer Entfernung von der örtlich zuständigen Finanzstrafbehörde haben. Andernfalls müssten diese im Wege eines Rechtshilfeverfahrens vernommen werden. Zudem wäre eine mehrmalige Versendung des Strafaktes unumgänglich.

Eine derartige Verfügung kann nur zur Änderung der örtlichen Zuständigkeit führen. Die Finanzstrafbehörde, der die Sache zugewiesen wird, muss folglich zumindest sachlich zuständig sein.

Als Oberbehörde kommt nur das BMF (vgl § 8 AVOG) in Betracht; es ist aber selbst keine Finanzstrafbehörde.[129]

g) Verbindung mehrerer Finanzstrafverfahren

Die sachlich und örtlich zuständige Finanzstrafbehörde hat die Strafverfahren wegen aller Taten zu verbinden, wenn ein Täter mehrere Finanzvergehen begangen hat, wenn mehrere Personen an derselben Tat beteiligt waren oder wenn die Taten sonst in einem engen Zusammenhang stehen (vgl § 61 Abs 1 FinStrG). Betroffen davon sind die Fälle einer Konnexität zwischen den einzelnen Taten.

Ausgehend vom Gesetzeswortlaut muss die Finanzstrafbehörde zwingend die Strafverfahren wegen aller Finanzvergehen verbinden (arg *„hat [...] zu verbinden"*), wenn die Voraussetzungen des Abs 1 erfüllt sind. Mangels Vorliegen dieser Voraussetzungen kann man selbst nicht mit einer Zustimmung des Täters oder der Täter eine Verbindung bewerkstelligen. Von der Verbindung kann aber auch (nur) abgesehen werden, wenn dies zur Vermeidung von Verzögerungen oder Erschwerungen des Verfahrens dienlich erscheint (Abs 2).[130]

---

126   *Seiler/Seiler*, Finanzstrafgesetz[4] § 60 Rz 1 f.
127   *Tannert*, FinStrG[8] § 60 Anm 2.
128   VwGH 22.10.1992, 92/16/0076, ÖStZB 1993, 364.
129   *Fellner*, FinStrG II[6] §§ 58–64 Rz 18a.
130   *Seiler/Seiler*, Finanzstrafgesetz[4] § 61 Rz 9; *Tannert*, FinStrG[8] § 61 Anm zu Abs 2.

2. Vorgehen bei Unzuständigkeit der Finanzstrafbehörde/ des Gerichts

Ergibt sich bei der Überprüfung der Verdachtsgründe, dass das Gericht zuständig ist, dann hat die Finanzstrafbehörde das Strafverfahren nach den §§ 195 ff FinStrG weiterzuführen und den Beschuldigten sowie die Nebenbeteiligten zu verständigen. Zugleich ist das verwaltungsbehördliche Finanzstrafverfahren vorläufig einzustellen (vgl § 54 Abs 1 FinStrG). Diese Bestimmung, die durch die FinStrG-Nov 2007 geändert wurde, führt dazu, dass die Finanzstrafbehörde keine Anzeigepflicht an die Staatsanwaltschaft mehr trifft. Dafür ist durch das neu implementierte Berichtswesen die Erstattung eines Anfallsberichts nach § 100 Abs 1 Z 1 StPO vorgesehen.

Wenn die Zuständigkeit des Gerichtes noch nicht überprüft werden kann, hat die Finanzstrafbehörde nicht iSd § 196 Abs 1 FinStrG im Dienste der Strafgerichtspflege, sondern aus eigenem Antrieb alle zur Sicherung der Beweise erforderlichen Maßnahmen und Ermittlungsschritte zu treffen (§ 53 Abs 8 FinStrG). Sie kann aber ein Finanzstrafverfahren einleiten und die notwendigen Beweise zur Klärung der Zuständigkeitsfrage aufnehmen (insb relevant für die Ermittlung des strafbestimmenden Wertbetrages). Derartige finanzbehördliche Ermittlungsmaßnahmen sind später nicht wegen Unzuständigkeit anfechtbar.[131]

Kommt der Staatsanwalt im Rahmen des Ermittlungsverfahrens bzw nach Einbringung der Anklageschrift zu der Erkenntnis, dass das Gericht nicht zuständig ist, so muss der Staatsanwalt das Verfahren einstellen und die Finanzstrafbehörde davon verständigen (vgl § 202 FinStrG). Mittels Einspruch gegen die Anklageschrift prüft das OLG gem § 210 Abs 1 FinStrG die gerichtliche Zuständigkeit. Bemerkt jedoch das erkennende Gericht in der Hauptverhandlung dessen Unzuständigkeit, so ist mittels Freispruch wegen Unzuständigkeit nach § 214 FinStrG vorzugehen. Dies führt nach § 54 Abs 4 und 5 FinStrG dazu, dass die Finanzstrafbehörde infolge einer rechtskräftigen Unzuständigkeitsentscheidung des Gerichts das vorläufig eingestellte verwaltungsbehördliche Finanzstrafverfahren fortzusetzen hat.[132]

3. Funktionale Zuständigkeit und Instanzenzug

Bei der funktionalen Zuständigkeit geht es um die Frage, welche Spruchkörper innerhalb der Behörde zuständig sind.[133] Dabei ist – wiederum abhängig von der „Schwere" des Finanzvergehens – entweder ein Spruchsenat oder ein Einzelbeamter zur Durchführung der mündlichen Verhandlung und zur Fällung des Erkenntnisses zuständig.

---

131 *Lässig* in *Höpfel/Ratz* (Hrsg), WK-StGB² § 53 Rz 27.
132 S dazu näher *Lässig* in *Höpfel/Ratz* (Hrsg), WK-StGB² § 54 Rz 4.
133 *Hilber*, Verfahrensrecht in Steuersachen (2001) 237.

Übersteigt der strafbestimmende Wertbetrag bei den in § 53 Abs 2 genannten Finanzvergehen[134] 15.000 € und bei allen sonstigen Finanzvergehen 33.000 €, dann ist der Spruchsenat – unabhängig davon, ob ein fahrlässiges oder vorsätzliches Verhalten vorgeworfen wird – zuständig (§ 58 Abs 2 lit a FinStrG; „obligatorische" Zuständigkeit). Für all jene Finanzvergehen, bei denen die angedrohte Geldstrafe unabhängig von einem strafbestimmenden Wertbetrag ist (wie bspw in den Fällen der §§ 48, 48a FinStrG, § 8 Artenhandelsgesetz usw), ist der Spruchsenat nicht obligatorisch zuständig. Zudem besteht noch die Zuständigkeit des Spruchsenates, wenn der Beschuldigte oder auch ein Nebenbeteiligter die Fällung des Erkenntnisses durch einen Spruchsenat beantragt (§ 58 Abs 2 lit b FinStrG; „fakultative" Zuständigkeit).[135] Aus § 64 Abs 1 FinStrG ergibt sich – wie bereits erwähnt –, dass die Finanzstrafbehörden ihre Zuständigkeit von Amts wegen wahrzunehmen haben. Der Spruchsenat hat aber auch dann das Verfahren zu Ende zu führen, wenn sich im Zuge der mündlichen Verhandlung ergibt, dass nicht er, sondern der Einzelbeamte zuständig ist (Abs 2). Ein Beispiel dafür wäre etwa, dass nach Ansicht des Spruchsenates die Wertgrenzen nicht überschritten wurden.[136] Wenn sich die Unzuständigkeit jedoch schon vor der mündlichen Verhandlung ergibt, hat der Senat seine Unzuständigkeit sofort mittels Bescheid auszusprechen (s § 125 Abs 1 FinStrG).

Wäre hingegen das Gericht oder ein anderer Senat zuständig, so hat der Senat ebenfalls seine Unzuständigkeit auszusprechen (§ 64 Abs 2 letzter S FinStrG). Der Ausspruch, der sich auf die Unzuständigkeit beschränkt, bildet keine das Verfahren beendende Entscheidung; es handelt sich lediglich um eine verfahrensleitende Anordnung.[137]

In Bezug auf jene „minderschweren" Fälle, die nicht in die obligatorische oder fakultative Zuständigkeit des Spruchsenates fallen, ist ein (weisungsgebundener) Einzelbeamter als ein monokratisches Organ der Finanzstrafbehörden zur Durchführung der mündlichen Verhandlung und Fällung des Erkenntnisses zuständig. Finanzstrafbehörden haben gem § 64 Abs 1 FinStrG die jeweiligen Grenzen ihrer Zuständigkeit jederzeit von Amts wegen wahrzunehmen.

Der Spruchsenat stellt ein Organ der zuständigen Finanzstrafbehörde dar, wobei alle Mitglieder weisungsfrei sind (Verfassungsbestimmung des § 66 FinStrG). Dieser besteht aus drei Mitgliedern: einem Richter, der den Vorsitz führt, einem Beamten des höheren Finanzdienstes und einem Laienbeisitzer (§ 66 Abs 2 FinStrG).

---

134 Schmuggel, Hinterziehung von Eingangs- und Ausgangsabgaben, Abgabenhehlerei mit Sachen oder mit Erzeugnissen aus Sachen, hinsichtlich derer ein Schmuggel, eine Verzollungsumgehung oder eine Verkürzung von Eingangs- oder Ausgangsabgaben begangen wurde.
135 *Fellner*, FinStrG II⁶ §§ 58–64 Rz 10, 13a.
136 *Leitner/Toifl/Brandl*, Finanzstrafrecht³ Rz 1610.
137 *Seiler/Seiler*, Finanzstrafgesetz⁴ § 64 Rz 6 f.

Über Rechtsmittel, Beschwerden gegen Bescheide der Finanzstrafbehörden des Bundes, die Maßnahmenbeschwerde gegen die Ausübung unmittelbarer finanzstrafbehördlicher Befehls- und Zwangsgewalt und Säumnisbeschwerden entscheidet das BFG als zweite und auch letzte Instanz gem § 62 FinStrG. Zur Durchführung der mündlichen Verhandlung und zur Entscheidung über ein Rechtsmittel ist funktional ein Senat des BFG zuständig.[138] Die Senate im FinStrR, die beim BFG als dessen Organe gebildet werden, bestehen aus einem vorsitzenden Richter des BFG, einem weiteren Richter des BFG und zwei Laienbeisitzern (§ 71a Abs 2 FinStrG).[139]

Zusätzlich besteht für die Parteien die Möglichkeit, gegen Entscheidungen des BFG eine Revision an den VwGH (Art 133 B-VG) oder den VfGH (Art 144 B-VG) zu richten.[140] Daneben ist seit Einführung des Bundesfinanzgerichts (BFG) – weil Verwaltungsgericht – mit 1.1.2014 im Rahmen der Verwaltungsgerichtsbarkeitsnovelle 2012 dieser dazu legitimiert, einen Normenprüfungsantrag an den VfGH zu stellen. Bei sinngemäßer Anwendung von Art 89 B-VG hat das BFG/das Gericht bei verfassungsrechtlichen Bedenken die Pflicht, einen Antrag zu stellen; es besteht kein Ermessen des (Verwaltungs-)Gerichts.[141] Dabei hat der BFG unabhängig vom Beschwerdevorbringen selbst seine Bedenken gegen die anzuwendende Norm im Antrag stichhaltig zu begründen, er muss somit selbst Bedenken gegen die Verfassungsmäßigkeit des anzuwendenden Gesetzes haben.[142]

Zusätzlich besteht seit 1.1.2015 auch im gerichtlichen Verfahren die Möglichkeit der Gesetzesbeschwerde auf Antrag eines (somit auch eines erstinstanzlichen) Gerichtes vor dem VfGH. Bisher war dies nur dem OGH bzw dem OLG als zur Entscheidung in zweiter Instanz zuständiges Gericht vorbehalten (Art 140 B-VG idF vor BGBl I 2013/114).

D. Grafische Darstellung

Die nachfolgende grafische Darstellung fasst die Zuständigkeiten nochmals kurz zusammen:

---

138 *Sadlo*, Steuerlicher Rechtsschutz ab 2014: BFG ersetzt UFS, ARD 2014, 7.
139 *Ritz/Koran*, Finanzverwaltungsgerichtsbarkeit neu in Österreich (2013) § 71a FinStrG.
140 *Ritz/Koran*, Finanzverwaltungsgerichtsbarkeit neu in Österreich (2013) § 133 B-VG.
141 Vgl OGH 18.9.1991, 1 Ob 21/91.
142 Vgl *Pfau*, ÖStZ 2014, 347; VwGH vom 21.12.1992, 89/13/0135.

Zuständigkeit		
Finanzstrafbehörde		**Gericht**
Einzelorgan	Spruchsenat	
Vorsatz	vorsätzliche oder fahrlässige Straftaten	vorsätzliche oder fahrlässige Straftaten	nur vorsätzliche Straftaten
Strafbestimmender Wertbetrag bei Schmuggel, Zöllen, Abgabenhehlerei	bis zu 15.000 €	über 15.000 €	über 50.000 €
Strafbestimmender Wertbetrag bei allen anderen Delikten	bis zu 33.000 €	über 33.000 €	über 100.000 €
Wahlmöglichkeit?		über Antrag	
Verfahrensvorschriften	§§ 56–194e FinStrG		Bestimmungen der StPO (§ 195 FinStrG), erweitert um die Sonderbestimmungen der §§ 196a bis 246 FinStrG
	Gericht		
Rechtsmittelinstanz	BFG (Einzelrichter oder Senat)	BFG (Senat)	OLG oder OGH (§ 280 StPO)

Abb 4:[143] Grobdarstellung der Abgrenzung zwischen gerichtlichem und verwaltungsbehördlichem Finanzstrafverfahren

---

143   Vereinfachte Darstellung der Abgrenzung, siehe *Hilber*, Verfahrensrecht in Steuersachen 234.

III. Der Gang des Verfahrens

A. Der Gang des Ermittlungsverfahrens im gerichtlichen Finanzstrafverfahren

1. Grundsätzliches

Nach diesen grundlegenden Ausführungen erfolgt im nächsten Schritt der Ablauf des Ermittlungsverfahrens, wenn das zu ahndende Finanzvergehen in die Zuständigkeit des Gerichtes fällt. Wie bereits an anderer Stelle beschrieben, gelten – soweit das FinStrG in den §§ 196a–245 keine Sonderregelungen vorsieht – die Bestimmungen der StPO (vgl § 195 Abs 1 FinStrG).

Zunächst wird jedoch ein Überblick über die Jahrhundertreform der österr StPO und deren Auswirkungen auf das gerichtliche Finanzstrafverfahren dargestellt, wobei auf eine detaillierte Darstellung verzichtet wurde.

2. Verfahrensgrundsätze

In den §§ 2–17 StPO werden auf einfachgesetzlicher Ebene die Grundsätze des gerichtlichen Strafverfahrens normiert, welche nicht nur für das Ermittlungs-, sondern auch für das Hauptverfahren gleichermaßen gelten. Wie sich noch zeigen wird, sind sie im Gegensatz zu den Grundsätzen des verwaltungsbehördlichen Finanzstrafverfahrens (im FinStrG) „am Stück" kodifiziert. Sie bilden in Ergänzung zur Verfassung ein (einfachgesetzliches) System von Leitprinzipien der reformierten StPO, welches sich zur Auslegung unbestimmter Gesetzesbegriffe und zur Lückenfüllung eignet. Zudem gewähren sie Grundrechtsschutz (was sich insb bei der Ausübung von Befugnissen im Rahmen der Strafverfolgung zeigt) und dienen insoweit auch als Maßstab für die Beweisverwertung.

Im Einzelnen handelt es sich um nachstehende Verfahrensgrundsätze:

- Amtswegigkeit (§ 2 StPO),
- Objektivität und Wahrheitserforschung (§ 3 StPO),
- Anklagegrundsatz (§ 4 StPO),
- Gesetz- und Verhältnismäßigkeit (§ 5 StPO),
- Rechtliches Gehör (§ 6 StPO),
- Recht auf Verteidigung (§ 7 StPO),
- Unschuldsvermutung (§ 8 StPO),
- Beschleunigungsgebot (§ 9 StPO),

- Beteiligung der Opfer (§ 10 StPO),
- Geschworene und Schöffen (§ 11 StPO),
- Mündlichkeit und Öffentlichkeit (§ 12 StPO),
- Unmittelbarkeit (§ 13 StPO),
- Freie Beweiswürdigung (§ 14 StPO),
- Vorfragen (§ 15 StPO),
- Verbot der Verschlechterung (§ 16 StPO),
- Verbot wiederholter Strafverfolgung (§ 17 StPO).

Auf eine weitergehende Darstellung wird an dieser Stelle verzichtet und auf die nachfolgenden relevanten Ausführungen im Hinblick auf das Thema dieses Buches verwiesen.

3. Die Struktur des Ermittlungsverfahrens

Mit dem StrPRÄG 2014, BGBl I 2014/71 mit Geltung seit 1.1.2015, wurden zahlreiche Bestimmungen der StPO geändert.

§ 196 FinStrG ordnet an, dass die Finanzstrafbehörde bei der Aufklärung und Verfolgung gerichtlich strafbarer Finanzvergehen im Dienst der Strafrechtspflege iSd Art 10 Abs 1 Z 6 B-VG tätig wird. Somit kommen ihr dieselben Aufgaben und Befugnisse, die die StPO für die Kriminalpolizei vorsieht, zu. In weiterer Folge wird jedoch aufgrund der einfacheren Lesbarkeit nicht jedes Mal darauf hingewiesen, dass die Bestimmungen, die für die Kriminalpolizei gelten, auch für Finanzstrafbehörden anwendbar sind.

Das Ermittlungsverfahren dient im Allgemeinen dazu, den Tatverdacht und den Sachverhalt durch Ermittlungen iSd § 91 Abs 2 StPO soweit zu klären, damit die Staatsanwaltschaft über die weitere Vorgehensweise (Anklage, diversionelle Erledigung, Einstellung des Verfahrens) entscheiden kann und für den Fall der Anklage eine zügige Durchführung der Hauptverhandlung ermöglicht wird (vgl § 91 Abs 1 StPO).[144]

In § 91 Abs 2 S 1 StPO wird der Begriff des „Ermittelns" definiert, wobei dabei jede Tätigkeit der Kriminalpolizei (und somit auch der Finanzstrafbehörde), der Staatsanwaltschaft oder des Gerichts, die der Gewinnung, Sicherstellung, Auswertung oder Verarbeitung einer Information zur Aufklärung des Verdachts einer Straftat dient, gemeint ist. § 91 Abs 2 S 2 StPO ist Folge der veränderten Struktur des Ermittlungsverfahrens, indem er anordnet, dass jede Ermittlung ausschließlich in der nach den Bestimmungen dieses Bundesgesetzes vorgesehenen Form als Erkundigung oder Beweisaufnahme zu erfolgen hat. Somit dürfen sich alle am Strafverfahren tätigen Behörden und Gerichte sowie deren Organe bei der Aufklärung von Straftaten nur jener Befugnisse bedienen, die ihnen die

---

144 *Fabrizy*, StPO[11] § 1 Rz 1.

StPO zur Erfüllung ihrer prozessualen Aufgaben zuweist.[145] Die bloße Nutzung von allgemein zugänglichen oder behördeninternen Informationsquellen sowie die Durchführung von Erkundigungen zur Klärung, ob ein Anfangsverdacht besteht, stellen keine Ermittlungen dar (§ 91 Abs 2 letzter S StPO).

Entsprechend des neu gefassten § 1 Abs 2 StPO beginnt das Strafverfahren bereits, sobald Kriminalpolizei (bzw Finanzstrafbehörde) oder Staatsanwaltschaft zur Aufklärung eines Anfangsverdachts gegen unbekannte Täter oder eine verdächtige Person ermitteln. Das Ermittlungsverfahren ist solange gegen unbekannte Täter oder verdächtige Personen zu führen, als nicht eine Person aufgrund bestimmter Tatsachen konkret verdächtig ist, eine strafbare Handlung begangen zu haben. Ein Anfangsverdacht liegt gem § 1 Abs 3 StPO vor, wenn aufgrund bestimmter Anhaltspunkte angenommen werden kann, dass eine Straftat begangen worden ist. Dessen Vorliegen ist Voraussetzung und hat eine schützende Funktion, damit der Einzelne nicht grundlos zum Objekt von Ermittlungen wird. Auslöser ist folglich jede Tätigkeit eines Strafverfolgungsorgans, welche auf die Gewinnung und Verwendung von Informationen oder Beweisen zur Aufklärung des Verdachts einer Straftat gerichtet ist.[146]

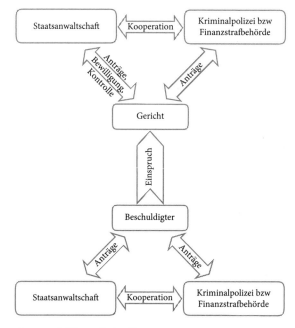

Abb 5: Das Kooperationsmodell in grafischer Form

---

145 Diese Anordnung wiederholt quasi den Legalitätsgrundsatz des Art 18 B-VG auf einfachgesetzlicher Ebene; EBRV 25 BlgNR 22. GP, 120.
146 EBRV 181 BlgNR 25. GP, 3.

Entsprechend dem Anklagegrundsatz nach § 4 Abs 1 StPO obliegt der Staatsanwaltschaft – mit Ausnahme der Privatanklagedelikte und Subsidiaranklage – die Anklage. Sie hat die für die Entscheidung über das Einbringen und die Vertretung der Anklage erforderlichen Anordnungen zu treffen und Anträge zu stellen. Die Staatsanwaltschaft wird in Art 90a B-VG als Organ der Gerichtsbarkeit definiert.[147]

Gem § 98 Abs 1 StPO haben Kriminalpolizei und Staatsanwaltschaft das Ermittlungsverfahren so weit wie möglich im Einvernehmen zu führen. Diese Bestimmung enthält die zentrale Aufgabenverteilung zwischen der Kriminalpolizei und der Staatsanwaltschaft; darin soll das „einstufige Ermittlungsverfahren" seinen gesetzlichen Ausdruck finden. Die bislang bloß faktisch eigenständige Aufgabe der Kriminalpolizei soll dadurch auch gesetzlich anerkannt werden. Dabei hat die Staatsanwaltschaft grds immer das Einvernehmen mit der Kriminalpolizei herzustellen. Dieser Grundsatz soll aber lediglich dem Umstand Rechnung tragen, dass jeder hoheitliche Akt einer bestimmten Behörde zurechenbar sein muss. Die praktische Bedeutung der Frage der Zuordnung wird jedoch durch die Einrichtung eines einheitlichen justiziellen Rechtsschutzverfahrens relativiert.[148]

Nach § 101 Abs 1 StPO leitet die Staatsanwaltschaft (§§ 19 ff StPO) das Ermittlungsverfahren und entscheidet letztendlich über dessen Fortgang und Beendigung, wobei gegen ihren Willen ein Ermittlungsverfahren weder eingeleitet noch fortgesetzt werden darf (vgl § 4 Abs 1 S 3 StPO). § 101 Abs 1 StPO weist der Staatsanwaltschaft somit die Leitung des Ermittlungsverfahrens zu. Ihr bleibt es vorbehalten, entweder die Kriminalpolizei von sich aus wirken zu lassen oder durch Ersuchen die Ermittlungstätigkeit in eine bestimmte Richtung zu lenken sowie das Tätigwerden des Gerichts zu beantragen. An die Entscheidung der Staatsanwaltschaft, das Verfahren einzustellen oder überhaupt keines zu führen, ist die Kriminalpolizei gebunden.[149] Die Staatsanwaltschaft ist für den Umfang und Inhalt der Erhebungen und folglich für die Stoffsammlung im Rahmen des Ermittlungsverfahrens verantwortlich. Ihr obliegt es, dass möglichst nur jene Umstände erhoben werden, die letztendlich für die Entscheidung zur Beendigung des Ermittlungsverfahrens bzw für die Hauptverhandlung notwendig sind.[150]

Der Begriff „Kriminalpolizei" versteht sich als funktioneller Oberbegriff für polizeiliche Tätigkeiten im Dienste der Strafrechtspflege (vgl § 18 Abs 1 StPO). Diese kriminalpolizeilichen Aufgaben obliegen den Sicherheitsbehörden, wobei sich deren Organisation und örtliche Zuständigkeit nach den Bestimmungen des Sicherheitspolizeigesetzes (SPG, BGBl 1991/566 idF BGBl I 2009/72) richtet (§ 18 Abs 2 StPO). Soweit die StPO den Begriff Kriminalpolizei verwendet, sind darun-

---

147   *Flora* in *Fuchs/Ratz* (Hrsg), WK-StPO § 101 Rz 4.
148   EBRV 25 BlgNR 22. GP, 127.
149   *Fabrizy*, StPO[11] § 101 Rz 1; EBRV 25 BlgNR 22. GP, 134 f.
150   *Fabrizy*, StPO[11] § 98 Rz 2; EBRV 25 BlgNR 22. GP, 127 f.

ter gem der Bestimmung des § 18 Abs 3 StPO die Sicherheitsbehörden, deren Dienststellen sowie deren Organe gemeint.[151]

Infolge der Zuordnung kriminalpolizeilicher Aufgabenerfüllung zum Strafrechtswesen (Art 10 Abs 1 Z 6 B-VG) wird diese von sicherheitspolizeilicher Tätigkeit abgegrenzt. Die Aufklärung und Verfolgung von Straftaten durch die Sicherheitsbehörden und deren Organe sind daher dem Strafrechtswesen und nicht der Sicherheitspolizei zuzuordnen. Ergeben sich daher im Rahmen einer Sachverhaltsaufnahme hinreichende Verdachtsgründe einer Straftat (sog „Anfangsverdacht"), sind die Sicherheitsbehörden und deren Organe für die Strafjustiz tätig und haben die StPO anzuwenden.[152]

Die Kriminalpolizei ermittelt von Amts wegen, in Befolgung einer Anordnung der Staatsanwaltschaft oder aufgrund einer Anzeige, sie hat jedoch die Anordnungen der Staatsanwaltschaft und des Gerichts zu befolgen (vgl § 99 Abs 1 StPO). Die Ermittlungsaufgabe besteht in der Aufklärung strafbarer Handlungen, also Ermittlungen iSd § 91 Abs 2 StPO durchzuführen. Sobald sich im Rahmen einer Sachverhaltsaufnahme ein Anfangsverdacht einer strafbaren Handlung gegen eine bestimmte Person oder gegen – zunächst – unbekannte Täter ergeben, hat die Kriminalpolizei von Amts wegen ein Ermittlungsverfahren einzuleiten, und zwar so lange in eigener Verantwortung, bis keine (andere) Anordnung der Staatsanwaltschaft vorliegt.[153]

Der Kriminalpolizei obliegt grds die Durchführung der Anordnungen der Staatsanwaltschaft. Die Einsatzleitung vor Ort und damit verbunden die Verantwortung für die Durchführung staatsanwaltschaftlicher Anordnungen obliegt somit ihr.[154]

Die Staatsanwaltschaft kann sich in all ihren Ermittlungen beteiligen und dem Leiter der kriminalpolizeilichen Amtshandlungen einzelne Aufträge erteilen, sofern dies aus rechtlichen oder tatsächlichen Gründen nach § 103 Abs 1 StPO zweckmäßig ist (dem Gesetz zufolge insb wegen der Bedeutung der Ermittlungen für die Entscheidung über die Fortsetzung des Verfahrens). Abs 2 des § 103 StPO bestimmt zusätzlich, dass die Staatsanwaltschaft selbst Ermittlungen durchführen oder durch einen Sachverständigen durchführen lassen kann.[155]

Im Rahmen der Ermittlungen ist die Kriminalpolizei ermächtigt, unmittelbare Zwangsmaßnahmen einzusetzen, wie Beugemittel (Geldstrafen bis zu 10.000 € oder Freiheitsstrafe bis zu sechs Wochen, s § 93 Abs 4 StPO) und physische Gewalt gegen Personen und Sachen.

---

151 *Vogl* in *Fuchs/Ratz* (Hrsg), WK-StPO § 18 Rz 1.
152 *Fabrizy*, StPO[11] § 18 Rz 1.
153 *Fabrizy*, StPO[11] § 99 Rz 1; EBRV 25 BlgNR 22. GP, 129.
154 *Fabrizy*, StPO[11] § 103 Rz 1.
155 *Koenig/Pilnacek*, ÖJZ 2008/3, 10 (10); EBRV 25 BlgNR 22. GP, 139.

Dieses Ermittlungsverfahren ist darauf ausgelegt, der Kriminalpolizei einen gewissen Spielraum für ihre Ermittlungen zu belassen, worauf in der Praxis natürlich auch nicht verzichtet werden kann. Die StPO ermöglicht es der Staatsanwaltschaft jedoch, rechtzeitig eingreifen zu können, damit einerseits überflüssige Ermittlungen vermieden werden und andererseits nur auf die für die Hauptverhandlung notwendigen Ermittlungen hingewirkt wird.[156]

Im Fall von Gefahr im Verzug, dh wegen einer unabweislichen Notwendigkeit sofortigen Einschreitens, kann die Kriminalpolizei Ermittlungsmaßnahmen, für die an sich eine Anordnung der Staatsanwaltschaft notwendig wäre, ohne derartige Anordnung vornehmen (§ 99 Abs 2 StPO). Sie muss jedoch – im Wege eines Anlassberichtes gem § 100 Abs 2 Z 2 StPO – unverzüglich um die nachträgliche Genehmigung durch die Staatsanwaltschaft ansuchen. Wird diese nachträgliche Genehmigung jedoch nicht erteilt, so ist die Kriminalpolizei verpflichtet, die fraglichen Ermittlungen sofort einzustellen und allenfalls entstandene Folgen – soweit möglich – entsprechend dem Prinzip der „restitutio in integrum" zu beseitigen.[157] Die Kriminalpolizei hat der Staatsanwaltschaft gem § 100 Abs 3a StPO auch zu berichten, wenn aus ihrer Sicht kein Anfangsverdacht vorliegt oder sie Zweifel hat, dass ein Anfangsverdacht vorliegt.

Wäre dafür eine gerichtliche Bewilligung erforderlich, so darf die Kriminalpolizei nur dann bei Gefahr im Verzug tätig werden, wenn dies im Gesetz ausdrücklich vorgesehen ist wie etwa bei einer Durchsuchung nach § 120 Abs 1 StPO (vgl § 99 Abs 3 StPO).[158]

Zur Darstellung der Voraussetzungen im Falle von Gefahr im Verzug soll die nachstehende Grafik dienen. Die genauen Modalitäten bei den zu besprechenden Ermittlungsmaßnahmen werden im Rahmen des Kapitels V.A.1.b. näher erörtert.

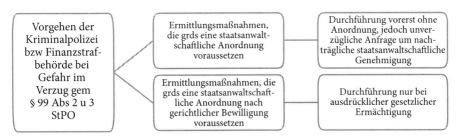

Abb 6:[159] Vorgehen der Kriminalpolizei bei Gefahr im Verzug

---

156 *Koenig/Pilnacek*, ÖJZ 2008/3, 10 (10).
157 *Fabrizy*, StPO[11] § 99 Rz 2; EBRV 25 BlgNR 22. GP, 129.
158 *Vogl* in *Fuchs/Ratz* (Hrsg), WK-StPO § 99 Rz 6.
159 Darstellung in abgeänderter Form in *Oshidari*, ÖJZ 2008/17, 138 (139).

Wenn für bestimmte Zwangsmittel die Bewilligung des Gerichts erforderlich ist, so hat die Staatsanwaltschaft – in Präzisierung ihrer Leitungsbefugnis – die entsprechenden Anträge zu stellen und auch zu begründen (§ 101 Abs 2 StPO). Die vom Gericht erteilte Bewilligung ermächtigt die Staatsanwaltschaft zur Erlassung bestimmter Anordnungen. Ein direkter Verkehr zwischen dem Gericht und der Kriminalpolizei ist nämlich grds nicht vorgesehen.[160]

Um ein effektives Leitungs- und Kontrollrecht der Staatsanwaltschaft gegenüber der Polizei zu gewährleisten, wurde ein elaboriertes Berichtswesen der Kriminalpolizei (bzw Finanzstrafbehörde) an die Staatsanwaltschaft implementiert.[161] Dadurch soll eine frühere und bessere Information der Staatsanwaltschaft garantiert werden, da sie nur im Fall von vollständiger Kenntnis des Ermittlungsstandes ihrer zur Objektivität und Transparenz verpflichteten Leitungsbefugnis und im Fall widersprechender Ansichten in Bezug auf die weitere Vorgehensweise ihrer Reaktionspflicht – folglich eine Aktualisierung der Leitungspflicht – gerecht werden kann.[162]

So bestimmt § 100 Abs 1 StPO zunächst, dass die Kriminalpolizei ihre Ermittlungen aktenmäßig festzuhalten hat, sodass Anlass, Durchführung und Ergebnisse der Ermittlungsarbeit nachvollzogen werden können. Dies stellt eine unverzichtbare Voraussetzung einerseits für die Führung einheitlicher Akten und Ermöglichung der Akteneinsicht und andererseits für die notwendige Information der Staatsanwaltschaft dar. Eine zusätzliche Begründung ist in den Fällen der Ausübung von Zwang und von Befugnissen, die mit einem Eingriff in Rechte verbunden sind, notwendig, um eine nachprüfende Kontrolle im Wege eines Einspruches wegen Verletzung subjektiver Rechte gem § 106 StPO zu ermöglichen.[163]

Die Berichterstattung erfolgt entweder auf schriftlichem Weg oder per automationsunterstützter Datenverarbeitung (§ 100 Abs 2 StPO). Eine mündliche Vorausberichterstattung ist zulässig, es muss jedoch ein schriftlicher Bericht nachgereicht werden.[164]

Auf Basis dieser Berichte trifft die Staatsanwaltschaft die erforderlichen Anordnungen. Das Gesetz zählt vier Berichte auf, nämlich den

- Anfallsbericht nach § 100 Abs 2 Z 1 StPO, wenn die Kriminalpolizei vom Verdacht eines schwerwiegenden Verbrechens oder einer sonstigen Straftat von besonderem öffentlichen Interesse iSd § 101 Abs 2 S 2 StPO Kenntnis erlangt; ein Verdacht eines schwerwiegenden Verbrechens wird jedenfalls dann anzu-

---

nehmen sein, wenn die strafbare Handlung mit einer mehr als fünfjährigen Freiheitsstrafe bedroht ist, jedoch auch dann, wenn sie sonst zu einem schweren Schaden oder anderen Nachteilen geführt hat. Ein besonderes öffentliches Interesse an einer Straftat wird dann anzunehmen sein, wenn der Verdächtige oder der Geschädigte eine Person des öffentlichen Lebens (Politiker oder etwa Künstler) ist oder die Straftat iZm Sachen, an denen ein besonderes öffentliches Interesse besteht (wie etwa Kunstwerke oder Kulturdenkmäler), verübt wurde.[165]

- Anlassbericht nach § 100 Abs 2 Z 2 StPO, wenn eine Anordnung oder Genehmigung der Staatsanwaltschaft oder eine Entscheidung des Gerichts erforderlich oder zweckmäßig ist oder die Staatsanwaltschaft einen Bericht verlangt;
- Zwischenbericht nach § 100 Abs 2 Z 3 StPO, wenn in einem Verfahren gegen eine bestimmte Person seit der ersten gegen sie gerichteten Ermittlung drei Monate abgelaufen sind, ohne dass berichtet worden ist oder seit dem letzten Bericht drei Monate vergangen sind; und
- Abschlussbericht nach § 100 Abs 2 Z 4 StPO, wenn Sachverhalt und Tatverdacht soweit geklärt scheinen, dass eine Entscheidung der Staatsanwaltschaft über Anklage, Rücktritt von der Verfolgung, Einstellen oder Abbrechen des Verfahrens ergehen kann.

§ 100 Abs 3 StPO enthält die Inhaltserfordernisse eines Berichtes und Abs 4 die Pflicht, dass jedem Bericht die zur Beurteilung der Sach- und Rechtslage erforderlichen Aktenbestandteile anzuschließen sind, wenn diese nicht schon früher übermittelt wurden.

4. Die Rollenverteilung in der StPO

a) Die Behörden

aa) Das Gericht

Im Zuge des Ermittlungsverfahrens ist das Gericht weitgehend von eigenen Erhebungen entbunden. Das Gericht (§§ 29 ff StPO) hat vor allem die Funktion einer Kontroll-, (Ermittlungstätigkeit von Kriminalpolizei und Staatsanwaltschaft) und Rechtsschutzinstanz ([Grundrechts-]Eingriffe in [subjektive] Rechte).[166]

§ 31 Abs 1 StPO zählt taxativ die sachlichen Zuständigkeiten des Gerichts im Ermittlungsverfahren auf: Beweissicherung (Z 1), das Verfahren zur Entscheidung über Anträge auf Beschlagnahme, Verwertung sichergestellter oder beschlagnahmter Vermögenswerte und die Entscheidung über die Zulässigkeit von schwerwiegenden Eingriffen in subjektive Rechte (Z 2), über Einsprüche wegen Rechtsverletzung (Z 3) und über Anträge auf Einstellung des Verfahrens (Z 4). Es

---

165 EBRV 25 BlgNR 22. GP, 133.
166 *Pilnacek/Pleischl*, Das neue Vorverfahren (2004) Rz 113.

wird im Ermittlungsverfahren grds nur aufgrund eines Antrages tätig, eigene Ermittlungskompetenzen bestehen nur im Rahmen der §§ 104 Abs 2 und 105 Abs 2 StPO.[167]

Nur in den im § 104 StPO genannten Ausnahmefällen ist das Gericht – über Antrag der Staatsanwaltschaft – im Ermittlungsverfahren für Beweisaufnahmen zuständig. Nach Abs 1 dieser Bestimmung zählen dazu die Tatrekonstruktion (§ 150 StPO), die kontradiktorische Vernehmung von Zeugen und Beschuldigten (§ 165 StPO), der Fall der gerichtlichen Beweisaufnahme aufgrund eines besonderen öffentlichen Interesses (§ 101 Abs 2 S 2 StPO) sowie bei Befangenheit eines Sachverständigen iSd § 126 Abs 5 StPO.

Wenn sich im Rahmen der gerichtlichen Beweisaufnahme Umstände ergeben, welche für die Beurteilung des Tatverdachts bedeutsam sind, so kann es von Amts wegen oder auf Antrag gem § 105 Abs 2 StPO weitere Beweise selbst aufnehmen (eingeschränkte eigene Ermittlungsfunktion). Dasselbe gilt, wenn dies erforderlich ist, um die Gefahr abzuwenden, dass ein Beweismittel für eine erhebliche Tatsache verloren geht. Das Gericht muss jedoch die Staatsanwaltschaft in diesen Fällen von der Beweisaufnahme verständigen und hat die über die Beweisaufnahme aufgenommenen Protokolle unverzüglich der Staatsanwaltschaft zu übermitteln. Darüber hinaus kann das Gericht die Staatsanwaltschaft über die Notwendigkeit der Durchführung bestimmter weiterer Ermittlungen aufmerksam machen.[168]

Für die Durchführung von bewilligten Zwangsmaßnahmen hat das Gericht eine Frist zu setzen, wobei bei deren ungenützten Ablauf die Bewilligung von selbst außer Kraft tritt. Die Staatsanwaltschaft ist aber neben dieser Befristung auch noch durch objektive Merkmale und die „clausula rebus sic stantibus" gebunden, dh, sie darf die Durchführung einer bewilligten Maßnahme nicht beliebig hinausschieben.[169]

bb) Die Finanzstrafbehörde

Nach der Legaldefinition des § 196 Abs 3 FinStrG ist Finanzstrafbehörde iSd §§ 198–246 FinStrG die Behörde, der das verwaltungsbehördliche Finanzstrafverfahren – fiktiv – zustünde, wenn keine Gerichtszuständigkeit vorliegen würde. § 196 Abs 1 FinStrG bestimmt, dass die Finanzstrafbehörden bei der Aufklärung und Verfolgung der gerichtlich strafbaren Finanzvergehen im Dienste der Strafrechtspflege (Art 10 Abs 1 Z 6 B-VG) tätig werden. Ihnen kommen dabei grds die Aufgaben und Befugnisse zu, welche nach der StPO der Kriminalpolizei zuste-

---

167 *Markel* in *Fuchs/Ratz* (Hrsg), WK-StPO § 31 Rz 10; siehe dazu ausführlich *Fuchs*, Gerichtliche Stoffsammlung im Ermittlungsverfahren, StPO-Neu Teil III, ÖJZ 2008/12, 102 ff.
168 *Fabrizy*, StPO[11] § 104 Rz 2.
169 *Fabrizy*, StPO[11] § 101 Rz 6 u § 105 Rz 2; EBRV 25 BlgNR 22. GP, 136.

hen. Dies hat va zur Folge, dass die Finanzstrafbehörden von Amts wegen (§ 99 Abs 1 StPO) relativ unabhängig und selbstständig im Ermittlungsverfahren bis zur Entscheidung über die Erhebung der Anklage oder Einstellung des Verfahrens durch die Staatsanwaltschaft im Einvernehmen mit und unter der Kontrolle und Leitung der Staatsanwaltschaft ermitteln (§ 101 StPO).[170]

Die Finanzstrafbehörden haben – sofern nicht in den §§ 196a ff FinStrG besonders geregelt – grds bei ihrer Tätigkeit die Verfahrensvorschriften der StPO anzuwenden. Dieses Erfordernis ergibt sich aus der Zielsetzung des StPRG, nämlich für die Führung des Ermittlungsverfahrens einheitliche Rechtsgrundlagen zu schaffen, unabhängig davon, ob dies durch die Staatsanwaltschaft oder Kriminalpolizei erfolgt.[171]

Es ist jedoch zu beachten, dass das FinStrG primär Finanzvergehen (§§ 33–52 FinStrG) kennt, aber zusätzlich in den §§ 248–252 FinStrG auch strafbare Handlungen außerhalb eines Finanzvergehens vorgesehen sind. Für diesen Fall sieht § 196 Abs 2 FinStrG vor, dass – aufgrund einer Anordnung der Staatsanwaltschaft – die Kriminalpolizei einzuschreiten hat, wenn die Finanzstrafbehörden oder ihre Organe nicht rechtzeitig einschreiten können oder das aufzuklärende Finanzvergehen auch den Tatbestand einer gerichtlich strafbaren Handlung erfüllt (sog „Escape-Klausel").[172]

Nach § 196 Abs 4 FinStrG stehen den Finanzstrafbehörden auch eine Reihe von Befugnissen zu, welche in der StPO nicht geregelt sind. Diese sind im Rahmen des gerichtlichen Ermittlungsverfahrens zu folgenden – zusätzlichen – Ermittlungshandlungen, wie sie auch für das verwaltungsbehördliche Finanzstrafverfahren vorgesehen sind, berechtigt:

- Durchführung von Nachschauen und Prüfungen iSd Abgaben- und Monopolvorschriften (§ 99 Abs 2 FinStrG),
- Auskunftsrecht gegenüber den Betreibern öffentlicher Telekommunikationsdienste und den Betreibern von Postdiensten (§ 99 Abs 3 FinStrG),
- Einsichtsrecht in das Grundbuch, Firmenbuch, zentrale Melderegister, zentrale Gewerberegister und zentrale Zulassungsregister für Kraftfahrzeuge (§ 120 Abs 3 FinStrG iVm § 158 Abs 4 BAO).

Dass der Staatsanwaltschaft diese Befugnisse jedoch nicht gewährt werden, lässt sich an dieser Stelle objektiv nicht erklären. Eine Antwort auf diese Frage ist auch nicht aus den Erläuterungen zur Regierungsvorlage der FinStrG-Novelle 2007 zu entnehmen. *Scheil*[173] geht davon aus, dass dies systemwidrig sei. Begründen lässt

---

170 *Lässig* in *Höpfel/Ratz* (Hrsg), WK-StGB² § 196 Rz 1.
171 EBRV 81 BlgNR 23. GP, 13.
172 *Lässig* in *Höpfel/Ratz* (Hrsg), WK-StGB² § 196 Rz 5; *Kotschnigg/Pohnert* in *Gröhs/Kotschnigg* (Hrsg), Finanzstrafrecht in der Praxis II (2008) 111 (132 f).
173 *Scheil*, ÖStZ 2007/738, 370 (370); *ders* in *Leitner* (Hrsg), Finanzstrafrecht 2007 145 (148).

sich dies seines Erachtens damit, dass die Staatanwaltschaft grds dieselben Befugnisse und Aufgaben wie die Kriminalpolizei bzw Finanzstrafbehörde hat. Zudem ermöglicht § 103 Abs 2 StPO der Staatsanwaltschaft nun auch, selbst Beweise aufzunehmen. Demnach liegt eine eindeutige Gesetzeslücke vor, die auf legistischem Wege nur derart geschlossen werden kann, indem die Staatsanwaltschaft entweder auch in diese Bestimmung aufgenommen oder eine eigenständige Regelung geschaffen wird.

In diesem Zusammenhang ist des Weiteren zu beachten, dass für die Anordnung einer finanzstrafrechtlichen Prüfung nach § 99 Abs 2 FinStrG trotz der Eingriffsintensität keine staatsanwaltschaftliche Anordnung erforderlich ist. Die Bestimmung des § 197a FinStrG aF, die infolge der FinStrG-Nov 2007 ersatzlos aufgehoben wurde, regelte noch, dass im gerichtlichen Finanzstrafverfahren die Abgabenbehörde mit der Prüfung vom Gericht beauftragt werden musste.[174] Ob dies durch die Novelle beabsichtigt war, ist fraglich und bedenklich.

Bei Gefahr im Verzug können die Finanzstrafbehörden auch ohne Anordnung der Staatsanwaltschaft tätig werden (§ 99 Abs 2 StPO iVm § 196 Abs 4 FinStrG). Wenn jedoch für eine Maßnahme neben der Anordnung der Staatsanwaltschaft noch zusätzlich eine gerichtliche Bewilligung notwendig ist, darf die Finanzstrafbehörde bei Gefahr im Verzug nur in jenen Fällen tätig werden, in denen es das Gesetz ausdrücklich vorsieht, wie etwa bei vorläufigen Festnahmen nach § 171 Abs 2 StPO.[175]

Beispiel 5 – Ablauf eines gerichtlichen Finanzstrafverfahrens

Nach Durchführung von Vorerhebungen (§ 82 Abs 1 FinStrG) kommt die Finanzstrafbehörde zu der Auffassung, dass das Gericht zur Ahndung des Finanzstrafverfahrens zuständig ist.

Lösung

Die Finanzstrafbehörde ermittelt auch im gerichtlichen Finanzstrafverfahren den Sachverhalt eigenständig, wobei sie spätestens drei Monate nach Beginn der Ermittlungen dem Staatsanwalt einen Bericht nach § 100 Abs 2 StPO iVm § 195 FinStrG zu erstatten hat.

Wenn Zwangsmittel gegen den Beschuldigten verhängt bzw eingesetzt werden sollen (wie zB eine Hausdurchsuchung), so ist dies grds nur auf Antrag der Staatsanwaltschaft nach gerichtlicher Genehmigung zulässig.

Unter gewissen Umständen („Gefahr im Verzug") können diese Zwangsmittel von der Finanzstrafbehörde auch eigenständig angeordnet werden, wobei diese einer unverzüglichen Bestätigung durch die Staatsanwaltschaft bzw das Gericht bedürfen. Andernfalls sind diese unverzüglich aufzuheben und der ursprüngliche Rechtszustand wiederherzustellen.

---

174 *Baritsch*, Warten auf eine FinStrG-Novelle 2007 – Ein kritischer Ausblick auf die bevorstehenden Neuerungen, GeS 2007, 164 (166); mwA *Scheil* in *Leitner* (Hrsg), Finanzstrafrecht 2007 145 (148).
175 Vgl *Vogl* in *Fuchs/Ratz* (Hrsg), WK-StPO § 99 Rz 6.

Wenn nach Ansicht der Staatsanwaltschaft der Sachverhalt für ausreichend geklärt erscheint, so hat sie Anklage beim Landesgericht einzubringen (§ 210 StPO). Die Hauptverhandlung findet gem § 196a FinStrG vor dem Schöffengericht statt.

b) Die Stellung des Beschuldigten bzw Angeklagten

Die Bestimmungen der §§ 48 ff StPO dienen dazu, die Rechtsstellung des Beschuldigten dem von der Kriminalpolizei (bzw Finanzstrafbehörde) und der Staatsanwaltschaft gemeinsam geführten Ermittlungsverfahren anzupassen. Ein zentrales Anliegen der Erneuerung des Vorverfahrens war eine eindeutige und übersichtliche Regelung der Rechte des Beschuldigten, insb, dass er wesentliche Rechte bereits ab Beginn des Verfahrens ausüben kann.[176]

Mit dem StrPRÄG 2014, BGBl I 2014/71, wurde in die StPO mit Geltung seit 1.1.2015 neben dem „Beschuldigten" auch der „Verdächtige" als Legaldefinition aufgenommen: Nach § 48 Abs 1 Z 1 StPO ist „Verdächtiger" jede Person, gegen die aufgrund eines Anfangsverdachts (§ 1 Abs 3 StPO) ermittelt wird. In Abgrenzung dazu findet der Begriff des „Beschuldigten" nur noch für jene Verdächtigen Anwendung, gegen die wegen einer konkreten Verdachtslage formell als Beschuldigte ermittelt wird. Durch die Definition des Anfangsverdachts als Voraussetzung für die Einleitung eines Ermittlungsverfahrens bedeutet die Phase der Ermittlungen bis zur Konkretisierung des Verdachts noch keine „Beschuldigung", was auch dadurch unterstrichen wird, dass die Person, gegen die zur Konkretisierung eines Anfangsverdachts ermittelt wird, nunmehr als „Verdächtiger" bezeichnet wird. Dadurch soll künftig auch gegenüber der Öffentlichkeit deutlich klargestellt werden, dass erst eine „vage" Verdachtslage besteht, die weiterer Konkretisierung bedarf. Durch die Aufnahme des Verdächtigenbegriffs in die Bestimmung des § 48 Abs 2 StPO wird nach Ansicht des Gesetzgebers gewährleistet, dass auch einem Verdächtigen dieselben prozessualen Rechte wie einem Beschuldigten zukommen. Damit soll sichergestellt werden, dass nicht schon die Recherche in allgemein zugänglichen oder behördeninternen Informationsquellen zur Verifizierung von Anzeigen zur Einleitung eines Finanzstrafverfahrens führt, da bereits ermittelt wurde. Das wird insb durch § 91 Abs 2 StPO gewährleistet, nachdem die bloße Nutzung derartiger Informationsquellen bzw Erkundigungen kein Ermitteln iSd StPO darstellen.[177]

Gem § 48 Abs 1 Z 2 StPO ist „Beschuldigter" jeder Verdächtige, sobald er aufgrund bestimmter Tatsachen konkret verdächtig ist, eine strafbare Handlung begangen zu haben und zur Aufklärung dieses konkreten Verdachts Beweise aufgenommen oder Ermittlungsmaßnahmen angeordnet oder durchgeführt werden. Der Verdächtige hat gem § 48 Abs 2 StPO dieselben prozessualen Rechte wie der

---

176 EBRV 25 BlgNR 22. GP, 64.
177 EBRV 181 BlgNR 25. GP, 2.

Beschuldigte. Zweck der Differenzierung ist, dass Personen, die ohne hinreichendes Substrat angezeigt wurden, nicht als Beschuldigter „stigmatisiert" werden.

Ein zentraler Anspruch des Beschuldigten ist das Recht, sich (auch „selbst") zu verteidigen. Zur Durchsetzung dieses Anspruches werden ihm vom Gesetz her konkrete, situationsbedingte Verfahrensrechte gewährt, die ihm ein aktives Mitwirken und Beeinflussen beim Strafverfahren ermöglichen.[178]

§ 49 StPO sieht eine Reihe von Rechten des Beschuldigten vor, die va zur Konkretisierung der Grundsätze des rechtlichen Gehörs (vgl § 6 StPO und Art 6 Abs 1 EMRK) sowie des Rechts auf (wirksame) Verteidigung (vgl § 7 StPO und Art 6 Abs 3 lit c EMRK) dienen.[179] Dazu zählen insb (dh, demonstrative bzw beispielhafte Aufzählung): Recht auf Information über den Inhalt des gegen ihn bestehenden Verdachts und seine wesentlichen Rechte im Verfahren (§ 49 Z 1, § 50 StPO), Recht auf Akteneinsicht (§ 49 Abs Z 3, §§ 51–53 StPO), Recht auf Beiziehung eines Verteidigers zu seiner Vernehmung (§ 49 Z 5, § 164 Abs 2 StPO), Recht auf Beantragung von Beweisaufnahmen (§ 49 Z 6, § 55 StPO), Recht auf Erhebung eines Einspruches wegen Verletzung eines subjektiven Rechts (§ 49 Z 7, § 106 StPO), Recht auf Erhebung einer Beschwerde gegen die gerichtliche Bewilligung von Zwangsmitteln (§ 49 Z 8, § 87 StPO), Recht auf einen Antrag auf Einstellung des Ermittlungsverfahrens (§ 49 Z 9, § 108 StPO), Recht auf wirksame Rechtsbehelfe und Rechtsmittel (§ 49 Z 11 StPO).

Das Einbringen der Anklage (§§ 210 ff StPO) führt zur Beendigung des Ermittlungsverfahrens, wodurch der Beschuldigte gem § 48 Z 3 StPO zum „Angeklagten" wird. Der Übergang von einem von der Staatsanwaltschaft geführten Ermittlungsverfahren hin zu einem gerichtlichen Verfahren, in welchem die Staatsanwaltschaft die Rolle eines Verfahrensbeteiligten übernimmt (vgl § 210 Abs 2 StPO), bildet folglich die entscheidende Zäsur für den Wechsel vom Beschuldigten zum Angeklagten.[180]

c) Der Verteidiger

Nach § 48 Z 5 StPO ist „Verteidiger" eine zur Ausübung der Rechtsanwaltschaft, eine sonst gesetzlich zur Vertretung im Strafverfahren berechtigte Person oder eine Person, die an einer inländischen Universität die Lehrbefugnis für Strafrecht und Strafprozessrecht erworben hat, sobald sie der Beschuldigte als Rechtsbeistand bevollmächtigt hat, und eine Person, die dem Beschuldigten nach den Bestimmungen der StPO als Rechtsbeistand bestellt wurde.[181]

---

178 EBRV 25 BlgNR 22. GP, 67; *Fabrizy*, StPO[11] § 49 Rz 1.
179 *Pilnacek/Pleischl*, Das neue Vorverfahren (2004) Rz 177.
180 EBRV 25 BlgNR 23. GP, 66.
181 Vgl dazu *Kier*, ÖJZ 2008/21, 180 (181 ff).

Die Funktion des Verteidigers ist die eines Rechtsbeistandes, welcher die Interessen seines Mandanten zu vertreten sowie den Beschuldigten zu beraten und zu unterstützen hat. Er hat eine wirksame und lückenlose Verteidigung zu führen (vgl § 57 Abs 1 StPO).[182]

Gem § 57 Abs 2 StPO übt der Verteidiger grds dieselben Verfahrensrechte wie der Beschuldigte aus. Wenn der Beschuldigte einen Verteidiger hat, so hindert dies den Beschuldigten nicht daran, selbst wirksam mündliche oder schriftliche Erklärungen abzugeben. Im Falle widersprechender Willenserklärungen gilt grds die des Beschuldigten.[183]

aa) Kreis der Vertreter

Haftungsbeteiligte, Opfer, Privatbeteiligte, Privat- und Subsidiarankläger haben das Recht, sich vertreten zu lassen (§ 73 StPO). Mit dem in der zitierten Gesetzesstelle verwendeten Begriff „Vertreter" soll die Vertretung des Beschuldigten abgegrenzt werden.[184] In Betracht kommen hier zur Ausübung der Rechtsanwaltschaft berechtigte Personen, aber auch andere geeignete Personen, wie insb rechtskundige Angehörige und Angestellte. Zulässig ist nach dem Gesetz auch die Vertretung durch Mitarbeiter einer nach § 25 Abs 3 SPG anerkannten Einrichtung wie bspw die Interventionsstelle gegen Gewalt in der Familie.[185]

bb) Bevollmächtigung

Eine Bevollmächtigung ist grundsätzlich schriftlich zu erteilen. Nur in Anwesenheit des Bevollmächtigten kann sich der Verteidiger auf eine mündlich erteilte Vollmacht berufen. Es können auch mehrere Verteidiger bestellt werden, jedoch gelten Zustellungen an einen einzigen Verteidiger als bewirkt. Ein Wechsel des Verteidigers ist während des Verfahrens grundsätzlich möglich, soweit das Verfahren dadurch nicht unangemessen verzögert wird (§ 58 StPO).

cc) Gerichtliches Verfahren

Zur Ausübung der Rechtsanwaltschaft berechtigte Personen

In erster Linie sind gem § 48 Abs 1 Z 5 StPO im gerichtlichen (Finanz-)Strafverfahren die zur Ausübung der Rechtsanwaltschaft berechtigten Personen als Verteidiger anzusehen. Die Voraussetzungen für die Ausübung der Rechtsanwaltschaft werden in § 1 RAO normiert. Dazu zählen die Eintragung in die Liste der Rechtsanwälte (§§ 5 u 5a RAO) und der Nachweis gewisser Erfordernisse, wie der Abschluss eines facheinschlägigen Studiums, die erfolgreiche Ablegung der Rechtsanwaltsprüfung, der Nachweis über gesetzlich vorgegebene Praxis- und

---

182   *Pilnacek/Pleischl*, Das neue Vorverfahren Rz 223.
183   MwN *Pilnacek/Pleischl*, Das neue Vorverfahren Rz 224.
184   EBRV 25 BlgNR 23. GP, 104.
185   *Pilnacek/Pleischl*, Das neue Vorverfahren Rz 298.

Ausbildungszeiten sowie eine abgeschlossene Haftpflichtversicherung (vgl § 1 Abs 2 RAO). Wer nach Vorliegen dieser Voraussetzungen in die Liste der Rechtsanwälte eingetragen wurde, ist zur Ausübung der Rechtsanwaltschaft befugt und darf somit als Verteidiger auftreten.[186]

Für das gerichtliche (Finanz-)Strafverfahren ist von Bedeutung, dass die Mitwirkung eines Verteidigers im Rahmen der Hauptverhandlung vor dem Schöffengericht (vgl § 196a FinStrG) zwingend vorgeschrieben ist (§ 61 Abs 1 Z 4 StPO), aber auch im Ermittlungsverfahren, wenn und solange sich der Beschuldigte in Untersuchungshaft befindet (§ 61 Abs 1 Z 1 StPO).[187] Es liegt hier ein Fall der sog „notwendigen Verteidigung" (vgl § 61 Abs 1 StPO) vor, dh, es besteht Verteidigerzwang. Dem Beschuldigten hat verpflichtend ein Verteidiger zur Seite zu stehen, obwohl die Bestimmung des Art 6 Abs 3 lit c EMRK dem Angeklagten das Recht einräumt, sich selbst zu verteidigen. Sie bestimmt jedoch keinesfalls, dass der Angeklagte unter allen Umständen berechtigt ist, auf einen Verteidiger zu verzichten.[188]

Sonst gesetzlich zur Vertretung im Strafverfahren berechtigte Personen

Diese Personen sind ebenfalls berechtigt, als Verteidiger gem § 48 Abs 1 Z 5 StPO aufzutreten. Eine Antwort auf die Frage, wer zu diesen sonst gesetzlich berechtigten Personen gehört, ergibt sich aus den einschlägigen Berufsordnungen. So bestimmt etwa § 5 Abs 1 NO, dass Notare berechtigt sind, Parteien im Strafverfahren vor Verwaltungsbehörden, Finanzstrafbehörden und vor Gerichten wegen Straftaten, bei denen dem Bezirksgericht gem § 30 StPO das Hauptverfahren obliegt, zu verteidigen.[189] Doch gerade dies schließt die Möglichkeit, als Notar im Rahmen des gerichtlichen Finanzstrafverfahrens einschreiten zu können, aus, zumal dem Landesgericht als Schöffengericht gem § 196a FinStrG das Hauptverfahren wegen gerichtlich strafbarer Finanzvergehen obliegt. Folglich ist diesem Personenkreis im gerichtlichen Finanzstrafverfahren eine Verteidigung verwehrt.

Lehrbefugnis

Auch Personen, die an einer inländischen Universität die Lehrbefugnis für Strafrecht und Strafprozessrecht (venia docendi) erworben haben, sind als Verteidiger iSd § 48 Abs 1 Z 5 StPO anzusehen.[190]

Wirtschaftstreuhänder

Verteidiger stehen meist vor dem Problem, dass es ihnen am notwendigen Knowhow im Bereich des Abgabenrechts mangelt. Der Beschuldigte kann daher zur

---

186 *Mayr/Venier*, ÖJZ 2009/29, 254 (258 f).
187 *Achammer* in *Fuchs/Ratz* (Hrsg), WK-StPO § 61 Rz 6 ff.
188 Siehe dazu mwN *Fabrizy*, StPO[11] § 61 Rz 1.
189 *Mayr/Venier*, ÖJZ 2009/29, 254 (258 f); EBRV 303 BlgNR 23. GP, 26.
190 *Achammer* in *Fuchs/Ratz* (Hrsg), WK-StPO § 48 Rz 21 ff.

Unterstützung seines Verteidigers einen Wirtschaftstreuhänder beiziehen (vgl § 199 Abs 1 FinStrG). Vor allem vor dem Hintergrund der Komplexität finanzstrafrechtlicher Sachverhalte empfiehlt es sich in der Praxis, von dieser Möglichkeit Gebrauch zu machen, um eine fachlich fundierte und lückenlose Verteidigung zu gewährleisten.

Nur Wirtschaftsprüfer und Steuerberater sind Wirtschaftstreuhänder (§ 1 Abs 1 Z 1 u 3 WTBG) und daher berechtigt, neben der Berufsbezeichnung auch die Bezeichnung „Wirtschaftstreuhänder" zu führen (vgl § 84 Abs 1 und 2 WTBG).

Dennoch ist bei näherer Betrachtung auf folgendes Rechtsschutzdefizit hinzuweisen: Der Wirtschaftstreuhänder kann gleich wie der Verteidiger an der mündlichen Verhandlung teilnehmen, ist jedoch zu Anträgen und Willenserklärungen für den Vertretenen und zur Ausübung von Rechtsmitteln nicht berechtigt (§ 199 Abs 2 letzter S FinStrG). Ihm stehen lediglich die in § 199 Abs 2 FinStrG vorgesehenen Rechte zu. Ebenso wie der Verteidiger steht dem Beschuldigten der Wirtschaftstreuhänder beratend und unterstützend zur Seite. Er hat parteilich für den Beschuldigten alles zu unternehmen, was diesem prozessual nützlich sein kann (vgl § 57 Abs 1 StPO). Allerdings muss diese Vorgehensweise gesetzlich erlaubt sein.[191]

Vergleich: Stellung der Finanzstrafbehörde als privilegierter Privatankläger

Der Finanzstrafbehörde kommt im gerichtlichen Finanzstrafverfahren ex lege die Stellung eines Privatbeteiligten zu (§ 200 Abs 1 FinStrG), im Rahmen des Ermittlungsverfahrens jedoch nur in jenen Fällen, in denen die Finanzstrafbehörde nicht selbst das Ermittlungsverfahren führt. Eine diesbezügliche gesetzliche Verankerung war notwendig, da die Finanzstrafbehörde aus einem Finanzvergehen grds keine privatrechtlichen Ansprüche ableiten könnte, da es sich bei den hinterzogenen Abgaben um Geldleistungen öffentlich-rechtlicher Natur handelt.[192]

§ 200 Abs 2 FinStrG sieht zudem weitergehende Rechte vor: Die Finanzstrafbehörde kann in gleichem Umfang wie die Staatsanwaltschaft als Privatbeteiligte gerichtliche Entscheidungen bekämpfen (zB Nichtigkeitsbeschwerde an den OGH) sowie die Wiederaufnahme des Strafverfahrens verlangen. Für die vorhergehenden Ausführungen ist insb auch die Tatsache relevant, dass der Finanzstrafbehörde im gerichtlichen Finanzstrafverfahren eine umfassende Befugnis zur Stellung von Beweisanträgen zukommt, das uneingeschränkte Akteneinsichtsrecht; sie kann in der Hauptverhandlung sowohl zur Frage der Schuld als auch zur Frage der Strafe Stellung nehmen und somit alles prozessual Zulässige tun, um die Schuld des Angeklagten an der Tat zu beweisen.[193]

---

191 *Lässig* in *Höpfel/Ratz* (Hrsg), WK-StGB[2] § 199 Rz 1 f.
192 *Fellner*, FinStrG II[6] § 200 Rz 2.
193 *Seiler/Seiler*, Finanzstrafgesetz[4] § 200 Rz 7.

Dazu führt *Kotschnigg*[194] folgerichtig aus, dass der Finanzstrafbehörde als Privat-beteiligte ein Strafverteidiger gegenübersteht, der sich zwar eines Wirtschafts-treuhänders bedienen darf, dessen Befugnisse im Gerichtssaal jedoch auf ein Mi-nimum beschränkt sind. Auch wenn diesem in der Hauptverhandlung ein Frage-recht zusteht, darf dessen Bedeutung nicht überschätzt werden, speziell wenn es um komplizierte Rechtsfragen geht. Mangels expliziter gesetzlicher Regelung darf er nicht auf eklatante Rechtsanwendungsfehler auf steuerlichem Gebiet hinwei-sen, auch wenn die Gefahr besteht, dass diese (auch) dem Gericht nicht auffallen.

Exkurs: Die Bestimmung des § 249 Abs 3 StPO

Diese Norm ermöglicht es dem Angeklagten, zur Befragung eines Sachverständi-gen eine Person mit besonderem Fachwissen beizuziehen, der ein Sitz neben dem Verteidiger zu gestatten ist (sog Privatsachverständiger). Im Zuge des StPRÄG wurde die Bestimmung dahingehend adaptiert, dass Privatsachverständige den Verteidiger bei der Fragestellung unterstützen oder selbst Fragen zu Befund und Gutachten an den Sachverständigen richten dürfen.[195] Von dieser Möglichkeit der Beiziehung eines Privatsachverständigen wird vor allem im Zuge großer (meist in den Medien viel berichteter und diskutierter) Strafverfahren Gebrauch gemacht.

Ebenso steht dem beigezogenen Wirtschaftstreuhänder im gerichtlichen Finanz-strafverfahren das Recht zu, einem im Strafverfahren bestellten Sachverständigen Fragen zu stellen.[196] Wenn sich der Sachverständige in weiterer Folge nicht in der Lage sieht, die Frage zu beantworten, so ist die Hauptverhandlung – abgesehen von dem solcherart manifest gewordenen Befähigungsmangel des Sachverständi-gen – zu diesem Zweck zu unterbrechen oder zu vertagen.[197]

dd) Verwaltungsbehördliches Finanzstrafverfahren

Recht auf Beiziehung eines Verteidigers

Im verwaltungsbehördlichen Finanzstrafverfahren hat der Beschuldigte gem § 77 Abs 1 S 1 FinStrG das Recht, sich selbst zu verteidigen und in jeder Lage des Ver-fahrens den Beistand eines Verteidigers in Anspruch zu nehmen. Darüber hinaus können sie sich durch Verteidiger auch vertreten lassen, sofern nicht ihr persön-liches Erscheinen ausdrücklich gefordert wird. In dieser durch die FinStrG-Nov 2007 neu geschaffenen Bestimmung wollte der Gesetzgeber eine grds Aussage über das Recht auf Verteidigung (entsprechend § 7 StPO) in das FinStrG aufneh-men.[198] Vor dem Inkrafttreten der Novelle war dieses – aus Art 6 Abs 3 lit c

---

194 *Kotschnigg*, ecolex 2007/35, 1 (32).
195 EBRV 181 BlgNR 25. GP, 8 f.
196 Siehe dazu *Tannert*, FinStrG[8] § 199 Anm 2.
197 OGH 19.12.2005, 14 Os 129/05k, EvBl 2006/32; *Leitner/Toifl/Brandl*, Finanzstrafrecht[3] Rz 2210; siehe auch mwA *Fabrizy*, StPO[11] § 126 Rz 9.
198 *Seiler/Seiler*, Finanzstrafgesetz[4] § 77 Rz 1; EBRV 81 BlgNR 23. GP, 12.

EMRK resultierende – Recht im FinStrG nicht explizit geregelt, sondern konnte nur aus einer Reihe anderer Bestimmungen (zB § 77 FinStrG aF) abgeleitet werden.[199]

Wer im verwaltungsbehördlichen Verfahren nun als Verteidiger in Betracht kommt, ergibt sich primär aus dem Verweis des § 77 Abs 1 FinStrG auf die Bestimmung des § 48 Abs 1 Z 4 StPO (gemeint wohl Z 5), wobei an dieser Stelle auf die Ausführungen von oben verwiesen wird. Allerdings sind im verwaltungsbehördlichen Finanzstrafverfahren auch die Wirtschaftsreuhänder berechtigt, als Verteidiger des Beschuldigten zu agieren (vgl § 77 Abs 1 S 3 FinStrG).[200]

Gegen den ausdrücklichen Willen darf der Verteidiger bzw Wirtschaftstreuhänder nicht handeln. Bei widersprechenden Erklärungen entscheidet grds der Wille des Beschuldigten. Hierbei muss aber der Dissens zwischen dem Parteienvertreter und dem Beschuldigten für die Behörde erkennbar sein. Würde der Verteidiger nämlich ohne Wissen des Beschuldigten auf die Erhebung eines Rechtsmittels verzichten, kann der Beschuldigte nach erfolgter (späterer) Kenntnisnahme den Verzicht nicht ungeschehen machen. Würde der Beschuldigte den Prozesshandlungen des Parteienvertreters andererseits auch nicht widersprechen, dann sind diese für ihn auch wirksam.[201] Diese Regelung entspricht seit Inkrafttreten der FinStrG-Nov 2007 der Bestimmung des § 57 Abs 2 StPO.[202]

d) Der Zeuge

aa) Definition des Begriffs „Zeuge"

Entsprechend § 154 StPO ist ein Zeuge, eine vom Beschuldigten verschiedene Person, welche Tatsachen wahrgenommen hat und im Verfahren aussagen soll, um zur Aufklärung der Straftat beizutragen. Zeugen sind verpflichtet, eine richtige und vollständige Aussage zu erstatten. Es entspricht der stRsp, dass ein Beschuldigter in seinem Verfahren nicht auch zugleich Zeuge sein kann.[203] Im Falle einer unberechtigten Weigerung zur Aussage oder Teilnahme an einer Verhandlung können gem § 153 StPO Beugemittel angewendet werden.

Grundsätzlich sind Zeugen darauf hinzuweisen, dass diese wahrheitsgemäß und vollständig auszusagen haben. Sollte diese Belehrung allerdings unterbleiben, führt dies nicht zur Nichtigkeit der Aussage.[204] Insb ist darauf hinzuweisen, dass

---

199 *Kotschnigg*, ecolex 2007/35, 1 (21).
200 EBRV 81 BlgNR 23. GP, 12.
201 OGH 16.1.1979, 11 Os 1/79, ÖJZ-LSK 1979/115; OGH 4.9.1991, 13 Os 87/91, RZ 1992/42; OGH 23.4.1982, 9 Os 52/82, SSt 53/19.
202 EBRV 81 BlgNR 23. GP, 12. ·
203 SSt 26/55 vgl aber SSt 29/26 und 30/13, wonach ein rechtskräftig Verurteilter sehr wohl als Zeuge im Verfahren der Mittäter als Zeuge einvernommen werden kann.
204 Vgl OGH 5.8.1997, 12 Os 90/97.

sich der Zeuge im Falle einer Falschaussage bei seiner förmlichen Vernehmung nach § 288 Abs 1 StGB strafbar machen könnte.

Nach dem Gesetzeswortlaut des § 154 StPO kann ein Zeuge zu unmittelbar oder mittelbar wahrgenommenen Tatsachen befragt werden. Es ist daher ein Zeuge, welcher lediglich eine Aussage vom Hörensagen machen kann, nicht schlichtweg unzulässig,[205] sondern entsprechend dem Unmittelbarkeitsgrundsatz hat der unmittelbare Zeuge eine höhere Beweiskraft und auf diesen kann nicht anstelle eines mittelbaren Zeugen verzichtet werden.[206]

bb) Verbot der Vernehmung als Zeuge

In § 155 StPO sind jene Personen aufgezählt, bei denen ein absolutes Vernehmungsverbot besteht. Dies trifft auf Geistliche, Beamte, uU Personen, denen Zugang zu klassifizierten Informationen des Nationalrates oder des Bundesrates gewährt wurde, sowie Zeugnisunfähige zu. Wird eine dieser Personen dennoch einvernommen, so liegt Nichtigkeit vor. In diesem Zusammenhang ist darauf hinzuweisen, dass Beamte in Bezug auf die Amtsverschwiegenheit von der Dienstbehörde entbunden werden können. Geistliche hingegen können vom Beichtenden nicht wirksam entbunden werden.[207]

Die Amtsverschwiegenheit von Beamten ist in Art 20 Abs 3 B-VG normiert. Art 20 Abs 3 B-VG unterwirft zunächst alle *„mit Aufgaben der Bundes-, Landes- und Gemeindeverwaltung betraute Organe"* sowie auch *„die Organe anderer Körperschaften öffentlichen Rechts"* der Amtsverschwiegenheit. Die Amtsverschwiegenheit besteht allerdings nur dann, wenn die Geheimhaltung der aus einer amtlichen Tätigkeit bekannt gewordenen geheimen Tatsachen im Hinblick auf die in Art 20 Abs 3 B-VG taxativ aufgezählten öffentlichen Interessen[208] geboten erscheint oder im überwiegenden Interesse der Parteien gelegen ist. Es hat also im Einzelfall eine Interessenabwägung stattzufinden, insb ob die vorliegenden Interessen schutzwürdig iSd Art 20 Abs 3 B-VG sind.[209] Tatsachen, welche allgemein oder einem größeren Personenkreis bekannt sind, unterliegen nicht der Amtsverschwiegenheit.[210] Weiters unterliegen gem § 155 Abs 2 StPO Wahrnehmungen von Tatsachen, welche der Beamte im Rahmen seiner Dienste der Strafrechtspflege gemacht hat, nicht der Amtsverschwiegenheit.

Nach der Rsp des OGH versteht man unter Zeugnisunfähige, *„Personen […], bei denen die Unfähigkeit, die Wahrheit anzugeben, erwiesenermaßen vorliegt".*[211]

---

205   Vgl OGH 5.10.2004, 14 Os 107/04.
206   Vgl SSt 31/58, ERBV 25. BlgNR XXII GP (200).
207   Vgl SSt 38/14.
208   Als öffentliche Interessen werden aufgezählt: öffentliche Ruhe, Ordnung und Sicherheit, Landesverteidigung, auswärtige Beziehungen, wirtschaftliches Interesse einer Körperschaft öffentlichen Rechts.
209   VwGH 29.11.2000, 2000/09/0079.
210   *Mayer*, B-VG⁴ Art 20 B-VG 161.
211   Vgl RS 0097903, zuletzt OGH 12 Os 90/01.

Hierbei handelt es sich um eine Ermessensfrage. Dies bedeutet, dass das Gericht aufgrund eines Gesamteindruckes zu beurteilen hat, ob der Zeuge vernommen werden darf.[212] Die Einholung eines psychologischen Gutachtens ist nur als Ausnahme vorgesehen, nämlich dann, wenn der Zeuge in seiner Erscheinung nicht seiner Altersstufe entspricht und dies dazu führt, dass seine Wahrnehmungs- und Mitteilungsfähigkeit zweifelhaft ist.[213]

cc) Aussagebefreiung

Jene in § 156 StPO aufgezählten Personen sind von der Pflicht zur Aussage befreit. Darunter fallen Angehörige[214] des Beschuldigten oder Personen, welche schonungsbedürftig sind wie zB minderjährige Kinder und Personen, die in ihrer Geschlechtssphäre verletzt worden sind. Schonungsbedürftige wie zB Unmündige oder Tatopfer von Sexualdelikten sind im Rahmen einer vorausgehenden kontradiktorischen Einvernahme am Verfahren zu beteiligen. Die Aussagebefreiung von volljährigen Angehörigen entfällt in jenen Fällen, in denen sich die Angehörigen dem Strafverfahren als Privatbeteiligte anschließen.

dd) Aussageverweigerung[215]

In § 157 StPO sind Personen aufgezählt, welche das Recht haben, die Aussage zu verweigern. Hiezu zählen Personen, die sich oder Angehörige im Falle einer Aussage der Gefahr einer strafrechtlichen Verfolgung aussetzen würden (Z 1), Verteidiger, Rechtsanwälte, Patentanwälte, Notare, Wirtschaftstreuhänder sowie seit 1.1.2015 Verfahrensanwälte in Untersuchungsausschüssen des Nationalrates, über das, was ihnen in dieser Eigenschaft bekannt geworden ist (Z 2); Fachärzte für Psychiatrie, Psychotherapeuten, Psychologen, Bewährungshelfer, Mediatoren und Mitarbeiter von anerkannten Einrichtungen zur psychosozialen Beratung und Betreuung, ebenfalls über das, was ihnen in dieser Eigenschaft bekannt geworden ist (Z 3); Medieninhaber und dessen Mitarbeiter in Bezug auf Mitteilungen, die ihnen im Hinblick auf ihre Tätigkeit gemacht wurden (Z 4); sowie Wahlberechtigte über ihre Stimmabgabe (Z 5). Gem § 157 Abs 2 StPO darf das Aussageverweigerungsrecht bei sonstiger Nichtigkeit nicht umgangen werden.

Daneben haben einige gewisse Zeugen bei Vorliegen bestimmter Bedingungen das Recht, die Beantwortung einzelner Fragen zu verweigern.[216] Dies trifft auf die Beantwortung von Fragen zu, welche die Person selbst oder nahe Angehörige der Gefahr eines bedeutenden vermögensrechtlichen Nachteils[217] oder der Schande[218]

---

212 Vgl 16.12.1987, 14 Os 181/87; 12 Os 90/01.
213 Vgl RS 0097697, zuletzt: 13 Os 159/09w.
214 Vgl zum Begriff des Angehörigen § 72 Abs 1 StGB.
215 Vgl dazu ebenfalls Punkt IV.D. zur Verschwiegenheitspflicht.
216 § 158 StPO.
217 Vgl dazu SSt 48/63.
218 Vgl dazu SSt 48/25, 14 Os 42/96.

aussetzen würde (Z 1), sowie Angaben von Personen, die durch die dem Beschuldigten zur Last gelegten Straftat in ihrer Geschlechtssphäre verletzt wurden (Z 2), und über Umstände aus dem höchstpersönlichen Lebensbereich (Z 3). Sofern allerdings die Beantwortung von Fragen unerlässlich ist, so hat diese Person trotz Vorliegen einer der vorgenannten Gründe zu antworten. Nach der Rsp hat hierbei keine Interessensabwägung dahingehend zu erfolgen, ob die Bedeutung seiner Aussage der Gefahr für den Zeugen überwiegt,[219] sondern ist entscheidend, ob die Angaben des Zeugen erforderlich sind, um die Wahrheit zu finden.

ee) Information und Nichtigkeit

Sofern ein Aussagebefreiungs- oder Aussageverweigerungsrecht eines Zeugen vorliegt, so ist der Zeuge gem § 159 StPO vor Beginn seiner Vernehmung über diese Rechte zu belehren. Treten erst im Rahmen der Vernehmung Anhaltspunkte für das Vorliegen eines Aussagebefreiungs- oder Aussageverweigerungsrechts auf, so ist der Zeuge zu diesem Zeitpunkt über diese Rechte zu belehren.[220] Nach dem Gesetzeswortlaut ist der Zeuge lediglich über das Entschlagungsrecht zu belehren, sodass eine Anführung der Gründe, welche für die Entschlagung in Betracht kommen, nicht erläutert werden müssen.[221]

Jeder Zeuge hat die Möglichkeit, sich auf das Vorliegen eines Befreiungs- oder Verweigerungsgrundes zu berufen. In diesem Fall ist allerdings der Grund glaubhaft darzulegen. Wenn der Zeuge auf sein Aussagebefreiungsrecht iSd § 156 StPO nicht verzichtet hat, ist die Aussage nichtig. Auch wenn eine Person, welche die Aussage gem § 157 StPO verweigern kann, nicht über dieses Recht informiert wurde, ist jener Teil der Aussage nichtig, auf den sich das Verweigerungsrecht bezieht. Die den nichtigen Aussagen zugrundeliegenden Protokolle sind entsprechend dem Gesetzeswortlaut zu vernichten.

Sofern daher die Aussagen einer entschlagungsberechtigten Person in der Hauptverhandlung vorkommen und im Urteil verwertet werden, ohne dass diese Person auf ihr Entschlagungsrecht verzichtet hat, ist das Verfahren iSd § 281 Abs 1 Z 3 StPO mangelhaft.[222] Wenn das Gericht die Entschlagungserklärung eines Zeugen für nicht unmissverständlich oder endgültig erachtet, so ist dies gegebenenfalls mit dem Zeugen zu erörtern. Wird dies unterlassen, so *„schlägt aus Fairnessgründen jeder Zweifel am Inhalt der Erklärung zu Gunsten eines Entschlagungsverzichts aus".*[223]

In Fällen, in denen das Gericht unberechtigterweise ein Entschlagungsrecht annimmt, ist eine Berufung auf die Verfahrensrüge nach § 281 Abs 1 Z 3 StPO nicht

---

219 Vgl OGH 11.2.1992, 15 Os 153/91.
220 OGH 3.5.2000, 13 Os 20/00.
221 Vgl OGH 3.10.2007, 13 Os 66/07s.
222 Vgl OGH 12.1.2000, 13 Os 156/99, 13 Os 20/00, 13 Os 38/00.
223 Vgl OGH 11.10.2006; 13 Os 131/05x, 13 Os 5/08x.

möglich. Sofern allerdings erfolglos die Nichtanerkennung des Entschlagungsrechts beantragt wurde, kann ihm eine Verfahrensrüge nach § 281 Abs 1 Z 4 StPO zustehen.[224]

ff) Exkurs: Befangenheit eines Organs der Kriminalpolizei oder eines Staatsanwaltes aufgrund seiner Einvernahme als Zeuge

In § 47 StPO wurde der für Richter in § 43 Abs 1 Z 2 StPO normierte Befangenheitsgrund *„Zeuge außerhalb seiner Dienstverrichtungen der in Frage stehenden Handlung"* bzw *„Einvernahme als Zeuge in der betreffenden Sache"* nicht aufgenommen. Bei Staatsanwälten und Organen der Kriminalpolizei stellt es daher keinen Befangenheitsgrund dar, wenn diese im Verfahren auch als Beweisperson herangezogen werden. Nur sofern weitere Umstände hinzutreten, welche die Unvoreingenommenheit und Unparteilichkeit bezweifeln lassen, könnte Befangenheit vorliegen.[225]

In diesem Zusammenhang erging am 29.6.2011 eine Entscheidung des OGH, in welcher dieser aussprach, *„[d]ie in einem anderen – wenngleich inhaltlich verknüpften – Verfahren erfolgte Vernehmung eines Richters oder Staatsanwalts als Zeuge über dienstliche Wahrnehmungen ist per se nicht geeignet, die Unvoreingenommenheit und Unparteilichkeit des Betroffenen in Zweifel zu ziehen."*

Im Finanzstrafverfahren findet sich in § 72 FinStrG eine Norm bezüglich der Befangenheit von Organen der Finanzstrafbehörden, welche unter lit b vorsehen, dass diese sich der Ausübung ihres Amtes zu enthalten haben, wenn sie als Zeuge oder Sachverständige vernommen wurden oder vernommen werden sollen oder als Anzeiger aufgetreten sind.

e) Der Sachverständige
aa) Definition des Begriffs „Sachverständiger"

Eine Definition des Begriffs findet sich in § 125 Z 1 StPO. Demnach ist ein Sachverständiger eine Person, die aufgrund besonderen Fachwissens in der Lage ist, beweiserhebliche Tatsachen festzustellen (Befundaufnahme) oder aus diesen rechtsrelevante Schlüsse zu ziehen und sie zu begründen (Gutachtenserstattung).

Der Sachverständige ist weder ein Gerichtsorgan noch ein Beamter. Der Sachverständige ist vielmehr ein Beweismittel, welchem lediglich die Lösung von Tatfragen, nicht aber von Rechtsfragen,[226] obliegt.

---

224 Vgl RS 0113906, zuletzt OGH 22.12.2009, 11 Os 186/09a
225 Vgl *Lässig* in *Fuchs/Ratz* (Hrsg), WK-StPO § 47 Rz 3.
226 Vgl OGH 19.12.2005, 14 Os 129/05k, SSt 22/53.

bb) Bestellung von Sachverständigen

Gem § 126 StPO ist ein Sachverständiger nach den Grundsätzen der Sparsamkeit, Wirksamkeit und Zweckmäßigkeit zu bestellen, wenn für die Ermittlungen oder für die Beweisaufnahme besonderes Fachwissen erforderlich ist, über welches die Strafverfolgungsbehörden nicht verfügen.[227] Als Sachverständiger ist gem § 126 Abs 2 StPO zu bestellen, wer in die Gerichtssachverständigenliste bei den Landesgerichten eingetragen ist.

Die Staatsanwaltschaft hat Sachverständige für gerichtliche Ermittlungen oder Beweisaufnahmen zu bestellen. Das Gericht bestellt die Sachverständigen für das Hauptverfahren,[228] wobei dies bereits dann zu erfolgen hat, wenn eines der Senatsmitglieder nicht die erforderlichen Kenntnisse hat, um eine Tatfrage beurteilen zu können.[229] In der Bestellungsurkunde ist der Auftrag des Sachverständigen genau und vollständig zu erfassen.

Seit dem 1.1.2015 ist in § 126 Abs 3 letzter Satz StPO normiert, dass dem Beschuldigten eine Ausfertigung der Bestellung des Sachverständigen samt einer Information über seine Rechte gem § 106 Abs 5 StPO zuzustellen ist.

Der Beschuldigte hat nach § 126 Abs 5 StPO das Recht binnen einer Frist von 14 Tagen ab Zustellung bei Kenntnis eines Befangenheitsgrundes oder Vorliegen begründeter Zweifel an der Sachkunde des Sachverständigen einen Antrag auf Enthebung des Sachverständigen zu stellen. Der Beschuldigte kann auch die Bestellung im Rahmen gerichtlicher Beweisaufnahme verlangen und eine andere nach den Kriterien der Sachkunde besser qualifizierte Person zur Bestellung vorschlagen.

Um die Tätigkeit eines Sachverständigen des Gerichts oder der Staatsanwaltschaft kontrollieren zu lassen, besteht die Möglichkeit, ein Privatgutachten einzuholen. Bei divergierenden Angaben bzw Ergebnissen bei einem Vergleich des Gutachtens des bestellten Sachverständigen mit dem Privatgutachten kann die Beiziehung eines weiteren Sachverständigen beantragt werden.[230] Die Frage, ob das Gutachten eines Sachverständigen ausreichend und verlässlich ist, ist nach stRsp eine Frage der Beweiswürdigung.[231]

In § 127 StPO ist statuiert, dass der Sachverständige einen Gebührenanspruch hat und der Sachverständige nach bestem Wissen und Gewissen tätig wird, sowie, wenn Widersprüche, Abweichungen oder Unklarheiten bestehen, der Sachverständige beizuziehen ist.

---

227 Vgl dazu auch OGH 9.11.1993, 12 Os 167/93.
228 § 126 Abs 3 StPO.
229 SSt 2006/75 = EvBl 2007/23.
230 Vgl OGH RS 0120362, zuletzt 13 Os 59/10s; *Hinterhofer* in *Fuchs/Ratz* (Hrsg), WK-StPO, 159. Lfg § 125 Rz 20.
231 Vgl RS0097433, zuletzt 14 Os 134/11d.

cc) Beiziehung eines Privatsachverständigen

Die Berücksichtigung von Privatgutachten ist nach ständiger – vom Gesetzgeber anlässlich der Einführung des § 249 Abs 3 StPO gebilligter – Rsp des OGH dem österr Strafverfahren fremd.[232] Die Beiziehung eines unabhängigen Sachverständigen kann der Angeklagte nicht beantragen. Aufgrund der sich in den letzten Jahren mehrenden Kritik an den strafprozessrechtlichen Möglichkeiten zur Gewährleistung von Objektivität und Unabhängigkeit des Sachverständigen, zur Waffengleichheit und der damit zusammenhängenden fehlenden Möglichkeit der Beteiligung von Privatsachverständigen im Strafverfahren, wurde mit der am 1.1.2015 in Kraft getretenen Novelle im gewissen Maße Rechnung getragen. Unter anderem wurde nunmehr in der StPO die Möglichkeit der Beteiligung von Privatsachverständigen („Personen mit besonderem Fachwissen") ausdrücklich in gewissen Verfahrensabschnitten vorgesehen:

In § 222 Abs 3 StPO ist seit 1.1.2015 normiert, dass, sofern sich die Anklageschrift auf Befund und Gutachten eines Sachverständigen stützt, der Gegenäußerung des Verteidigers iSd § 244 Abs 3 StPO samt Beweisanträgen eine Stellungnahme samt Schlussfolgerung einer Person mit besonderem Fachwissen zur Begründung eines Beweisantrages angeschlossen werden kann.

Ferner kann sich der Angeklagte gem § 249 Abs 3 StPO zur Befragung eines Sachverständigen einer Person mit besonderem Fachwissen bedienen, der ein Sitz neben dem Verteidiger zu gestatten ist. Diese darf den Verteidiger bei der Fragestellung unterstützen oder selbst Fragen zu Befund und Gutachten an den Sachverständigen richten. In der Hauptverhandlung soll nunmehr auch einer, vom Verteidiger beigezogenen, Person mit besonderem Fachwissen die Berechtigung zukommen, selbst Fragen zu Befund und Gutachten an den Sachverständigen richten zu dürfen.

dd) Befangenheit von Sachverständigen

Auch Sachverständige können befangen sein, sodass § 126 Abs 4 StPO festhält, dass die Befangenheitsgründe für Staatsanwaltschaft und Kriminalpolizei gem § 47 Abs 1 StPO sinngemäß auch auf Sachverständige Anwendung finden. Der Sachverständige ist bei Vorliegen einer Befangenheit oder bei Zweifel an der Sachkunde von Amts wegen oder aufgrund von Einwendungen iSd § 126 Abs 5 StPO seines Amtes zu entheben. Sofern die Befangenheitsgründe des § 47 Abs 1 Z 1 oder Z 2 StPO vorliegen, hat eine Enthebung bei sonstiger Nichtigkeit zu erfolgen.

---

232   RS0118421, RS0115646, RS0097292.

Nach der Rsp kann *„von einer Befangenheit [...] nur dann gesprochen werden, wenn der Sachverständige nicht mit voller Unvoreingenommenheit und Unparteilichkeit an die Sache herantritt".*[233]

> Nicht erst eine tatsächliche Unfähigkeit zu unvoreingenommener sowie unparteilicher Dienstverrichtung ist maßgeblich, sondern es genügt schon der äußere Anschein der Befangenheit, also zureichende Anhaltspunkte, die geeignet sind, aus objektiver Sicht, dh, bei einem verständig wertenden objektiven Beurteiler, die volle Unbefangenheit des Sachverständigen in Zweifel zu ziehen.[234]

Die Einwendung der Sachkunde nach dem Zeitpunkt, zu welchem der Sachverständige das Gutachten bereits erstattet hat, ist nicht mehr zulässig. Eine Befangenheit könne nach der Rsp in diesem Fall nur unter der Annahme vorliegen, dass der Sachverständige selbst dann eine Änderung des Gutachtens ablehnt, wenn die Beweise belegen, dass dieses unrichtig ist.[235]

Gem § 47 Abs 1 StPO ist bezüglich der Befangenheit von Kriminalpolizei und Staatsanwaltschaft normiert, dass jedes Organ dann als befangen gilt, wenn dieses selbst oder Angehörige als Beschuldigte, Privatankläger, als Privatbeteiligte oder deren Vertreter am Verfahren beteiligt ist oder war, weiters, wenn diese durch die Straftat geschädigt worden sein könnte (Z 1) oder das Organ bereits als Organ der Kriminalpolizei zuvor Richter oder Staatsanwalt bzw als Staatsanwalt zuvor Richter oder Organ der Kriminalpolizei war (Z 2). § 47 Z 3 StPO enthält eine Art Auffangtatbestand, wonach Befangenheit dann gegeben ist, wenn andere Gründe vorliegen, die geeignet sind, die Unvoreingenommenheit und Unparteilichkeit in Zweifel zu ziehen.

In der älteren Rsp vertrat der OGH die Ansicht, dass es im Interesse der Wahrheitsfindung liegt, wenn ein und derselbe Sachverständige in mehrmaligen Verfahren mit der Begutachtung einer Person beauftragt ist.[236]

Von dieser jahrzehntelang herrschenden Rsp wurde mit der Entscheidung des OGH vom 24.6.2009 zu 15 Os 65/09 abgegangen, indem die Befangenheit eines Sachverständigen bejaht wurde, der den Betroffenen längere Zeit als Ärztin therapeutisch behandelt habe. Bei einem objektiven Beobachter lasse dies Zweifel an der Unvoreingenommenheit als Sachverständigen entstehen. Dies sei bereits ausreichend, um eine Befangenheit anzunehmen.

Es ist allerdings zu beachten, dass in § 126 Abs 4 StPO statuiert ist, dass die Tätigkeit des Sachverständigen im Ermittlungsverfahren ihn noch nicht befangen für

---

233 OGH 11.10.1966, 10 Os 167/66 EvBl 1967/81, 13 Os 117/81 EvBl 1982/136, 21.8.2003, 15 Os 90/03; 17.2.2011, 13 Os 12/10d.
234 OGH 24.6.2009, 15 Os 65/09m; *Krammer*, Sachverständige 2009, 202.
235 OGH 23.12.2010, 14 OS 143/09z.
236 OGH 12.12.1963, 12 Os 283/63, SSt 34/79; OGH 14.11.1985, 12 Os 154/85.

das Hauptverfahren macht. Der OGH[237] sprach diesbezüglich aus, dass aus der Rsp des EGMR nicht abzuleiten sei, dass eine im Ermittlungsverfahren erfolgte Bestellung des Sachverständigen durch die Staatsanwaltschaft und dessen nachfolgende Bestellung im Hauptverfahren durch das Gericht per se konventionswidrig wäre. In diesem Fall ist daher davon auszugehen, dass nur bei Hinzutreten weiterer Umstände auf eine allfällige Befangenheit des Sachverständigen zu schließen ist.

Nach der jüngeren Rsp des OGH[238] ist diesbezüglich Nachstehendes zu beachten:

> Wenn ein Sachverständiger bei einem sehr allgemeinen Anfangsverdacht von der Staatsanwaltschaft mit nicht weiter determinierten Erhebungen zu einer Straftat, insb ohne Nennung eines konkreten Beweisthemas, beauftragt wird und das vorhandene, nicht ohne weiteres aussagekräftige Beweismaterial aufarbeitet und auf ein strafrechtliches Verdachtssubstrat hin untersucht, dann mutiert er von einem unabhängig agierenden Experten, der bei bestehender konkreter Verdachtslage zu einem Problemfeld mit Fachwissen Stellung nehmen soll, zu einem verlängerten Arm der Ermittlungsbehörden und damit funktional zu einem Organ der Ermittlungsbehörde.

Dh in Fällen, in denen der Anfangsverdacht unbestimmt und der Auftrag unkonkret ist, ist die Befundaufnahme des Experten als Ermittlungstätigkeit zu werten, und führt dies dazu, dass der jeweilige Experte aufgrund einer Befangenheit nicht als Sachverständiger einschreiten kann. Diesfalls hat auch im Hauptverfahren die Bestellung eines neuen Experten als Sachverständigen zu erfolgen, um ein faires Verfahren zu sichern.

Ferner hegt nunmehr der OGH[239] gegen das System der Sachverständigenbestellung in Ermittlungs- und Hauptverfahren (insb gegen § 126 Abs 4 dritter S StPO) verfassungsrechtliche Bedenken und beantragte die Aufhebung wegen Verfassungswidrigkeit jener Bestimmungen der StPO, die im Spannungsverhältnis zu Art 6 EMRK – Waffengleichheit – stehen.

ee) Sachverständige und Sichtung von sichergestellten Gegenständen

Gem § 112 StPO hat infolge eines Widerspruchs nach § 112 StPO und erfolgter Versiegelung der sichergestellten Unterlagen und Daten eine Sichtung der Unterlagen und Daten durch das Gericht zu erfolgen. Die Bestimmung des § 112 StPO zielt darauf ab, geschützte Informationen zu „immunisieren", damit gesetzliche Verschwiegenheitspflichten nicht verletzt und Aussageverweigerungsrechte nicht umgangen werden.

Die in § 112 StPO getroffene Kompetenzteilung erfolgte deshalb, um Kriminalpolizei und Staatsanwaltschaft von der mit einer Sichtung zwangsläufig verbun-

---

237   OGH 23.1.2014, 12 Os 90/13x; zuletzt OGH 28.10.2014, 11 Os 86/14b.
238   RS0129286, OGH 23.1.2014, 12 Os 90/13x; zuletzt OGH 23.1.2014, 12 Os 25/14x.
239   RS0129610, zuletzt OGH 28.10.2014, 11 Os 86/14b.

denen Kenntnisnahme vom Inhalt allenfalls immunisierter Urkunden zu entlasten, um die auf diese Weise andernfalls zu befürchtende Beeinträchtigung der Objektivität im Ermittlungsverfahren zu vermeiden.

Es besteht kein ausdrückliches gesetzliches Verbot der Beziehung eines von der Staatsanwaltschaft beauftragten Sachverständigen durch das Gericht im Rahmen des Ermittlungsverfahrens. Dh, die Bestellung des von der Staatsanwaltschaft beauftragten Sachverständigen durch das Sichtungsgericht für die Durchführung des Verfahrens gem § 112 StPO widerspricht grds nicht dem Gesetz. Die Lösung dieser Frage hat daher nach den allgemeinen Befangenheitsregeln im Einzelfall zu erfolgen.[240]

Dem Gesetzeszweck des § 112 StPO wird daher nur dann entsprochen, wenn zur Sichtung der Daten oder Informationen nicht ein bereits für die Staatsanwaltschaft tätiger Sachverständiger, sondern andere gerichtlich zertifizierte Sachverständige beigezogen werden.

Würde nun ein vom Gericht zur Sichtung bestellter Sachverständiger sämtliche physischen Unterlagen und elektronischen Daten sichten, würde dieser zwangsläufig auch geschützte Informationen zu überprüfen haben. Hierdurch wäre der Sachverständige mit zusätzlichem Wissen „belastet", welches er in weiterer Folge im Zuge der gutachterlichen Tätigkeit für die Staatsanwaltschaft gar nicht haben dürfte und daher „ausblenden" müsste. In diesem Fall liegen ausreichende Gründe vor, um an der vollen Unvoreingenommenheit und Unparteilichkeit eines Sachverständigen zu zweifeln.

ff) Rechtsmittel

Wenn die Staatsanwaltschaft einen Sachverständigen bestellt, gegen den begründete Bedenken geäußert wurden, so besteht die Möglichkeit, binnen sechs Wochen einen Einspruch wegen Rechtsverletzung an das Gericht zu stellen. Bei gerichtlicher Sachverständigenbestellung kann gegen den Beschluss binnen 14 Tagen eine Beschwerde iSd § 87 StPO erhoben werden.

f) Haftungsbeteiligte und Betroffene

Gem § 64 StPO versteht man unter Haftungsbeteiligte Personen, die für Geldstrafen, Geldbußen oder für die Kosten des Verfahrens haften, oder die vom (erweiterten) Verfall oder von der Einziehung einer Sache bedroht sind, ohne zugleich auch Beschuldigter zu sein. Diese Personen haben in der Hauptverhandlung und im Rechtsmittelverfahren die Rechte des Angeklagten, insoweit über die vermögensrechtliche Anordnung entschieden wird. Aus dieser Norm geht hervor, dass Haftungsbeteiligte nur in der Hauptverhandlung und im Rechtsmittelverfahren

---

240   OLG 3.9.2012, 23 Bs 299/11g; 23 Bs 299/11f.

die Rechte des Angeklagten haben. Im Rahmen des Ermittlungsverfahrens sind diese als allfällige Betroffene auf § 106 StPO – Einspruch gegen eine Rechtsverletzung – verwiesen.[241]

Im Gegensatz zum Haftungsbeteiligten versteht man gem § 48 Abs 1 Z 4 StPO unter einem „Betroffenen" jede Person, die durch Anordnung oder Durchführung von Zwang in ihren Rechten unmittelbar beeinträchtigt wird.

g) Opfer und Privatbeteiligte

Weitere Definitionen von Verfahrensbeteiligten finden sich in § 65 StPO. Nach dessen Z 1 ist als „Opfer" jede Person zu verstehen, die durch eine vorsätzlich begangene Straftat Gewalt oder einer gefährlichen Drohung ausgesetzt wurde, oder dessen sexuelle Integrität beeinträchtigt wurde, oder ein Angehöriger einer Person, deren Tod durch eine Straftat herbeigeführt worden sein könnte, sowie jede andere Person, die durch eine Straftat einen Schaden erlitten hat, oder in strafrechtlich geschützten Rechtsgütern verletzt worden ist.

Die Rechte von Opfern sind gem § 66 StPO das Recht, sich vertreten zu lassen, das Recht auf Akteneinsicht, das Recht auf Information vom Gegenstand des Verfahrens, das Recht auf Verständigung, das Recht auf Übersetzungshilfe, das Teilnahmerecht, das Recht auf Anwesenheit während der Hauptverhandlung sowie das Antragsrecht auf Fortführung. Hierbei handelt es sich lediglich um eine demonstrative Aufzählung, sodass dem Opfer darüber hinaus noch weitere Rechte wie zB Recht auf Rechtsmittel, Recht auf Ausschluss der Öffentlichkeit etc zustehen.

Im Gegensatz zum Opferbegriff nach § 65 Z 1 StPO ist nach Z 2 als Privatbeteiligter jedes Opfer zu verstehen, das erklärt sich, am Verfahren zu beteiligen, um Ersatz für den erlittenen Schaden oder die erlittene Beeinträchtigung zu begehren. Nach der Rsp ist es als ausreichend anzusehen, wenn aus der Anschlusserklärung des Privatbeteiligten schlüssig das Bestehen eines zivilrechtlichen Anspruchs behauptet wird.[242]

Eine Erklärung, dass sich ein Opfer als Privatbeteiligter dem Verfahren anschließt, ist nach § 67 Abs 3 StPO bei der Kriminalpolizei oder Staatsanwaltschaft und nach Erhebung der Anklage bei Gericht einzubringen. Bis zum Schluss des Beweisverfahrens ist die Höhe des Ersatzanspruches zu konkretisieren, dh, auch der Höhe nach anzugeben. Ein Privatbeteiligtenanschluss ist entsprechend dem Gesetzeswortlaut dann nicht zuzulassen, wenn die Erklärung offensichtlich unberechtigt oder verspätet ist, oder wenn die Höhe des geforderten Ersatzes nicht rechtzeitig beziffert wird.

---

241 Vgl *Fuchs/Tipold* in *Fuchs/Ratz* (Hrsg), WK-StPO § 54 Rz 11 f.
242 Vgl OGH 8.11.1984, 13 Os 27/84; EvBl 1985/95.

Die Rechte der Privatbeteiligten erstrecken sich gem § 66 Abs 6 StPO auch auf das Recht, die Aufnahme von Beweisen zu beantragen, das Recht, die Anklage aufrechtzuerhalten, wenn die Staatsanwaltschaft von der Verfolgung zurücktritt, das Recht, Beschwerde zu erheben, sowie das Recht, Berufung wegen ihrer privatrechtlichen Ansprüche nach § 366 StPO zu erheben.

B. Der Gang des Ermittlungsverfahrens im verwaltungsbehördlichen Finanzstrafverfahren

1. Einleitung

Wie bereits im Rahmen des Allgemeinen Teiles beschrieben, ist für die verwaltungsbehördlichen Finanzvergehen ein eigenständiges Verfahrensrecht normiert (§§ 56–194 FinStrG). Durch die Generalnorm des § 53 Abs 6 FinStrG ist auch klargestellt, dass für jene Finanzvergehen, für deren Ahndung keine Gerichtszuständigkeit gegeben ist, die Finanzstrafbehörden zuständig sind. In diesem Abschnitt werden einerseits die Parteien mit den ihnen zustehenden Rechten und Pflichten erörtert, aber andererseits auch der konkrete Ablauf des Ermittlungsverfahrens.

2. Beschuldigter/Verdächtiger

Ein Verdächtiger ist eine Person, die eines Finanzvergehens verdächtig ist. Ein Beschuldigter ist gem § 75 FinStrG die im Verdacht eines Finanzvergehens stehende Person vom Zeitpunkt der Verständigung über die Einleitung eines Strafverfahrens (§ 83 Abs 2 FinStrG) oder der ersten Vernehmung als Beschuldigter (§ 83 Abs 3 FinStrG) bis zum rechtskräftigen Abschluss des Strafverfahrens. Dabei verliert die Legaldefinition des Beschuldigten allerdings seine Bedeutung, wenn weiters normiert wird, dass die für den Beschuldigten geltenden Bestimmungen auch für den Verdächtigen anzuwenden sind, wenn gegen ihn schon vor der Einleitung des Strafverfahrens eine Verfolgungshandlung iSd § 14 Abs 3 FinStrG[243] gerichtet wurde (§ 75 S 2 FinStrG). Da es im verwaltungsbehördlichen Finanzstrafverfahren an einem „Ankläger" mangelt, hat sich das FinStrG – vergleichbar mit § 32 Abs 1 VStG – auf den Begriff des „Beschuldigten" zurückgezogen. Dieser ist jedoch nicht mit der Person des Abgabepflichtigen gleichzusetzen, da auch ein Nichtabgabepflichtiger eine Finanzstraftat begehen kann.[244] Im verwaltungsbehördlichen Finanzstrafverfahren wird formell an den Verständigungszeitpunkt oder die erste Vernehmung angeknüpft. Nach § 57 Abs 3 FinStrG muss jeder Beschuldigte sobald wie möglich über das gegen ihn geführte Ermittlungsverfahren und den gegen ihn bestehenden Tatverdacht sowie über seine we-

---

243 Dh jede nach außen erkennbare Amtshandlung des Gerichtes, einer Finanzstrafbehörde oder eines im § 89 Abs 2 FinStrG genannten Organs, die sich gegen eine bestimmte Person als Tatverdächtigen, Beschuldigten oder Angeklagten richtet.

244 *Tannert*, FinStrG[8] § 75 Anm 2 und 3.4.

sentlichen Verfahrensrechte informiert werden. Dies darf nur so lange unterbleiben, als besondere Umstände befürchten lassen, dass ansonsten der Zweck der Ermittlungen gefährdet wird. Der Beschuldigte wird somit von geführten Ermittlungsverfahren erst nach der Durchführung einer geplanten Hausdurchsuchung informiert werden, um ihm die Gelegenheit zu nehmen, belastendes Beweismaterial rechtzeitig verschwinden zu lassen.[245]

Scheil[246] plädierte bereits zur Rechtslage vor dem StPRÄG zu Recht auf eine wortwörtliche Übernahme des Beschuldigtenbegriffes der StPO, damit sichergestellt wäre, dass jede Ermittlung – wie zB die eines Betriebsprüfers im Rahmen einer Außenprüfung – bzw jede Ausübung von Zwang durch ein Organ einer Abgabenbehörde wegen des konkreten Verdachts eines Finanzvergehens gegen eine individuell bestimmte Person ihr die Stellung eines Beschuldigten mit all ihren Rechten verschafft. Dies gilt ebenso für die derzeitige Rechtslage, da dem Abgabepflichtigen bis zur Verständigung über die Einleitung des Finanzstrafverfahrens oder bis zur ersten finanzstrafrechtlichen Vernehmung keinerlei Beschuldigtenrechte zustehen. Daher sollen die Beschuldigtenrechte selbst dann gelten, wenn die Abgabenbehörde nicht das Ziel der Aufklärung einer finanzstrafrechtlich relevanten, sondern eines damit zusammenhängenden, abgabenrechtlich relevanten Sachverhalts verfolgt, da es auf den Willen zur Aufklärung eines (finanz-)strafrechtlich relevanten Verdachts nicht ankomme.

Ab dem Zeitpunkt der Verständigung von der Einleitung des Strafverfahrens oder der ersten Vernehmung stehen dem Beschuldigten zahlreiche prozessuale Rechte zu: Dazu zählen insb das Recht auf Beiziehung eines Verteidigers nach § 77 Abs 1 FinStrG, auf Akteneinsicht (§ 79 FinStrG), auf Stellung von Beweisanträgen (§ 114 Abs 2 FinStrG), über welche er auch in Kenntnis zu setzen ist.[247]

3. Nebenbeteiligte

§ 76 FinStrG sieht zwei Gruppen von Nebenbeteiligten vor, denen im Verfahren Parteistellung zukommt: einerseits vom Beschuldigten verschiedene Personen, denen das Eigentumsrecht oder ein Pfand- oder Zurückbehaltungsrecht an der verfallsbedrohten Sache zusteht (Verfallsbeteiligte, lit a) und andererseits Personen, die nach § 28 FinStrG zur Haftung herangezogen werden können (Haftungsbeteiligte, lit b). Ihnen kommen überwiegend dieselben Rechte wie dem Beschuldigten zu.[248]

---

245 *Seiler/Seiler*, Finanzstrafgesetz[4] § 75 Rz 25.
246 *Scheil* in *Leitner* (Hrsg), Finanzstrafrecht 2007 145 (161 f).
247 Vgl dazu *Seiler/Seiler*, Finanzstrafgesetz[4] § 75 Rz 7.
248 Vgl *Fellner*, FinStrG II[6] §§ 75–79 Rz 7 ff.

4. Ablauf des Ermittlungsverfahrens

a) Anzeigepflichten

Primäre Voraussetzung für den Beginn eines Finanzstrafverfahrens ist, dass die Finanzstrafbehörde überhaupt Kenntnis von einem Finanzvergehen erlangt. Zu diesem Zweck regelt die Bestimmung des § 80 FinStrG, dass die Behörden und Ämter der Bundesfinanzverwaltung, wenn sie innerhalb ihres dienstlichen Wirkungsbereiches Kenntnis von Finanzvergehen erhalten, hiervon die zuständige Finanzstrafbehörde zu verständigen haben, soweit sie nicht selbst als Finanzstrafbehörde einzuschreiten haben.

Für die Auslösung dieser Verständigungspflicht genügt grds jeder Verdacht eines Finanzvergehens. Das Amts- bzw Steuergeheimnis ist insoweit aufgehoben.[249]

§ 25 FinStrG sieht eine Ausnahme von der Anzeigepflicht vor, wonach die Finanzstrafbehörde von der Einleitung oder der weiteren Durchführung des Finanzstrafverfahrens und der Verhängung einer Strafe abzusehen hat (Abs 1; die Behörden und Ämter der Bundesfinanzverwaltung können davon nach ihrem Ermessen absehen, Abs 2), wenn das Verschulden des Täters geringfügig ist und die Tat entweder keine oder nur unbedeutende Folgen nach sich gezogen hat. Dafür ist dem Täter jedoch mittels Bescheid eine Verwarnung zu erteilen, wenn dies notwendig ist, um ihn von weiteren Finanzvergehen abzuhalten.[250]

Wenn die Behörden und Ämter der Finanzverwaltung der Meinung sind, dass für das Finanzvergehen Gerichtszuständigkeit besteht, dann können sie auch unmittelbar bei der Staatsanwaltschaft Anzeige erstatten (vgl § 78 StPO).[251]

Daneben sind auch alle Dienststellen der Gebietskörperschaften mit behördlichem Aufgabenbereich, alle Gebietskrankenkassen und das Arbeitsmarktservice verpflichtet, die entweder von ihnen selbst wahrgenommenen oder sonst zu ihrer Kenntnis gelangten Finanzvergehen der nächsten Finanzstrafbehörde mitzuteilen (§ 81 FinStrG). Gemeint sind damit alle Ämter des Bundes, der Länder und Gemeinden, die Befehls- und Zwangsgewalt haben, wie etwa die Bundespolizeibehörden und Bezirkshauptmannschaften.[252] Auch die Sicherheitsbehörden haben die von ihnen selbst wahrgenommenen oder sonst zu ihrer Kenntnis gelangten Finanzvergehen der Finanzstrafbehörde mitzuteilen.[253] Gerichtet werden muss diese Anzeige an die örtlich nächstgelegene Finanzstrafbehörde, und zwar unabhängig von deren örtlicher oder sachlicher Zuständigkeit.[254]

---

249 Vgl *Fellner*, FinStrG II[6] §§ 102–108 Rz 21; *Tannert*, FinStrG[8] § 80 Anm 2.
250 *Seiler/Seiler*, Finanzstrafgesetz[4] § 80 Rz 3.
251 VwGH 26.5.1993, 90/13/0155, AnwBl 1993/4597 = ÖStZB 1994, 330; *Seiler/Seiler*, Finanzstrafgesetz[4] § 80 Rz 2; siehe zu diesem Themenkomplex noch zur alten Rechtslage iZm § 84 StPO aF (nunmehr § 78 StPO nF) ausführlich *Medigovic*, Unterlassung der Anzeige nach § 84 StPO, JBl 1992, 420.
252 Vgl *Fellner*, FinStrG II[6] §§ 80–84 Rz 2.
253 OGH 18.6.1998, 15 Os 97/98, ÖStZB 1996, 913.
254 *Tannert*, FinStrG[8] § 81 Anm 4.

Eine Besonderheit sieht idZ § 41 Abs 6 Bankwesengesetz (BWG, BGBl 1993/532 idF BGBl I 2010/104) vor, wonach – bei sonstiger Nichtigkeit – zum Nachteil des Beschuldigten oder Nebenbeteiligten

1.) Daten, die von der Behörde ermittelt wurden, in ausschließlich wegen Finanzvergehens (mit Ausnahme der in die Zuständigkeit der Gerichte fallenden Finanzvergehen des Schmuggels, der Hinterziehung von Eingangs- oder Ausgangsabgaben und der Finanzvergehens gem §§ 38a und 39 FinStrG) geführten Verfahren und

2.) Daten, die von der Behörde ermittelt wurden, in ausschließlich wegen Finanzvergehen nach Z 1 oder wegen einer anderen, mit nicht mehr als einjähriger Freiheitsstrafe bedrohten strafbaren Handlung geführten Verfahren, nicht verwendet werden dürfen.

Wenn sich lediglich ein Verdacht einer strafbaren Handlung ergibt, so hat die Behörde die Anzeige gem § 78 StPO oder § 81 FinStrG zu unterlassen.[255]

b) Vorerhebungen

Die Finanzstrafbehörde hat die ihr gem §§ 80 oder 81 FinStrG zukommenden Verständigungen und Mitteilungen darauf zu prüfen, ob genügend Verdachtsgründe für die Einleitung eines Finanzstrafverfahrens gegeben sind. Gleiches gilt, wenn sie in anderer Weise, insb aus eigener Wahrnehmung, vom Verdacht eines Finanzvergehens Kenntnis erlangt (§ 82 Abs 1 FinStrG).

Dabei ist zu erwähnen, dass der einzelne Anzeiger keinen Rechtsanspruch auf Verfolgung seiner Strafanzeige wegen eines Finanzvergehens und auf Einleitung eines Strafverfahrens gegen eine andere Person hat.[256]

Die der Finanzstrafbehörde zukommenden Verständigungen und Mitteilungen lösen allerdings die Pflicht zur Prüfung aus, festzustellen, ob ausreichende Verdachtsgründe für die Einleitung des Strafverfahrens vorliegen oder nicht.[257]

Diese Prüfung kann in der Einvernahme des Verdächtigen, in der Durchführung einer Nachschau (§ 99 Abs 2 FinStrG), oder etwa auch in der Vernehmung von Auskunftspersonen bestehen (§ 99 Abs 1 FinStrG).[258] Die Prüfung ist nach den für die Feststellung des maßgebenden Sachverhalts im Untersuchungsverfahren geltenden Bestimmungen vorzunehmen (§ 82 Abs 1 letzter S FinStrG).

Nach stRsp des VwGH[259] besteht ein begründeter Verdacht dann, wenn er auf konkreten und tatsächlichen Anhaltspunkten beruht. Ein Verdacht, der sich so-

---

255 Vgl mwA *Leitner/Toifl/Brandl*, Finanzstrafrecht[3] Rz 1656.
256 VwGH 5.10.1956, 2722/52.
257 VwGH 20.01.1980, 1879/77, AnwBl 1980, 449.
258 *Leitner/Toifl/Brandl*, Finanzstrafrecht[3] Rz 1760.
259 Vgl dazu etwa VwGH 26.4.2001, 2000/16/0595, ecolex 2001, 321.

wohl auf den objektiven als auch subjektiven Tatbestand erstrecken muss, ist mehr als eine bloße Vermutung. Für die Einleitung eines Finanzstrafverfahrens genügt es, dass der Behörde solche Tatsachen zur Kenntnis gelangen, aus denen nach der Lebenserfahrung heraus auf die Begehung eines Finanzvergehens geschlossen werden kann.[260] Auch die Aussagen geheim gehaltener Personen können, ebenso wie anonyme Mitteilungen, verwertet werden. Vage Vermutungen oder bloße Gerüchte reichen jedoch für die Einleitung eines Finanzstrafverfahrens nicht aus.[261]

Bspw können den Verdacht eines vorsätzlichen Finanzvergehens bereits bestimmte Auffälligkeiten des Verhaltens (zB eine enorme Anzahl sich wechselnder, kurzfristig wieder aufgelöster Bankkonten) rechtfertigen.[262]

Gegen einen Rechtsanwalt kann bspw ein Finanzstrafverfahren eingeleitet werden, wenn der Verdacht besteht, dass er Klientengelder verwendet und diese Beträge weder in die Umsatzsteuer- noch in die Einkommensteuererklärung aufgenommen habe.[263]

Zweck dieser Vorerhebungen ist es nach stRsp des VwGH[264] nicht, die Ergebnisse des Finanzstrafverfahrens vorwegzunehmen, da die Feststellung, ob der konkret Verdächtige das ihm zur Last gelegte Finanzvergehen begangen hat, dem weiteren Verfahren vorbehalten bleibt.[265]

Auch im Zuge dieser Vorerhebungen hat die Finanzstrafbehörde zu überprüfen, ob nicht das Gericht zuständig ist. Ist das Gericht zur Ahndung des Finanzvergehens zuständig, so hat die Finanzstrafbehörde gem § 82 Abs 2 FinStrG das Finanzstrafverfahren nach den Bestimmungen des FinStrG über das Verfahren wegen gerichtlich strafbarer Finanzvergehen nach den §§ 195 ff FinStrG weiterzuführen. Ihr obliegt nach § 196 Abs 1 FinStrG als Ermittlungsbehörde im gerichtlichen Finanzstrafverfahren die (weitere) Aufklärung und Verfolgung des Finanzvergehens. Wurde ein gerichtlich strafbares Finanzvergehen aufgedeckt, muss sie dies der Staatsanwaltschaft berichten (§ 196 Abs 3 FinStrG).

c) Einleitung oder Absehen von der Einleitung

Das verwaltungsbehördliche Finanzstrafverfahren ist – im Gegensatz zum gerichtlichen – als sog „Inquisitionsverfahren" konzipiert, dh, dass die Finanzstrafbehörde einerseits das Verfahren selbst in Gang setzt, andererseits führt sie es durch und entscheidet über dessen Ergebnisse. Ankläger ist in diesem Verfahren

---

260 Vgl VwGH 28.9.2004, 2004/14/0014, ÖStZB 2005, 223; *Leitner/Toifl/Brandl*, Finanzstrafrecht[3] Rz 1762.
261 MwN *Tannert*, FinStrG[8] § 82 Anm 7 zu Abs 1.
262 Vgl VwGH 31.3.2004, 2003/13/0152, ÖStZB 2004/659.
263 S dazu VwGH 21.2.1996, 95/14/0091, SWK 1996, R 119 = ÖStZB 1996, 557; *Seiler/Seiler*, Finanzstrafgesetz[4] § 82 Rz 15.
264 Vgl VwGH 27.2.2003, 2003/15/0010, SWK 2003, 1309.
265 *Leitner/Toifl/Brandl*, Finanzstrafrecht[3] Rz 1762.

auch keiner vorgesehen. Lediglich im Spruchsenatsverfahren ist eine Trennung zwischen untersuchendem und entscheidendem Organ vorgesehen, aber auch hier ist der entscheidende Senat formell nicht durch Anträge eines Anklägers beschränkt. Eine dem Staatsanwalt ähnliche Funktion übt der Amtsbeauftragte aus, welcher im Spruchsenatsverfahren gem § 124 Abs 2 FinStrG zu bestellen ist. Aber auch dieser ist kein Ankläger. Obzwar sich die Problematik des Inquisitionsverfahrens im Verfahren vor dem Einzelbeamten besonders durch die fehlende bzw gar unmögliche Unbefangenheit zeigt, liegt nach Ansicht des VfGH[266] keine Verfassungswidrigkeit vor, da der Beschuldigte nach § 58 Abs 2 lit b FinStrG die Möglichkeit hat, eine Entscheidung durch ein Tribunal zu beantragen.[267]

Wenn die primär durchzuführende Zuständigkeitsprüfung ergibt, dass die Durchführung des Strafverfahrens nicht in die Zuständigkeit des Gerichtes fällt, gegen den Verdächtigen genügend Verdachtsgründe vorliegen und keine Gründe für das Absehen von der Einleitung vorliegen, so hat die Finanzstrafbehörde das Strafverfahren (sog Untersuchungsverfahren) für weitere Ermittlungen einzuleiten (vgl § 82 Abs 3 FinStrG).[268]

Von der Einleitung eines Finanzstrafverfahrens hat sie nur aufgrund folgender Gründe abzusehen (und darüber einen Aktenvermerk mit Begründung aufzunehmen, § 82 Abs 3 FinStrG):

- wenn die Tat mangels ausreichender Anhaltspunkte voraussichtlich nicht erwiesen werden kann,
- wenn die Tat kein Finanzvergehen bildet,
- wenn der Verdächtige die ihm zur Last gelegte Tat nicht begangen hat oder Umstände vorliegen, welche die Tat rechtfertigen oder die Schuld des Täters ausschließen (zB entschuldbarer Irrtum oder entschuldbare Fehlleistung nach § 9 FinStrG), die Strafbarkeit ausschließen (zB mangelnde Strafwürdigkeit der Tat nach § 25 FinStrG) oder aufheben (zB Selbstanzeige gem § 29 FinStrG),
- wenn Umstände vorliegen, welche die Verfolgung des Täters hindern (zB Exterritorialität), oder
- wenn die Tat im Ausland begangen und der Täter dafür schon im Ausland gestraft worden ist und nicht anzunehmen ist, dass die Finanzstrafbehörde eine strengere Strafe verhängen werde.

Wenn der Sachverhalt hinreichend konkretisiert ist und genügend Verdachtsgründe bereits im Zeitpunkt der Anzeige vorliegen, kann unmittelbar ein Finanzstrafverfahren eingeleitet werden. Eine Pflicht zur (obligatorischen) Durchführung von Vorerhebungen besteht jedoch nicht.[269]

---

266 VfGH 17.10.1985, B 285/85, ÖStZB 1986, 397.
267 *Seiler/Seiler*, Finanzstrafgesetz[4] § 57 Rz 14.
268 Vgl *Fellner*, FinStrG II[6] §§ 80–84 Rz 6.
269 Vgl VwGH 20.1.1993, 92/13/0275, ÖStZB 1993, 367.

Gem § 83 Abs 1 FinStrG ist die Einleitung des Finanzstrafverfahrens aktenkundig zu machen. Zudem ist der Verdächtige von der Einleitung des Strafverfahrens unter Bekanntgabe der ihm zur Last gelegten Tat sowie der in Betracht kommenden Strafbestimmung unverzüglich zu verständigen. In den Fällen des § 85 FinStrG (Festnahme) und § 93 FinStrG (Personen- bzw Hausdurchsuchung) kann die Verständigung allerdings auch anlässlich der ersten Vernehmung durch die Finanzstrafbehörde erfolgen. Die Verständigung bedarf eines Bescheides, wenn das Strafverfahren wegen Verdachts eines vorsätzlichen Finanzvergehens, ausgenommen einer Finanzordnungswidrigkeit, eingeleitet wird (§ 83 Abs 2 FinStrG). Nach stRsp des VfGH[270] und des VwGH[271] kommt der Einleitung eines Strafverfahrens wegen vorsätzlicher Finanzvergehen, ausgenommen Finanzordnungswidrigkeiten, seit Normierung des Bankgeheimnisses gegenüber Behörden normative Bedeutung zu, sodass die Verständigung von der Einleitung eines solchen Strafverfahrens als Bescheid, der jedoch nicht durch ein Rechtsmittel bekämpft werden kann, zu qualifizieren ist (§ 83 Abs 2 FinStrG).

Aufgrund der Ausgestaltung des gerichtlichen Finanzstrafverfahrens ergeht bei gerichtlicher Zuständigkeit generell kein Einleitungsbescheid.

Hinsichtlich des Bescheidinhaltes und dessen Form sind die Bestimmungen der BAO anzuwenden (§ 56 Abs 2 FinStrG). Diesbezüglich regelt § 92 Abs 2 BAO, dass Bescheide grds der Schriftform bedürfen, wenn nicht die Abgabenvorschriften die mündliche Form vorschreiben oder gestatten. Doch gerade die mündliche Form der Erlassung eines Bescheides über die Einleitung des Finanzstrafverfahrens sieht das FinStrG nicht vor. Aus diesem Grund hat der Einleitungsbescheid schriftlich zu ergehen.

Der Einleitung eines Strafverfahrens ist die erste Vernehmung einer Person als Beschuldigter durch eine andere Dienststelle der Finanzverwaltung als durch die Finanzstrafbehörde gleichzuhalten (§ 83 Abs 3 FinStrG). Eine Vernehmung durch die Polizei kann diese Wirkungen allerdings nicht auslösen.[272]

d) Exkurs

aa) Vereinfachtes Verfahren

Im vereinfachten Verfahren nach den §§ 143 ff FinStrG kann – unter bestimmten Voraussetzungen – eine Strafverfügung ohne vorhergehendes Untersuchungsverfahren und somit auch ohne Einleitung eines Finanzstrafverfahrens ergehen. Dieses Verfahren stellt jedoch keine eigene Verfahrensart dar, sondern nur einen Sonderfall des verwaltungsbehördlichen Finanzstrafverfahrens.[273]

---

270   Vgl VfGH 9.6.1988, B 92/88, FJ 1989, 56.
271   Vgl VwGH 5.4.1989, 88/13/0021, wbl 1989, 214.
272   *Seiler/Seiler*, Finanzstrafgesetz[4] § 83 Rz 18.
273   *Fellner*, FinStrG II[6] § 143 Rz 1.

Die Finanzstrafbehörde kann ein Strafverfahren ohne mündliche Verhandlung und ohne Fällung eines Erkenntnisses durch Strafverfügung beenden, wenn der Sachverhalt nach ihrer Ansicht durch die Angaben des Beschuldigten (etwa in Form eines Geständnisses) oder durch das Untersuchungsergebnis, zu dem der Beschuldigte Stellung zu nehmen Gelegenheit hatte, ausreichend geklärt ist („vereinfachtes Verfahren"); ist der Sachverhalt schon durch das Ermittlungsergebnis des Abgabenverfahrens oder des Vorverfahrens (§ 82 Abs 1 FinStrG), zu welchem der Täter Stellung zu nehmen Gelegenheit hatte, ausreichend geklärt, so kann das Finanzvergehen auch ohne Durchführung eines Untersuchungsverfahrens durch Strafverfügung geahndet werden („vereinfachtes Verfahren"; § 143 Abs 1 FinStrG).

Eine Strafverfügung ist nach § 143 Abs 3 FinStrG jedoch ausgeschlossen, wenn

- die Durchführung der mündlichen Verhandlung und die Fällung des Erkenntnisses gem § 58 Abs 2 FinStrG einem Spruchsenat obliegt oder
- die Voraussetzungen für ein Verfahren gegen Personen unbekannten Aufenthaltes (vgl § 147 FinStrG) oder für ein selbständiges Verfahren (§ 148 FinStrG) gegeben sind.

Aber auch im Fall der gerichtlichen Zuständigkeit ist die Erlassung einer Strafverfügung nicht möglich.[274]

Der Beschuldigte und die Nebenbeteiligten können gegen die Strafverfügung binnen einem Monat nach der Zustellung bei der Finanzstrafbehörde, welche die Strafverfügung erlassen hat, Einspruch erheben; sie können zugleich die der Verteidigung und der Wahrung ihrer Rechte dienlichen Beweismittel vorbringen (§ 145 Abs 1 FinStrG). Durch die rechtzeitige Einbringung eines Einspruches tritt die Strafverfügung außer Kraft. Das Verfahren ist in weiterer Folge nach den Bestimmungen der §§ 115–142 FinStrG durchzuführen. In diesem Verfahren hat die Finanzstrafbehörde auf den Inhalt der außer Kraft getretenen Strafverfügung keine Rücksicht zu nehmen und kann auch eine andere Entscheidung fällen. Erheben nur Nebenbeteiligte rechtzeitig Einspruch, so ist in einem abgesonderten Verfahren (§ 149 FinStrG) über ihre Rechte zu entscheiden. Das bedeutet, dass – anders als für das gerichtliche Finanzstrafverfahren (vgl § 16 StPO) – für das Straferkenntnis kein Verschlechterungsverbot gilt und die Entscheidung für den Beschuldigten sogar nachteiliger sein kann.[275]

Auf die Erhebung eines Einspruches kann schriftlich oder zur Niederschrift verzichtet werden. Vor Erlassung der Strafverfügung kann ein Verzicht nur dann rechtswirksam abgegeben werden, wenn aus der Verzichtserklärung hervorgeht, dass dem Verzichtenden im Zeitpunkt ihrer Abgabe der Inhalt der zu erwarten-

---

274 *Tannert/Dorazil*, FinStrG[8] § 143 Anm 1 zu Abs 3.
275 *Seiler/Seiler*, Finanzstrafgesetz[4] § 145 Rz 7.

den Strafverfügung bekannt war. Wurde der Verzicht nicht von einem berufsmäßigen Parteienvertreter oder im Beisein eines solchen abgegeben, so kann er binnen drei Tagen schriftlich oder zur Niederschrift widerrufen werden (§ 145 Abs 3
FinStrG).

Die Finanzstrafbehörde hat den Einspruch durch Bescheid zurückzuweisen,
wenn er unzulässig ist oder nicht fristgerecht eingebracht wurde. Ist ein Einspruch nicht mehr zulässig, so hat die Strafverfügung die Wirkung eines rechtskräftigen Erkenntnisses (§ 145 Abs 4 und 5 FinStrG).

bb) Grafik

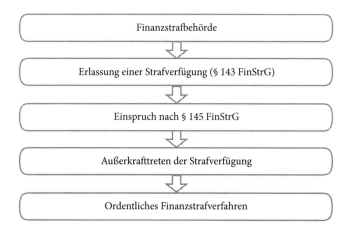

Abb 7: Instanzenzug im vereinfachten Verfahren – Einspruch

e) Untersuchungsverfahren

Das Untersuchungsverfahren (§§ 115–124 FinStrG) dient im Wesentlichen dazu,
Beweismaterial zu sammeln, welches zur Einstellung des Verfahrens oder zur
Durchführung der mündlichen Verhandlung notwendig ist. Dabei ist die Finanzstrafbehörde gem § 115 FinStrG verpflichtet, den für die Erledigung der Strafsache maßgebenden Sachverhalt von Amts wegen festzustellen und dem Beschuldigten und den Nebenbeteiligten Gelegenheit einzuräumen, ihre Rechte und
rechtlichen Interessen geltend zu machen. Anzustrebendes Ziel ist das Finden der
materiellen Wahrheit. Dieser Auftrag zur Erforschung der materiellen Wahrheit
verpflichtet die Finanzstrafbehörde, alles in ihrer Macht stehende zu unternehmen, um der (materiellen) Wahrheit zum Durchbruch zu verhelfen. Im Zuge des
Untersuchungsverfahrens werden Beweise und Zwangsmittel entweder durch die
Behörde selbst oder über ihr Ersuchen durch andere Dienststellen der Bundesfinanzverwaltung (§ 119 FinStrG) durchgeführt (zB durch die Stellung von Auskunftsersuchen – § 99 Abs 1 FinStrG, die Einvernahme von Zeugen – §§ 102 ff

FinStrG, die Vernehmung des Beschuldigten – §§ 116 ff FinStrG, die Durchführung von Hausdurchsuchungen – §§ 93 ff FinStrG).[276]

f) Beendigung des Untersuchungsverfahrens

aa) Einstellung

Wenn im Zuge des Untersuchungsverfahrens festgestellt wird, dass die dem Beschuldigten zur Last gelegte Tat nicht erwiesen werden kann oder dass einer der im § 82 Abs 3 lit b–e FinStrG genannten Gründe für das Absehen von der Einleitung vorliegt, so hat die Finanzstrafbehörde das Strafverfahren mit Bescheid einzustellen. Ausfertigungen des Bescheides sind dem Beschuldigten und den gem § 122 FinStrG dem Verfahren zugezogenen Nebenbeteiligten zuzustellen. Gegen diesen Bescheid ist ein Rechtsmittel unzulässig (§ 124 Abs 1 FinStrG).[277]

Wenn der Beschuldigte vor Eintritt der Rechtskraft des Erkenntnisses (der Strafverfügung) stirbt, so ist das Strafverfahren ebenfalls einzustellen. Stirbt der Bestrafte nach Rechtskraft des Erkenntnisses (der Strafverfügung), so geht die Verbindlichkeit zur Entrichtung von Geldstrafen, Wertersätzen und Kosten jedoch nicht auf die Erben über (§ 173 FinStrG).

bb) Strafverfügung oder Anberaumung einer mündlichen Verhandlung

Wenn der Einzelbeamte zur Ansicht gelangt, dass die Ergebnisse des Ermittlungsverfahrens zur Bestrafung ausreichen, so kann er das Untersuchungsverfahren – wenn die Voraussetzungen der §§ 143 ff FinStrG vorliegen – unmittelbar durch eine Strafverfügung oder durch die Anberaumung einer mündlichen Verhandlung beenden.[278]

cc) Zuleitung der schriftlichen Stellungnahme

Wenn die Durchführung der mündlichen Verhandlung und die Fällung des Erkenntnisses einem Spruchsenat (§ 58 Abs 2 FinStrG) obliegt, so hat der Vorstand der Finanzstrafbehörde einen Amtsbeauftragten zu bestellen. Als Amtsbeauftragter kann auch ein Organ der Finanzstrafbehörde tätig werden, das vom Vorstand der Finanzstrafbehörde ständig mit der Funktion eines Amtsbeauftragten betraut wurde. Der Amtsbeauftragte hat die Akten dem Spruchsenat mit seiner schriftlichen Stellungnahme zu den Ergebnissen des Untersuchungsverfahrens zuzuleiten. Die Stellungnahme hat insb die deutliche Beschreibung der dem Beschuldigten zur Last gelegten Tat, unter Angabe der anzuwendenden Strafvorschrift und des strafbestimmenden Wertbetrages, zu enthalten und die Beweismittel zu be-

---

276 *Leitner/Toifl/Brandl*, Finanzstrafrecht³ Rz 1784; *Seiler/Seiler*, Finanzstrafgesetz⁴ § 115 Rz 1; VwGH 23.9.1981, 81/13/10, ÖStZB 1982, 158.
277 *Fellner*, FinStrG II⁶ § 124 Rz 1a ff.
278 *Leitner/Toifl/Brandl*, Finanzstrafrecht³ Rz 1789.

zeichnen. Ausfertigungen der Stellungnahme sind dem Beschuldigten und den gem § 122 FinStrG dem Verfahren zugezogenen Nebenbeteiligten zuzustellen (§ 124 Abs 2 FinStrG). Aus verfahrensökonomischen Gründen soll neben der Bestellung des Amtsbeauftragten im Einzelfall auch die Einsetzung eines „ständigen", dh, in allen Senatsverfahren zur Verfügung stehenden, Amtsbeauftragten möglich sein.[279] Durch die Übermittlung der schriftlichen Stellungnahme an den Spruchsenat ist das Untersuchungsverfahren in weiterer Folge beendet und der Spruchsenat ist mit der weiteren Durchführung des Finanzstrafverfahrens betraut.[280]

Beispiel 6[281] – Ablauf eines verwaltungsbehördlichen Finanzstrafverfahrens

Nach Durchführung einer Betriebsprüfung und Umsatzsteuernachschau vermutet der Prüfer, dass der Abgabepflichtige Einkommen- und Umsatzsteuer in erheblichem Ausmaß verkürzt hat.

(Zusatzinformation: Die maßgebenden Wertgrenzen zur Gerichtszuständigkeit werden in diesem Fall nicht überschritten, jene für eine Spruchsenatszuständigkeit allerdings schon.)

Lösung

Zunächst wird der Prüfer die Strafsachenstelle verständigen und den Akt an diese weiterleiten. Diese überprüft in einem nächsten Schritt, ob genügend Verdachtsgründe für die Einleitung eines Finanzstrafverfahrens vorliegen.

Die darauf durchgeführten Vorerhebungen ergeben, dass der Abgabepflichtige tatsächlich Abgaben verkürzt hat.

Des Weiteren überprüft die Strafsachenstelle, ob das zu ahndende Finanzvergehen in die gerichtliche oder verwaltungsbehördliche Zuständigkeit fällt. Jedoch unabhängig von diesem Ergebnis hat die Finanzstrafbehörde das Ermittlungsverfahren durchzuführen. Wie jedoch aus der Sachverhaltsangabe zu entnehmen ist, werden die maßgeblichen Grenzen für die Gerichtszuständigkeit nicht überschritten.

Mittels Bescheid wird gegen den Verdächtigen in weiterer Folge ein Finanzstrafverfahren eingeleitet; gegen den Einleitungsbescheid ist keine Beschwerde zulässig.

Es kommt zur Vernehmung des Beschuldigten und weiterer Zeugen, eine Hausdurchsuchung wird durchgeführt und Unterlagen werden beschlagnahmt. Infolge Überschreitens der Grenze für die Spruchsenatszuständigkeit wird ein Amtsbeauftragter bestellt, welcher die Ergebnisse des Untersuchungsverfahrens in eine Stellungnahme zusammenfasst. Im Zuge der mündlichen Verhandlung fällt der Spruchsenat ein Straferkenntnis.

---

279   EBRV 25 BlgNR 23. GP, 13.
280   *Leitner/Toifl/Brandl*, Finanzstrafrecht³ Rz 1790.
281   Beispiel in abgeänderter Form in *Leitner/Toifl/Brandl*, Finanzstrafrecht³ Rz 1755.

IV. „Verschwiegenheitspflicht" der Parteienvertreter

A. Rechtsanwälte

1. Umfang der Verschwiegenheitspflicht

Gem § 9 Abs 2 RAO sind Rechtsanwälte im Verhältnis zu ihren Klienten zur Verschwiegenheit verpflichtet. Diese Verschwiegenheitspflicht ist für die Berufsausübung eines Rechtsanwaltes von zentraler Bedeutung. Nach der Rsp ist bei der Auslegung der Verschwiegenheitspflichten von der grundsätzlichen *„Unverletzlichkeit des besonderen Vertrauensverhältnisses zwischen Berater und Beratenem auszugehen".*[282]

Das Besondere an der Verschwiegenheitspflicht liegt darin, dass diese sowohl zugleich eine Pflicht als auch ein Recht enthält. Der Rechtsanwalt hat sodann die Möglichkeit, sich im gerichtlichen und sonstigen behördlichen Verfahren nach Maßgabe der verfahrensrechtlichen Vorschriften auf sein Recht auf Verschwiegenheit zu berufen.[283] Grundsätzlich besteht daher die Verschwiegenheitspflicht des Rechtsanwaltes auch gegenüber Personen, welche selbst einer Verschwiegenheitspflicht (wie zB Beamte) unterliegen.[284] Dies steht allerdings einer Substitution oder einer Übergabe der Kanzlei nicht entgegen, da die Interessen des Klienten dadurch nicht beeinträchtigt werden. Begründet wird dies in der Rsp damit, dass der „erwerbende Rechtsanwalt" ebenfalls zur Verschwiegenheit verpflichtet ist und der Klient die Möglichkeit hat, das Vollmachtsverhältnis zu kündigen.[285]

Unter die rechtsanwaltliche Verschwiegenheitspflicht fallen nach dem Gesetzeswortlaut *„anvertraute und ihm sonst in seiner beruflichen Tätigkeit bekannt gewordene Tatsachen",* deren Geheimhaltung im Interesse der Partei gelegen ist.[286] In Bezug auf den weitreichenden Umfang der von der Verschwiegenheitspflicht umfassten Informationen hat der OGH in der Entscheidung 10 Ob 91/00f ausgesprochen:

---

282 Vgl OGH 5 Ob 520/91, AnwBl 1993/4431.
283 OGH 19.9.2000, 10 Ob 91/00f.
284 Vgl *Knirsch,* § 43 RL-BA und anwaltliche Verschwiegenheitspflicht, AnwBl 1988, 607.
285 Vgl OGH 19.9.2000, 10 Ob 91/00f.
286 § 9 Abs 2 RAO.

> Darunter werden alle Informationen verstanden, die der Rechtsanwalt auf Grund des Mandatsverhältnis erlangt hat; dazu gehört selbst die Tatsache, dass der Mandant überhaupt beim Anwalt vorgesprochen hat.[287]

Unter die „anvertrauten Tatsachen" fallen allerdings nicht nur Tatsachen, welche der Rechtsanwalt aufgrund eines Mandatsverhältnisses erlangt hat, sondern auch solche, welche gegenüber einem Rechtsanwalt in der Absicht, sich von diesem vertreten zu lassen, preisgegeben wurden. Dies bedeutet, dass selbst, wenn der Rechtsanwalt die Ausübung des Mandats ablehnt bzw der Klient das Mandat nicht erteilt, die durch die „Erstgespräche" in Erfahrung gebrachten Tatsachen von der Verschwiegenheitspflicht umfasst sind.[288] Die Begründung eines Mandatsverhältnisses ist demzufolge keine Voraussetzung für das Entstehen der Verschwiegenheitspflicht.

Bei „*sonst bekannt gewordene Tatsachen*" handelt es sich um Tatsachen, welche dem Rechtsanwalt nicht direkt von dem Klienten mitgeteilt worden sind, sondern um sämtliche Tatsachen, welche der Rechtsanwalt in der Ausübung seines Berufes in Erfahrung bringt.[289] Die Verschwiegenheitspflicht des Rechtsanwaltes umfasst – sofern keine Entbindung erfolgt ist – auch Tatsachen iSd § 9 Abs 2 RAO, deren Veröffentlichung keine Nachteile für den Klienten mit sich bringt.[290] Dies bedeutet, dass eine Verletzung der Verschwiegenheitspflicht nicht mit dem Argument, es entstehe durch die Offenbarung kein Schaden, gerechtfertigt werden kann, wenn der Klient ein Interesse an der Geheimhaltung hat:

> Die solcherart normierte Verschwiegenheitspflicht des Rechtsanwalts ist eine der unabdingbaren Voraussetzungen für die Ausübung des Rechtsanwaltsberufes. Der Klient muß absolut darauf vertrauen können, dass Tatsachen, die seinem Anwalt im Zuge der Vertretung bekannt geworden sind, nie und unter keinen Umständen gegen ihn verwendet werden können.[291]

Insb soll der Klient keine Befürchtungen haben, dass die von ihm anvertrauten Tatsachen in die Hände der Behörden gelangen, unabhängig davon, ob dies durch Aussagen als Zeuge oder durch Beschlagnahmen erfolgen könnte.[292] Die Verschwiegenheitspflicht bezieht sich daher auch auf alle rechtswidrigen Handlungen des Klienten.[293] Die anwaltliche Verschwiegenheitspflicht geht sogar so weit, dass selbst Tatsachen, die bereits allgemein bekannt sind, nicht durch Anga-

---

287 OGH 19.9.2000, 10 Ob 91/00f.
288 Vgl dazu sinngemäß 25.10.2004, 4 Bkd 3/04.
289 Vgl dazu auch *Harbich*, Einige Fragen der anwaltlichen Verschwiegenheit, AnwBl 1983, 671.
290 Oberste Berufungs- und Disziplinarkommission für Rechtsanwälte und Rechtsanwaltsanwärter (OBDK) 8.11.2010, 9 Bkd 2/10.
291 OBDK vom 14.10.1991, Zl Bkd 92/89–13
292 Vgl VfSlg 10291/1984.
293 OGH 2.9.2002, 4 Bkd 1/02, 6 Bkd 4/02, 4 Bkd 3/04; 5 Ob 67/10d.

ben des Rechtsanwaltes dadurch bekräftigt werden dürfen, dass er sie als solche bezeichnet, die ihm aus seiner Vertretungstätigkeit bekannt geworden sind.[294]

Eine zeitliche Beschränkung der Verschwiegenheitspflicht ist nicht vorgesehen. Dies hat zur Folge, dass diese selbst dann fortbesteht, wenn ein Mandatsverhältnis bereits aufgelöst wurde.[295]

2. Durchbrechung der Verschwiegenheitspflicht

Unter gewissen Umständen wird eine Durchbrechung der Verschwiegenheitspflicht als zulässig angesehen. Jede Durchbrechung der Verschwiegenheitspflicht ist eingeschränkt auszulegen und sorgfältig zu überprüfen.[296]

In der Entscheidung 5 Ob 67/10d vom 27.5.2010 hat der OGH ausgesprochen:

> Ist ein Rechtsanwalt nicht in Ausübung seines Berufs als Rechtsanwalt und Parteienvertreter tätig, sondern handelt er in ‚eigener Sache' so ist ein in diesem Zusammenhang gesetztes Verhalten grundsätzlich nicht unter dem Aspekt der Verletzung von Berufspflichten zu sehen.

Wenn der zur Verschwiegenheit verpflichtete Rechtsanwalt daher selbst einer strafbaren Handlung beschuldigt wird oder dies zur Abwehr behaupteter schadenersatzmäßiger Regressansprüche erforderlich ist, ist dieser zwar nicht an das Berufsgeheimnis gebunden, er hat sich aber hierbei bei der Preisgabe von Informationen auf das unumgänglich Notwendige zu beschränken.[297] Auch bei der Geltendmachung von Honorarforderungen handelt der Rechtsanwalt in eigener Sache. Begründet wird die Zulässigkeit der Durchbrechung mit dem Vorliegen eines rechtfertigenden Notstands und dem Grundsatz der Wahrnehmung berechtigter eigener Interessen.[298]

Die Verschwiegenheitspflicht ist zB in jenen Fällen durchbrochen, in denen der Rechtsanwalt anvertraute Informationen vorbringen muss, um seine Honorarforderung gegenüber den Klienten durchzusetzen.[299] Aber auch hier gilt die Verschwiegenheitspflicht uneingeschränkt, sofern andernfalls der Klient der Gefahr einer strafrechtlichen Verfolgung ausgesetzt wäre.[300]

Durch die Umsetzung der Geldwäsche-Richtlinie wurden Einschränkungen der Verschwiegenheitspflicht vom Gesetzgeber in Kauf genommen. Gem § 8c RAO hat der Rechtsanwalt bei Vorliegen des Verdachts von Geldwäsche oder Geschäf-

---

294 Vgl Bkd 42/69.
295 AnwBl 1991/313.
296 OGH 24.1.2000, 11 Bd 4/99.
297 OGH 2.9.2011, 4 Bkd 1/02.
298 Vgl OGH 27.5.2010, 5 Ob 67/10d; JusGuide 2010/31/7794.
299 Vgl *Arnold*, ÖJZ 1982, 4.
300 Vgl OBDK 14.10.1991, Bkd 92/89.

ten, welche zur Geldwäsche geeignet sind, unverzüglich das BKA in Kenntnis zu setzen. Entsprechend dem Gesetzeswortlaut des § 8c Abs 1 zweiter S RAO ist der Rechtsanwalt allerdings nicht zur Verdachtsmeldung hinsichtlich solcher Tatsachen verpflichtet, die er von einer oder über eine Partei im Rahmen der Rechtsberatung oder iZm ihrer Vertretung vor einem(r) Gericht/Behörde/Staatsanwaltschaft erfahren hat. Sofern allerdings der Rechtsanwalt erkennbar nur als Rechtsberatung zum Zwecke der Geldwäscherei oder Terrorismusfinanzierung in Anspruch genommen wird, ist der Rechtsanwalt zur Verdachtsmeldung verpflichtet.

3. Umgehungsverbot des § 9 Abs 3 RAO

Damit die Einhaltung der Verschwiegenheitspflicht umfassend geschützt wird, statuierte der Gesetzgeber in § 9 Abs 3 RAO ein Umgehungsverbot. Demnach darf die Verschwiegenheitspflicht des Rechtsanwaltes nicht dadurch umgangen werden, indem Hilfskräfte[301] des Rechtsanwaltes vernommen werden oder durch sonstige gerichtliche oder behördliche Maßnahmen dem Rechtsanwalt die Herausgabe von Schriftstücken, Bild-, Ton- oder Datenträgern aufgetragen wird.

4. Entbindung von der Verschwiegenheitspflicht

Der Rechtsanwalt ist dann nicht mehr zur Verschwiegenheit verpflichtet, wenn dieser von seinem Klienten von der Verschwiegenheit entbunden wird.[302] Dafür ist erforderlich, dass eine gültige Entbindungserklärung des Klienten vorliegt, wobei dem Klienten die Auswirkungen seiner Willenserklärung bewusst sein müssen.[303] Insbesondere hat der Rechtsanwalt durch denjenigen von seiner Verschwiegenheitspflicht entbunden zu werden, in dessen Interesse die gesetzlich normierte Verschwiegenheitspflicht besteht.[304]

Eine Entbindung von der Verschwiegenheitspflicht ist nur in Einzelfällen und nur nach Zustimmung durch den Klienten möglich.[305] Eine konkludente Zustimmung des Klienten zur Verwertung der anvertrauten oder sonst bekannt gewordenen Tatsachen ist jedenfalls dann nicht möglich, wenn diese Verwertung ohne Kenntnis des Klienten erfolgte.[306] Es ist allerdings darauf hinzuweisen, dass keine bestimmte Form der Entbindungserklärung im Gesetz normiert ist, sodass diese

---

301   In diesem Zusammenhang ist darauf hinzuweisen, dass sich die Verschwiegenheitspflicht seit jeher auch auf die Angestellten und Hilfskräfte des Rechtsanwalts beziehen vgl dazu AnwBl 1994, 795.

302   Die Entbindung von der Verschwiegenheitspflicht wird einhellig anerkannt, obwohl diese nicht ausdrücklich gesetzlich verankert ist.

303   *Harbich*, Einige Fragen der anwaltlichen Verschwiegenheit, AnwBl 1983, 671.

304   *Zens*, Staatlich anerkannte Pflicht zur Verschwiegenheit bestimmter Berufsgruppen, JRP 2005, 230.

305   OGH 16.12.1996, 3 Bkd 4/96; AnwBl 80/116, AnwBl 91/313.

306   Vgl dazu OBDK 8.11.2010, 9 Bkd 2/10.

grundsätzlich auch mündlich erfolgen kann, sofern dadurch der Wille des Klienten unzweifelhaft zum Ausdruck kommt.[307]

Der Ansicht, eine allfällige Entbindung von der Verschwiegenheitspflicht durch den Klienten sei in jedem Fall umfassend und uneingeschränkt, kann nicht beigepflichtet werden. Eine Beschränkung des Umfanges der Entbindung muss nicht in einer gewissen Form zum Ausdruck gebracht werden, sondern der Umfang der Entbindung von der rechtsanwaltlichen Verschwiegenheitspflicht ergibt sich aus dem jeweils gegebenen Kontext.[308]

Selbst wenn der Rechtsanwalt von seiner Verschwiegenheit entbunden wird, so hat dieser dennoch gewissenhaft zu prüfen, ob die Preisgabe von Informationen zum Nachteil seines Klienten gereichen könnte.[309] Bejahendenfalls ist diese Information nicht preiszugeben. Diese Prüfungspflicht des Rechtsanwaltes wird damit begründet, dass dem Klienten zumeist der Umfang und die Konsequenzen der Entbindung von der Verschwiegenheitspflicht nicht bekannt sein werden. Nach hM[310] beseitigt eine Erklärung des Mandanten, den Parteienvertreter von der beruflichen Verschwiegenheitspflicht zu entbinden, das Entschlagungsrecht des Parteienvertreters im Strafverfahren nicht. Der OGH führt in seiner Entscheidung vom 6.11.1996, 13 Os 110/96, aus, es seien auch im Falle einer Entbindung von der Verschwiegenheitspflicht Umstände denkbar, unter denen der Vertreter Nachteile für den von ihm Vertretenen befürchte, die dieser nicht voraussehen könne. Aus diesem Grund sei der Parteienvertreter daher berechtigt, die von ihm begehrte Handlung (Aussage/Herausgabe von Unterlagen) trotz Entbindung von seinem Berufsgeheimnis durch den Vertretenen zu verweigern.

5. Folgen der Verletzung der Verschwiegenheitspflicht

Eine Verletzung der Verschwiegenheitspflicht kann ein Disziplinarvergehen wegen Verletzung der Berufspflichten[311] sowie die Beeinträchtigung von Ehre und Ansehen des Standes darstellen.[312] Das Disziplinarvergehen der Verletzung der Berufspflichten durch Nichtbeachtung der Verschwiegenheitspflicht kann auch fahrlässig begangen werden.[313] IZm ist insb das Grundrecht auf freie Verteidigung und das Entschlagungsrecht des Verteidigers von Bedeutung, welche nicht durch Umwege zunichte gemacht werden dürfen.[314]

---

307 *Zens*, Staatlich anerkannte Pflicht zur Verschwiegenheit bestimmter Berufsgruppen, JRP 2005, 230.
308 OBDK 3.6.1991, Bkd 71/90, AnwBl 1992/4107.
309 VfGH 6.10.1993, B 568/93; OBDK 14.10.1991, Bkd 92/89, Bkd 34/81.
310 Vgl *Kirchbacher* in *Fuchs/Ratz* (Hrsg), WK-StPO § 157 Rz 18 mwN.
311 VfSlg 6694, Bkd 84/90, 9 ObA 2165/96i, wonach die Verletzung der Verschwiegenheitspflicht jedenfalls eine Verletzung der Berufspflichten darstellt.
312 VfGH 6.10.1993, B 586/93.
313 OGH 2.9.2002, 4 Bkd 1/02; 30.6.2008, 12 Bkd 2/08.
314 Vgl VfGH VfSlg. 10.291.

Hierbei ist noch darauf hinzuweisen, dass gem § 3 DSt ein Disziplinarvergehen vom Disziplinarrat nicht zu verfolgen ist, wenn das Verschulden des Rechtsanwalts geringfügig ist und sein Verhalten keine oder nur unbedeutende Folgen nach sich gezogen hat. Sofern diese Voraussetzungen vorliegen, kann auch eine Verletzung der Verschwiegenheitspflicht sanktionslos sein.

B. Wirtschaftstreuhänder

1. Umfang der Verschwiegenheitspflicht

Gem § 91 Abs 1 WTBG ist der Wirtschaftstreuhänder zur Verschwiegenheit bezüglich anvertrauter Tatsachen verpflichtet.[315] Die Verschwiegenheitspflicht von Wirtschaftstreuhändern ist weit auszulegen und umfasst jedenfalls Tatsachen und Umstände des Mandanten, die nach deren erkennbaren Willen nicht bekannt gemacht werden sollen, da ein schutzwürdiges Interesse an deren Geheimhaltung besteht.[316] Für die Verschwiegenheitspflicht ist es ohne Bedeutung, ob die Kenntnis dieser Umstände und Tatsachen auch anderen Personen zugänglich ist oder nicht.

Nach der stRsp bezieht sich die Verschwiegenheit „[...] auf die Information und im weiteren Sinn auf alles, was den Charakter einer Information trägt."[317] Von der Verschwiegenheitspflicht des Wirtschaftstreuhänders ist jedoch nur die „Information" des Vollmachtnehmers, nicht jedoch das, was der Wirtschaftstreuhänder für diesen bloß verwahrt, umfasst.[318]

Nach der Rsp des OGH[319] sind auch Angelegenheiten, welche dem Wirtschaftstreuhänder als Substitut oder Gehilfe bekannt werden, ebenfalls als anvertraute Tatsachen iSd § 91 Abs 1 WTBG zu verstehen.

Gem § 91 Abs 2 leg cit erstreckt sich die Verschwiegenheitspflicht der Berufsberechtigten auch auf persönliche Umstände und Betriebs- oder Geschäftsgeheimnisse, die ihnen bei Durchführung erteilter Aufträge oder im Zuge eines behördlichen, nicht öffentlichen Verfahrens in Ausübung ihres Berufes als solche bekannt geworden sind.

Inwieweit ein Berufsberechtigter in Ansehung dessen, was ihm in Ausübung seines Berufes bekannt geworden ist, von der Verbindlichkeit zur Ablegung eines

---

315 Bereits vor Inkrafttreten des § 91 WTBG war die Verschwiegenheitspflicht in § 27 WTBO geregelt, gem § 27 WTBO (Wirtschaftstreuhänder-Berufsordnung) war der Wirtschaftstreuhänder lediglich zur Verschwiegenheit bezüglich anvertrauter Tatsachen verpflichtet, vgl RS 0082663. Die zu § 27 WTBO entwickelten Grundsätze können grundsätzlich sinngemäß auf § 91 WTBG angewendet werden.
316 Vgl OGH zu § 27 WTBO: 27.1.1993, 9 ObA 5/93.
317 Vgl zuletzt OGH 18.12.2007, 11 Os 146/07s.
318 *Fabrizy*, StPO[11] § 111 Rz 3 mwN; vgl auch EBRV 25 BlgNR 22. GP, 156.
319 OGH 2 Ob 231,02p, SZ 2002/129; OGH 14.7.2004, 13 Os 178/03.

Zeugnisses, zur Einsichtgewährung in Geschäftspapiere oder zur Erteilung von Auskünften in Verwaltungs-, Abgaben-, Zivil- und Strafverfahren befreit ist, bestimmen die Verwaltungs- und Abgabenverfahrensgesetze sowie die Zivil- und Strafprozessordnung, jedoch mit der Maßgabe, dass im Abgabenverfahren vor den Finanzbehörden einem Berufsberechtigten dieselben Rechte wie einem Rechtsanwalt zustehen.[320]

Auch die Verschwiegenheitspflicht von Wirtschaftstreuhändern ist zeitlich nicht beschränkt und endet daher insb nicht mit der Beendigung des Vertretungsverhältnisses.[321]

2. Entbindung und gesetzliche Ausnahmen von der Verschwiegenheitspflicht

Nach § 91 Abs 4 WTBG kann der Wirtschaftstreuhänder auch von seiner Verschwiegenheitspflicht entbunden werden. Dies hat allerdings entsprechend dem Gesetzeswortlaut ausdrücklich zu erfolgen.[322]

In § 91 Abs 4 WTBG sind auch Ausnahmen, wie bei Vorliegen einer gesetzlich normierten Auskunftspflicht, von der Verschwiegenheitspflicht des Wirtschaftstreuhänders vorgesehen. Kommt daher der Wirtschaftstreuhänder einer gesetzlich normierten Auskunftspflicht, wie zB nach §§ 69 f BWG, nach, so stellt dies keinen Verstoß gegen die gesetzliche Verschwiegenheitspflicht iSd § 91 Abs 1 WTBG dar.[323]

Zur Vorgängerbestimmung des § 27 WTBO sprach der OGH[324] bezüglich Klientengemeinschaften aus, dass die Berater an die Verschwiegenheitspflicht dann nicht gebunden sind, wenn von der Aussage Gemeinschaftsinteressen betroffen sind. In solchen Fällen reicht nach der Rsp die Entbindung durch einen von mehreren Klienten aus.

Hinsichtlich der Durchbrechung der Verschwiegenheitspflicht gilt dasselbe wie für Rechtsanwälte (Punkt IV.A.2.).

C. Notare

1. Umfang der Verschwiegenheitspflicht

Die Verschwiegenheitspflicht der Notare verfolgt den gleichen Grundgedanken wie die Verschwiegenheitspflicht der anderen rechtsberatenden Berufe. Diese

---

320 Siehe § 91 Abs 3 WTBG.
321 *Mandl/Kleiner*, Der Berufsgrundsatz der Verschwiegenheit in *Bertl/Mandl/Mandl*, Handbuch für Wirtschaftstreuhänder: Die Praxis des Steuerberaters, Buchprüfers und Wirtschaftsprüfers (1989) 38.
322 Vgl OGH 2 Ob 231/02p, RZ 2003/11.
323 Vgl OGH 28.4.2005, 8 Ob 36/05k.
324 OGH 11.6.1991, 5 Ob 520/91, AnwBl 1991/3878.

sind daher auch ähnlich ausgestaltet. In Bezug auf die Verschwiegenheitspflicht der Notare hat der VwGH geäußert:

> Die Geheimhaltungspflicht [...] ist zum Schutze und im Interesse jener Parteien festgelegt worden, die den Notar im Vertrauen auf eben diese Geheimhaltungspflicht in ihre Privatangelegenheiten einschalten und ihm Einblick in die Privatsphäre gewähren.[325]

Dieses Erkenntnis des VwGH ist auch für alle anderen gesetzlich verankerten Verschwiegenheitspflichten beachtlich.

Die Verschwiegenheitspflicht von Notaren ist in § 37 NO geregelt. Danach ist der Notar zur Verschwiegenheit über die vor ihm „stattgehabten Verhandlungen" verpflichtet. Sie umfasst daher sämtliche Bereiche der notariellen Tätigkeit. Der Umfang der Verschwiegenheitspflicht des Notars ist keiner engherzigen Auslegung zu unterziehen.[326]

Von der Verschwiegenheitspflicht jedenfalls umfasst sind sämtliche Tatsachen, welche dem Notar aufgrund seiner beruflichen Tätigkeit bekannt werden.[327] Entsprechend der Entscheidung des LGZ Graz zu 5 R 204/92 ist die Verschwiegenheitspflicht des Notars nicht von dem Vorliegen eines Geheimnisses abhängig, sondern besteht die Verschwiegenheitspflicht auch für jene Tatsachen, die bereits bekannt geworden sind. Ebenfalls wird diese Verpflichtung des Notars nicht auf das Tatbestandsmerkmal „anvertrauen" geknüpft. Es ist daher davon auszugehen, dass die Verschwiegenheitspflicht des Notars weiter geht als jene des Rechtsanwaltes.

Die in § 37 NO normierte Verschwiegenheitspflicht kann sich auch auf bei den Vertragsverhandlungen bzw -unterzeichnungen nicht anwesende Dritte erstrecken, sofern eine gewisse Nähe zwischen dem Dritten und dem Rechtsgeschäft gegeben und dem Notar das Interesse des Dritten an der Geheimhaltung erkennbar ist.[328]

Bei Notaren stellt sich insb die Frage, inwiefern eine Verschwiegenheit auch gegenüber am Rechtsgeschäft beteiligten Personen entsteht. Eine Bejahung der Verschwiegenheit könnte mit der Pflicht der Unparteilichkeit des Notars in Konflikt geraten.[329] Der Notar kann sich daher gegenüber den Beteiligten nicht auf seine Verschwiegenheit berufen.[330] Ähnlich wie bei Rechtsanwälten gibt es auch bezüglich der Verschwiegenheitspflicht der Notare gewisse Durchbrechungen, insb

---

325 VwGH 21.5.1964, Zl 184/64.
326 LGZ Graz 8.9.1992, 5 R 204/92, NZ 1993, 269.
327 *Wagner/Knechtel*, Notariatsordnung⁶ § 37 Rz 1 ff.
328 *Fenyves/Spitzer*, Zur Verschwiegenheitspflicht des Notars im Fall der Nebenintervention, NZ 2010/66.
329 *Wagner/Knechtel*, Notariatsordnung⁶ § 37 Rz 1 ff.
330 *Fenyves/Spitzer*, Zur Verschwiegenheitspflicht des Notars im Fall der Nebenintervention, NZ 2010/66.

dann, wenn die Verletzung der Verschwiegenheitpflicht zur Wahrung der eigenen Interessen erforderlich ist.[331]

2. Der Gesetzesvorbehalt des § 37 NO

In § 37 NO ist ein Gesetzesvorbehalt enthalten, welcher festlegt, dass die Verschwiegenheit nur insofern gilt, als der Notar nicht zur Mitteilung der Inhalte seiner Akte verpflichtet ist. Diese Ausnahme ist insb für Ausfertigungen von Verträgen und Abschriften von Notariatsakten relevant.[332]

3. Entbindung von der Verschwiegenheitspflicht

Bezüglich der Entbindung von der Verschwiegenheitspflicht kann zum Großteil auf die Ausführungen unter Punkt IV.A.4. betreffend Rechtsanwälte verwiesen werden. Sofern eine Entbindung des Notars von seiner Verschwiegenheitspflicht gewünscht ist, ist erforderlich, dass sämtliche Beteiligte den Notar von seiner Verschwiegenheit entbinden.

D. Entschlagungsrecht/Aussageverweigerungsrecht

1. Verweis auf verfahrensrechtliche Vorschriften

Aus den gesetzlich normierten Verschwiegenheitpflichten resultieren Entschlagungs- und Aussageverweigerungsrechte der berufsmäßigen Parteienvertreter. Der Umfang dieser Rechte wird in den jeweiligen Gesetzen, in denen die Verschwiegenheit normiert wird, geregelt.

Demnach haben Rechtsanwälte gem § 9 Abs 2 RAO im gerichtlichen und sonstigen behördlichen Verfahren nach Maßgabe der verfahrensrechtlichen Vorschriften ein Recht auf Verschwiegenheit. Dies bedeutet, dass das Bestehen und der Umfang des Aussageverweigerungs- und/oder Entschlagungsrechts entsprechend der jeweiligen Verfahrensgesetze wie zB ZPO oder StPO zu ermitteln ist. Gleiches gilt gem § 31 Abs 3 NO für Notare.

2. Aussageverweigerung nach § 157 Abs 1 Z 2 StPO

a) Allgemeines

Nach hM und Rsp ist Sinn und Zweck des Aussageverweigerungsrechtes der beruflichen Parteienvertreter im Strafverfahren nicht primär der Schutz ihrer Verschwiegenheitpflicht. Der Beschuldigte soll seinen Parteienvertreter konsultieren können, ohne befürchten zu müssen, gerade durch die Beiziehung seines Ver-

---

331 *Wagner/Knechtel*, Notariatsordnung[6] § 37 Rz 11.
332 *Fenyves/Spitzer*, Zur Verschwiegenheitpflicht des Notars im Fall der Nebenintervention, NZ 2010/66.

treters Beweismittel gegen sich selbst zu schaffen.[333] Nach der ausführlich begründeten Entscheidung des OGH vom 31.1.1992, 16 Os 15, 16/91[334], liege der Zweck des Entschlagungsrechts des Parteienvertreters insb darin, dass dessen Klient nicht dazu verhalten werden solle, gerade durch die Befassung seines Vertreters neue Beweismittel gegen sich selbst zu schaffen und sich dadurch selbst zu belasten.[335]

b) Regelung für Parteienvertreter

Gem § 157 Abs 1 Z 2 StPO trifft den Verteidiger, Rechtsanwalt, Patentanwalt, Notar oder Wirtschaftstreuhänder keine Pflicht zur Mitwirkung, wenn der Betroffene einer gesetzlichen Verpflichtung zur Verschwiegenheit unterliegt und deshalb ein Aussageverweigerungsrecht hat. Dieses Aussageverweigerungsrecht darf bei sonstiger Nichtigkeit nicht umgangen werden, insb nicht durch Sicherstellung und Beschlagnahme von Unterlagen oder auf Datenträgern gespeicherten Informationen.[336] Daraus resultiert, dass gem § 157 Abs 1 StPO eine Belehrung über das Aussageverweigerungsrecht zu erfolgen hat, widrigenfalls Nichtigkeit vorliegen könnte. Nach der Rsp hat zwar eine Belehrung stattzufinden, allerdings ist eine Bezugnahme auf die Zeugnisverweigerungsgründe nicht notwendig. Es ist daher ausreichend, wenn darüber informiert wird, inwieweit eine Aussage erfolgen müsse.[337] Es ist darauf hinzuweisen, dass die Behörde nicht für die Einhaltung der Verschwiegenheitspflicht verantwortlich ist.[338] Ob von dem Aussageverweigerungsrecht auch tatsächlich Gebrauch gemacht wird, liegt daher an der Entscheidung des jeweiligen beruflichen Parteienvertreters und nicht mehr im Ermessen der Behörde. Eine allfällige Verletzung der Verschwiegenheitspflicht führt daher bei erfolgter Belehrung nicht zur Nichtigkeit der Aussage.

Der Umfang des Aussageverweigerungsrechts richtet sich nach dem Gesetzeswortlaut des § 157 Abs 1 Z 2 StPO, wonach die aufgezählten berufsrechtlichen Parteienvertreter zur Verweigerung der Aussage „über das, was ihnen in dieser Eigenschaft bekannt geworden ist" berechtigt sind.

Geschützt ist jedoch nur die „Information" des Vollmachtnehmers, nicht jedoch das, was der berufsmäßige Parteienvertreter für diesen bloß verwahrt.[339]

---

333 So ua OGH 31.1.1992, 16 OS 15, 15/91 = EvBl 1992/175; OGH 18.12.2007, OGH 23.04.1991, 14 Os 20/91; OGH 19.3.1997, 13 Os 28/97; 11 Os 146/07s; Fabrizy, StPO[11] § 157 Rz 10; *Kirchbacher* in *Fuchs/Ratz* (Hrsg), WK-StPO § 157 Rz 9; vgl auch eingehend VfGH 3.12.1984, G 24/83 ua = VfSlg 10291.
334 EvBl 1992/75.
335 Vgl auch OGH 19.3.1997, 13 Os 28-30/97 = ecolex 1997, 699 m Anm *Koch*.
336 Vgl dazu genauer Punkt V.A.2.
337 OGH 8.4.2011 14 Os 143/09z, JusGuide 2011/09/8506.
338 *Fabrizy*, StPO[11] § 157 Rz 1.
339 *Fabrizy*, StPO[11] § 111 Rz 3 mwN; vgl auch EBRV 25 BlgNR 22. GP, 156.

Zufolge der Rsp des OGH[340] sollen unter die geschützte „Information"[341] schriftliche Mitteilungen des Klienten an den Parteienvertreter, welche den erteilten Auftrag betreffen, sowie die Aufzeichnungen des Parteienvertreters darüber, was ihm der Klient (auftragsbezogen) schriftlich oder mündlich mitteilte, fallen. Als Beispiele führt der OGH *„Besprechungsnotizen, Zusammenfassungen udgl"* an. Geschützt sei laut OGH aber auch die sogenannte „Dritt-Information". Das sind Unterlagen des Parteienvertreters über Erhebungen, welche er – einerlei, ob auf Wunsch des Klienten oder aus eigenem Antrieb – zur Erfüllung seines Mandates durch Rückfragen, Anfragen, Recherchen ua bei Dritten vornimmt wie zB Aktenvermerke, Kopien eigener Schreiben etc. Auch das beim Parteienvertreter einlangende Ergebnis dieser Erhebungen sei als Drittinformation zu betrachten. Weiters würden spontane Mitteilungen Dritter an den Parteienvertreter, welche mit dem Gegenstand des Auftrages in Zusammenhang stünden, sowie Aufzeichnungen des Parteienvertreters über eigene Wahrnehmungen, welche er nicht bloß aus Anlass, sondern im Rahmen der Mandatserfüllung gemacht habe, darunter fallen.

Nicht zur geschützten (Dritt-)Information soll nach der älteren Rsp[342] jedoch der Schriftverkehr des Parteienvertreters mit Behörden zählen, welchen er im Namen seines Mandanten führt. Die Behörde könne nämlich – auch im Hinblick auf die Verpflichtung zu wechselseitiger Amtshilfe – nicht einmal im weitesten Sinn als *„ein die rechtsfreundliche Tätigkeit des Vertreters für den Klienten gegenüber einem Dritten vorbereitender oder unterstützender ‚Informant'"* bezeichnet werden, sondern sei vielmehr gerade Erledigungsadressat der rechtsfreundlichen Tätigkeit. Jene Informationen, welche im Zuge des Schriftverkehrs mit der Behörde „ausgetauscht" werden würden, seien daher von vorneherein nicht als „vertraulich" iSd § 152 Abs 1 Z 2 StPO aF zu qualifizieren. Der berufliche Parteienvertreter habe hinsichtlich derartiger Umstände kein Entschlagungsrecht. Diesbezügliche Unterlagen dürften daher auch beschlagnahmt (dh, auch sichergestellt) werden.

Hinzuweisen ist darauf, dass die soeben zitierten Entscheidungen zu einer alten Rechtslage ergingen. Nach § 152 Abs 1 Z 2 StPO idF BGBl 1987/605 waren Rechtsanwälte, Notare und Wirtschaftstreuhänder zur Verweigerung der Aussage über *„das, was ihnen in dieser Eigenschaft vom Vollmachtgeber anvertraut worden ist"* berechtigt. Nach der nunmehr geltenden Rechtslage sind sie schlechthin zur Aussageverweigerung über *„das, was ihnen in dieser Eigenschaft bekannt geworden ist"* berechtigt. Es sprechen gewisse Gründe dafür, dass es durch diese Änderung der Formulierung in der StPO zu keiner maßgeblichen Ausweitung

---

340 OGH 31.1.1992, 16 Os 15, 16/91.
341 Vgl im Detail Punkt V.A.2.f).
342 Vgl hierzu etwa OGH 21.1.1976, 11 Os 155–157/75 = JBl 1977, 159 [Anm *Pfersmann*]; OGH 31.1.1992, 16 Os 15, 16/91.

des Entschlagungsrechtes der Parteienvertreter kommen sollte.[343] Es ist daher davon auszugehen, dass die Erwägungen des OGH in der Entscheidung vom 31.1.1992, 16 Os 15, 16/91, grundsätzlich weiterhin als Orientierungshilfe dienen können.

Nach der Rsp entfällt das Entschlagungsrecht gem § 157 Abs 1 Z 2 StPO dann, wenn der begründete Verdacht besteht, dass der berufliche Parteienvertreter selbst an der Straftat des Mandanten teilgenommen hat oder diese versucht zu decken.[344]

c) Entbindung von der Verschwiegenheitspflicht

Des Weiteren stellt sich die Frage, wie sich die Möglichkeit der Entbindung von der Verschwiegenheitspflicht auf das Aussageverweigerungsrecht auswirkt. Anders als in anderen Verfahrensgesetzen ist im Strafprozess eine Entbindung aus dem Wortlaut des § 157 Abs 1 Z 2 StPO nicht ableitbar. Ausgehend davon könnte man zu dem Schluss kommen, dass die StPO bewusst jenen Weg eingeschlagen hat, wonach im Strafprozess von dieser Möglichkeit kein Gebrauch gemacht werden darf, oder aber, dass sich die überwiegende Regelung der Entbindung als *„ein in dem betreffenden Regelungsbereich allgemein anwendbares Rechtsinstitut"* erweist. Seit jeher wurde jedoch auch im Strafprozess von der Entbindungsmöglichkeit des Zeugen ausgegangen und auch angewendet.[345]

Die Parteienvertreter verlieren ihr Aussageverweigerungsrecht im Fall der Entbindung von der Verschwiegenheitspflicht jedoch nicht, da es ihnen höchstpersönlich zusteht und – wie bereits erwähnt – im Fall der Entbindung durch den Auftraggeber eine berufsadäquate Abwägung ermöglicht.[346]

d) Auswirkung einer Entbindung auf das Entschlagungsrecht im Strafverfahren

Obwohl die gesetzliche Vorschrift der StPO in Bezug auf das Aussageverweigerungsrecht keine Entbindungsmöglichkeit normiert, wird eine Entbindung nach der Judikatur und Lehre als zulässig angesehen.[347]

Nach hM[348] beseitigt eine Erklärung des Mandanten, den Parteienvertreter von der beruflichen Verschwiegenheitspflicht zu entbinden, das Entschlagungsrecht

---

343 Vgl etwa OGH 19.3.1997, 13 Os 28/97.
344 Vgl SSt 62/126; EvBl 1997/126.
345 MwN *Zenz*, JRP 2005, 230 (242); *Harbich*, Einige Fragen der anwaltlichen Verschwiegenheit, AnwBl 1983, 671 (676 f).
346 *Fabrizy*, StPO[11] § 157 Rz 18; EBRV 25 BlgNR 22. GP, 205; OGH 6.11.1996, 13 Os 110, 111/96, RZ 1997/37, wonach die Entschlagungsrechte nicht zur Disposition des Beschuldigten stehen, sodass es auf eine Entbindung von der Verschwiegenheitspflicht nicht ankommt.
347 Vgl dazu ua OLG Wien 15 R 135/01k, AnwBl 2002, 616.
348 Vgl *Kirchbacher* in *Fuchs/Ratz* (Hrsg), WK-StPO § 157 Rz 18 mwN.

des Parteienvertreters im Strafverfahren nicht. Der OGH führt in seiner Entscheidung vom 6.11.1996, 13 Os 110/96, aus, es seien auch im Falle einer Entbindung von der Verschwiegenheitspflicht Umstände denkbar, unter denen der Vertreter Nachteile für den von ihm Vertretenen befürchte, die dieser nicht voraussehen könne. Aus diesem Grund sei der Parteienvertreter daher berechtigt, die von ihm begehrte Handlung (Aussage/Herausgabe von Unterlagen) trotz Entbindung von seinem Berufsgeheimnis durch den Vertretenen zu verweigern.

3. Umgehungsverbot des § 157 Abs 2 StPO[349]

Um das Grundrecht auf Verteidigung umfassend schützen zu können, sehen gewisse Tatbestände unzulässige Umgehungen vor, die mit dem Entschlagungsrecht des berufsmäßigen Parteienvertreters korrespondieren.[350] In § 157 Abs 2 StPO sind Umgehungsverbote in Bezug auf das Aussageverweigerungs- bzw Entschlagungsrecht normiert. Demnach darf das Aussageverweigerungsrecht nicht durch Sicherstellung und Beschlagnahme von Unterlagen oder auf Datenträgern gespeicherten Informationen oder durch die Vernehmung der Hilfskräfte umgangen werden.[351] Jede Umgehung des Entschlagungsrechts steht unter Nichtigkeitssanktion (siehe dazu den Nichtigkeitsgrund des § 281 Abs 1 Z 3 iVm Abs 3 StPO), wobei im Gesetz insb die Sicherstellung und Beschlagnahme von Unterlagen oder auf Datenträgern gespeicherten Informationen sowie die Vernehmung von Hilfskräften und an der Ausbildung teilnehmenden Personen erwähnt werden. Ihre Einvernahme ohne entsprechende Belehrung zu einem Thema, welches dem Berufsgeheimnis unterliegt, wäre somit eine Umgehung des Aussageverweigerungsrechts.[352]

Nach österr Recht zählen zu diesen unzulässigen Zwangsmaßnahmen auch Personendurchsuchungen, Überwachung der Telekommunikation, Hausdurchsuchungen oder sonstige Zwangsmaßnahmen, welche geeignet sind, den Schutzweck der Norm des § 157 Abs 1 StPO zu unterlaufen.[353]

Der Kernbereich des Umgehungsverbotes besteht in der sog „Information".[354] Darunter versteht man Mitteilungen oder Briefe des Mandanten, Gesprächsaufzeichnungen (Notizen und Protokolle) usw, aber auch die Drittinformationen wie Unterlagen über Erhebungen oder Mitteilungen Dritter an den Entschlagungsberechtigten oder Aufzeichnungen über eigene Wahrnehmungen im Rahmen der Auftragserfüllung. Aber auch alle „Informationsprodukte" des Parteien-

---

349 Vgl im Detail Punkt V.A.2.f) bzw bzgl Hausdurchsuchungen Punkt V.B.3.
350 *Schur*, AnwBl 2009, 257 (261); *Kirchbacher* in *Fuchs/Ratz* (Hrsg), WK-StPO § 157 Rz 30 f.
351 Die Umgehungsverboten werden bei der jeweiligen Ermittlungsmaßnahme ausführlicher behandelt, vgl Punkt V.A.b.
352 EBRV 25 BlgNR 22. GP, 205.
353 Vgl dazu die Rsp des EGMR 16.12.1992, *Niemietz*, ÖJZ 193, 389.
354 Vgl im Detail Punkt V.A.2.f).

vertreters, das sind Schriftstücke, die sich als Endprodukt des erteilten Auftrags verstehen (zB Gutachten, Bilanzen, Verträge, Berechnungen, Ratschläge usw), sind auch davon umfasst. Die Besonderheiten bei den zu besprechenden Ermittlungsmaßnahmen werden an entsprechender Stelle erörtert, wobei vorweggenommen werden kann, dass Gegenstände beim Parteienvertreter sichergestellt und beschlagnahmt werden können, wenn diese zur Begehung einer strafbaren Handlung bestimmt waren, sie erleichtert haben oder aus ihr herrühren; aber auch sonstige Beweisgegenstände, insb Schriftstücke, welche gar nicht zur Information des Parteienvertreters dienen oder sich als Mitteilung an ihn verstehen. Diese können folglich durch Übergabe an einen berufsmäßigen Parteienvertreter nicht immunisiert und bei ihm sichergestellt und beschlagnahmt werden.[355]

4. Dringender Tatverdacht gegen Mitarbeiter oder Geschäftsführer der Betroffenen und Umgehungsverbot

Es ist davon auszugehen, dass das Vorliegen eines dringenden Tatverdachts gegen Mitarbeiter oder Geschäftsführer der Betroffenen nicht zum Entfall des durch § 144 Abs 2 sowie § 157 Abs 2 StPO normierten Umgehungsverbotes in Bezug auf die Sicherstellung von Daten der Betroffenen führt, weil es sich bei diesen um von den Betroffenen verschiedenen Rechtssubjekte handelt. Sofern es sich dabei bei den Betroffenen um zB eine Wirtschaftstreuhand- oder Rechtsanwaltskanzlei handelt, welche selbst keiner Straftat iSd VbVG verdächtig ist, ist das Umgehungsverbot ebenfalls zu beachten. Da eine strafrechtliche Verantwortlichkeit der Betroffenen nur bei Vorliegen der Voraussetzungen des VbVG in Betracht käme, muss daher auch eine hohe Wahrscheinlichkeit dafür sprechen, dass diese Voraussetzungen – insb § 3 VbVG – erfüllt sind. Insb haften die Betroffenen gem § 3 Abs 1 VbVG jedenfalls nur unter der Voraussetzung, dass die Tat zu ihren Gunsten begangen wurde (Z 1) oder durch die Tat verbandsspezifische Pflichten verletzt wurden (Z 2). Das Entschlagungsrecht der Betroffenen gem § 157 Abs 1 Z 2 StPO bzw das korrespondierende Umgehungsverbot des § 157 Abs 2 StPO entfällt gem § 144 Abs 3 StPO nur hinsichtlich jener Taten, derer die Betroffenen selbst dringend verdächtig sind.

Auf das durch § 5 Abs 2 StPO normierte Analogieverbot betreffend Grundrechtseingriffe sei hingewiesen.[356]

---

355 Siehe dazu OGH 19.3.1997, 13 Os 28–30/97, ÖStZB 1997/767 = EvBl 1997/126 = JBl 1998, 134 = ecolex 1997, 699; vgl dazu auch die Ausführungen im Informationsblatt der Kammer der Wirtschaftstreuhänder, Jänner 2008, 6.
356 *Fabrizy*, StPO[11] § 5 Rz 2.

5. Information und Nichtigkeit

§ 159 Abs 1 StPO normiert, dass Zeugen über ihr Recht auf Verweigerung der gesamten oder eines Teiles der Aussage vor Beginn ihrer Vernehmung zu informieren sind. Wenn Anhaltspunkte für ein solches Recht erst während der Vernehmung bekannt werden, so ist die Information zu diesem Zeitpunkt vorzunehmen. Von der Verbindlichkeit zur Aussage ist der Zeuge somit bereits – jedoch auch erst – befreit, wenn jene Tatsachengrundlage im Verfahren offenbar wird, auf welche die Rechtsbegriffe der Befreiungsgründe abstellen.[357]

Wenn ein Zeuge, dem ein Aussageverweigerungsrecht nach § 157 Abs 1 Z 2 StPO zusteht, nicht rechtzeitig davon informiert wird, dann ist jener Teil seiner Aussage nichtig, auf welchen sich das Verweigerungsrecht bezieht. Das darüber aufgenommene Protokoll ist insoweit zu vernichten (§ 159 Abs 3 StPO). § 159 Abs 2 StPO sieht vor, dass das Aussageverweigerungsrecht glaubhaft zu machen ist, sofern dieses – von den Umständen her – nicht offenkundig ist. Diese Obliegenheit des Zeugen führt bei einer Verletzung zu einer unbedingten Aussagepflicht.[358]

E. Entschlagungsrechte/Aussageverweigerung im FinStrG

1. Allgemeines

§ 104 Abs 1 FinStrG regelt die Voraussetzungen, unter denen ein Zeuge die Aussage verweigern darf. Dabei ist jeder Zeuge, soweit erforderlich, zu Beginn der Vernehmung bzw in der Aufforderung zur schriftlichen Zeugenaussage über die Weigerungsgründe zu belehren (vgl § 106 Abs 1 FinStrG). Im Gegensatz zur Bestimmung des § 159 Abs 3 StPO begründet die Verletzung dieser Verpflichtung kein Beweisverwertungsverbot. Die Weigerungsgründe des § 104 Abs 1 FinStrG müssen vom Zeugen geltend und glaubhaft gemacht werden (§ 104 Abs 3 FinStrG). Die Ablehnung der Weigerungsgründe stellt eine verfahrensregelnde Anordnung dar, gegen die ein abgesondertes Rechtsmittel nicht zulässig ist (§ 152 Abs 1 S 2 FinStrG). Eine Beschwerde kann dann erst gegen den Bescheid, mit welchem die Zwangsstrafe verhängt wird, geführt werden.[359]

Im FinStrG können des Weiteren zwei verschiedene Gruppen von Entschlagungsrechten unterschieden werden: Die in § 104 Abs 1 lit a (Angehörige des Beschuldigten oder eines Nebenbeteiligten) und § 104 Abs 2 FinStrG (berufsmäßige Parteienvertreter) genannten Personen können die gesamte Aussage verweigern. Die in § 104 Abs 1 lit b–d FinStrG genannten Personen können nur die Beantwortung einzelner Fragen verweigern.[360]

---

357   EBRV 25 BlgNR 22. GP, 206.
358   EBRV 25 BlgNR 22. GP, 206; *Kirchbacher* in *Fuchs/Ratz* (Hrsg), WK-StPO § 159 Rz 5.
359   *Fellner*, FinStrG II⁶ §§ 102–108 Rz 13.
360   *Leitner/Toifl/Brandl*, Finanzstrafrecht³ Rz 1833.

2. Aussageverweigerungsrecht nach § 104 Abs 1 lit d FinStrG

Nach dieser Bestimmung darf ein Zeuge die Aussage über Fragen verweigern, die er nicht beantworten könnte, ohne eine ihm obliegende gesetzlich anerkannte Pflicht zur Verschwiegenheit, von welcher er nicht gültig entbunden wurde, zu verletzen oder ein kunst- oder technisches Betriebsgeheimnis zu offenbaren. Dabei ist davon auszugehen, dass die Entschlagungsmöglichkeiten weit über die Regelung der vergleichbaren Bestimmung des § 157 StPO hinausgehen.[361]

In diesen Fällen muss sich der Zeuge auf seine gesetzliche Verschwiegenheitspflicht berufen, da er andernfalls vernommen und seine Aussage verwertet werden darf. Die Nichtbeachtung bzw Nichtberufung auf die gesetzliche Verschwiegenheitspflicht kann für den Zeugen jedoch nachteilige (zB disziplinäre) Konsequenzen nach sich ziehen.[362]

3. Aussageverweigerungsrecht nach § 104 Abs 2 FinStrG

Nach § 104 Abs 2 FinStrG können (wobei dieses „können" iSd aus dem Vertrauensverhältnis resultierenden Verschwiegenheitspflicht wohl als „müssen" verstanden werden soll) die zur berufsmäßigen Parteienvertretung befugten Personen und ihre Hilfskräfte die Aussage auch darüber verweigern, was ihnen in ihrer Eigenschaft als Vertreter der Partei über diese zur Kenntnis gelangt ist. Bei der Berufung auf die Eigenschaft als Parteienvertreter kann – im Gegensatz zur obigen Bestimmung – die gesamte Aussage verweigert werden, weshalb diese Bestimmung weiter ist, als jene des § 104 Abs 1 lit d FinStrG. Allerdings dürfen Äußerungen des Zeugen mangels Verwertungsverbot iSd § 98 Abs 4 FinStrG berücksichtigt werden. So darf bspw die Aussage des Wirtschaftstreuhänders trotz des Vorliegens von Entschlagungsgründen verwertet werden und sie führt nicht zur Nichtigkeit.[363]

4. Umgehungsverbot

Bei genauerer Betrachtung der Bestimmung des § 104 FinStrG fällt allerdings auf, dass diese – anders als die StPO in dessen § 157 Abs 2 – kein ausdrückliches Umgehungsverbot vorsieht. So wird die Meinung vertreten, dass diese gesetzliche Klarstellung in einem Rechtsstaat grds überflüssig sei, sie würde jedoch offenbar auch Missverständnisse bei der Auslegung des § 104 Abs 2 FinStrG vermeiden. Dies dürfte in konsequenter Weise weitergedacht nicht dazu führen, dass dadurch im Bereich des verwaltungsbehördlichen Finanzstrafverfahrens eine Umgehung gesetzlicher Entschlagungsrechte zulässig sei, nur weil es im FinStrG an

---

361 *Seiler/Seiler*, Finanzstrafgesetz[4] § 104 Rz 12; *Reger/Hacker/Kneidinger*, FinStrG[3] II § 104 Rz 14.
362 *Fellner*, FinStrG II[6] § 102–108 Rz 18.
363 *Urban*, Die Verschwiegenheitspflicht der Wirtschaftstreuhandberufe: Ein Abriss, ÖStZ 2012, 305; *Leitner/Toifl/Brandl*, Finanzstrafrecht[3] Rz 1834.

einer entsprechenden Regelung fehlt. Das Umgehungsverbot der Bestimmung des § 157 Abs 2 StPO wird folglich analog anzuwenden sein, uE insb im Hinblick auf die Bestimmung des Art 6 Abs 1 EMRK.[364]

---

364 *Seiler/Seiler*, Finanzstrafgesetz[4] § 104 Rz 23.

V. Ermittlungsmaßnahmen

Zur Darstellung der einzelnen Ermittlungsmaßnahmen und deren gesetzlichen Regelungen wird abermals von einer Einteilung einerseits in das gerichtliche und andererseits in das verwaltungsbehördliche Finanzstrafverfahren Gebrauch gemacht.

A. Gerichtliches Finanzstrafverfahren

Um das Zusammenwirken von Finanzstrafbehörde (Kriminalpolizei), Staatsanwaltschaft und Gericht darstellen zu können, ist es unerlässlich, sich mit den einzelnen Ermittlungsmaßnahmen näher auseinanderzusetzen. Obzwar die Finanzstrafbehörden im gerichtlichen Finanzstrafverfahren die Aufgaben und Befugnisse wahrzunehmen haben (Ausnahmefall: § 196 Abs 2 FinStrG), welche die StPO der Kriminalpolizei zuweist, wird bei den weiteren Ausführung, angelehnt an die gesetzlichen Bestimmungen, weiterhin die Kriminalpolizei angeführt, um einen leichteren Überblick zu bewahren. Diese Regelungen gelten ex lege auch für die Finanzstrafbehörde, da sie die Verfahrensbestimmungen der StPO anzuwenden hat und nicht (mehr) jene des verwaltungsbehördlichen Finanzstrafverfahrens.

1. Einleitende Bemerkungen

Kriminalpolizei, Staatsanwaltschaft und Gericht dürfen gem § 5 Abs 1 StPO bei der Ausübung von Befugnissen und bei der Aufnahme von Beweisen nur soweit in die Rechte von Personen eingreifen, als dies gesetzlich ausdrücklich vorgesehen und zur Aufgabenerfüllung notwendig ist. Aufgrund dessen dürfen Ermittlungsmaßnahmen nur aufgrund einer expliziten, gesetzlichen Ermächtigung vorgenommen werden.[365]

a) Grundlegende Aufteilung nach Grundrechtseingriff

Für die Ermittlungsmaßnahmen kommen abgestufte Entscheidungs- und Kontrollmechanismen zum Tragen. Je nach Eingriffsintensität bestimmt das Gesetz, inwieweit die faktische Ermittlungstätigkeit der Kriminalpolizei einer begleitenden Kontrolle durch die Staatsanwaltschaft und allenfalls auch durch das Gericht unterzogen wird.[366]

---

365 *Oshidari*, ÖJZ 2008/17, 138 (138).
366 *Oshidari*, ÖJZ 2008/17, 138 (138).

Es lässt sich demnach der Grundsatz erkennen, dass, je schwerer der Grundrechtseingriff (zB Festnahme) ist, desto mehr wird das Zusammenwirken zwischen Kriminalpolizei (bzw Finanzstrafbehörde), Staatsanwaltschaft und Gericht notwendig. Aus diesem Grund müssen für die Bewilligung einer derartigen Maßnahme neben der Kriminalpolizei auch die Staatsanwaltschaft und das Gericht tätig werden.[367]

Durch die nun vorgesehenen Bestimmungen des 8. Hauptstückes der StPO (Ermittlungsmaßnahmen und Beweisaufnahmen – §§ 109–166) wird ein rechtlicher Rahmen geschaffen, wodurch die Verwertung der Ergebnisse in der Hauptverhandlung ermöglicht und ein (mit-)bestimmender Einfluss auf die Urteilsgrundlage anerkannt, dadurch aber auch begrenzt wird. Wie einleitend nämlich festgehalten, dürfen Kriminalpolizei und Staatsanwaltschaft bei ihren Ermittlungen entsprechend dem Gesetzes- und Verhältnismäßigkeitsgrundsatz (§ 5 StPO) nur jene Befugnisse ausüben, die ihnen ausdrücklich zur Verfügung gestellt werden.[368]

Dabei ist zu erkennen, dass nun neben klassischen Ermittlungsmethoden auch alle modernen Rechtsinstitute bzw Ermittlungsmaßnahmen in den 58 Paragrafen des 8. Hauptstückes geregelt werden.[369]

Terminologisch verwendet die StPO jedoch nicht den Begriff der Ermittlungsmaßnahmen, sondern bezeichnet diese Ermittlungen in den §§ 102 Abs 1 u 105 StPO als „Zwangsmittel" oder „Zwangsmaßnahmen". Beide Begriffe haben jedoch denselben Bedeutungsgehalt.[370]

b) Taxative Aufzählung der einzelnen Ermittlungsmaßnahmen

Gegenüber der alten Rechtslage, in welcher die Ermittlungsmaßnahmen nur teilweise in der StPO (wie zB Beschlagnahme, Hausdurchsuchung) und teilweise in anderen Gesetzen (zB SPG) geregelt waren oder lediglich auf der allgemeinen Ermächtigung des § 24 StPO aF beruhten, werden die zulässigen Ermittlungsmaßnahmen in der reformierten StPO nun taxativ aufgezählt. Anhand des **Inhalts** lassen sich diese tabellarisch wie folgt darstellen:[371]

---

367 *Kotschnigg/Pohnert* in *Gröhs/Kotschnigg* (Hrsg), Finanzstrafrecht in der Praxis II (2008) 111 (117).
368 Siehe dazu ausführlich *Pilnacek/Pleischl*, Das neue Vorverfahren Rz 454 ff.
369 Vgl dazu mwA und Beispielen *Pleischl*, ecolex 2008, 204 (205).
370 *Bertel/Venier*, Strafprozessrecht³ (2009) Rz 187, 192 und 281.
371 *Oshidari*, ÖJZ 2008/17, 138 (138); EBRV 25 BlgNR 22. GP, 152 ff.

	Inhalt
Sicherstellung	§§ 109–116 StPO – Eingriffe in das Eigentum bzw in das Bankgeheimnis; erfüllen objektbezogen einen bestimmten Sicherungs- und Aufklärungszweck;
Beschlagnahme	
Auskunft über Bankkonten und Bankgeschäfte	
Identitätsfeststellung	§§ 117, 118, 119–122, 123, 124 StPO – Maßnahmen gegen eine bestimmte Person, die auf Feststellung und Sicherung sachlicher Beweismittel ausgerichtet sind;
Durchsuchung von Orten und Gegenständen sowie von Personen	
Körperliche Untersuchung	
Molekulargenetische Untersuchung	
Sachverständige/Dolmetscher	§§ 125–127 StPO;
Leichenbeschau und Obduktion	§ 128 StPO – Eingriff in die Totenruhe;
Observation	§§ 129–133 StPO – Regelungen über die sog heimlichen Informationseingriffe;
Verdeckte Ermittlung	
Scheingeschäft	
Beschlagnahme von Briefen	§§ 134–148 StPO – Abgrenzung zwischen Eingriffen in das Brief- und Fernmeldegeheimnis und der besonderen Ermittlungsmaßnahmen;
Auskunft über Standort- und Vermittlungsdaten	
Überwachung von Nachrichten von Personen	
Optische und akustische Überwachung von Personen	
Datenabgleich	
Erkundigungen und Vernehmungen	§§ 149, 150, 151–166 StPO – traditionelle Beweismittel.
Augenschein	
Tatrekonstruktion	

Abb 8: Auflistung der Ermittlungsmaßnahmen nach ihrem Inhalt

Nach dem System der Anordnungen von bestimmten Ermittlungsmaßnahmen lassen sich dabei insgesamt fünf Fallgruppen im Zusammenwirken von Kriminalpolizei, Staatsanwaltschaft und Gericht im Ermittlungsverfahren unterscheiden:[372]

---

372 EBRV 25 BlgNR 22. GP 150 ff.

- Durchführung der Kriminalpolizei „von sich aus" bzw „aus eigenem":
  - Sicherstellung (§ 110 Abs 3 StPO),
  - Identitätsfeststellung (§ 118 Abs 2 StPO),
  - Durchsuchung von Personen nach § 117 Z 3 lit a (§ 120 Abs 2 StPO),
  - Durchsuchung eines nicht allgemein zugänglichen Grundstückes, Raumes, Fahrzeuges oder Behältnisses nach § 117 Z 2 lit a (§ 120 Abs 2 StPO),
  - Abnahme eines Mundhöhlenabstriches (§ 123 Abs 3 StPO),
  - molekulargenetische Untersuchung biologischer Tatortspuren (§ 124 Abs 2 2. Fall StPO),
  - Observation nach § 130 Abs 1 und verdeckte Ermittlung nach § 131 Abs 1 sowie ein Scheingeschäft nach § 132 (§ 133 Abs 1 S 1) StPO,
  - optische und akustische Überwachung von Personen (§ 136 Abs 1 Z 1 StPO),
  - Augenschein (§ 149 Abs 2 StPO),
  - Erkundigungen (§ 152 StPO),
  - Vernehmungen (§ 153 StPO),
  - Sachenfahndung (§ 169 Abs 2 StPO).
- Durchführung durch Kriminalpolizei auf Anordnung bzw nach Genehmigung durch die Staatsanwaltschaft:
  - Sicherstellung (§ 110 Abs 2 StPO),
  - Obduktion (§ 128 Abs 3 StPO),
  - Observation nach § 130 Abs 3, verdeckte Ermittlungen nach § 131 Abs 2 und Scheingeschäft nach § 132 (§ 133 Abs 1 S 2) StPO,
  - Personenfahndung (§ 169 Abs 1 StPO).
- Durchführung durch Kriminalpolizei bei Gefahr im Verzug, wobei – abgesehen vom Sonderfall der vorläufigen Festnahme – im Nachhinein eine Genehmigung der Staatsanwaltschaft und eine gerichtliche Bewilligung erforderlich sind:
  - Durchsuchung (§§ 120 Abs 1, 122 Abs 1 StPO),
  - vorläufige Festnahme und Enthaftung gegen gelindere Mittel (§§ 171 Abs 2, 172 Abs 2 StPO).
- Durchführung auf Anordnung der Staatsanwaltschaft nach gerichtlicher Bewilligung:
  - Auskunft über Bankkonten und Bankgeschäfte (§ 116 Abs 3 StPO),
  - Durchsuchung einer Wohnung oder eines anderen Ortes, der durch das Hausrecht geschützt ist, und darin befindlicher Gegenstände nach § 117 Z 2 lit b (§ 120 Abs 1) StPO,
  - körperliche Untersuchung (§ 123 Abs 3 StPO),
  - molekulargenetische Untersuchung (§ 124 Abs 2 StPO),
  - Beschlagnahme von Briefen, Auskunft über Standort- oder Vermittlungsdaten, Überwachung von Nachrichten und optische und akustische Überwachung (§ 137 Abs 1 S 2 StPO),
  - automationsunterstützter Datenabgleich (§ 142 Abs 1 StPO),
  - Festnahme (§ 171 Abs 1 StPO).

- Anordnung und Durchführung durch das Gericht:
  - Beschlagnahme (§ 115 Abs 2 StPO),
  - Tatrekonstruktion und kontradiktorische Einvernahme (§§ 149 Abs 3 und 165 StPO),
  - Untersuchungshaft (§ 174 Abs 1 StPO).

c) Grafische Darstellung

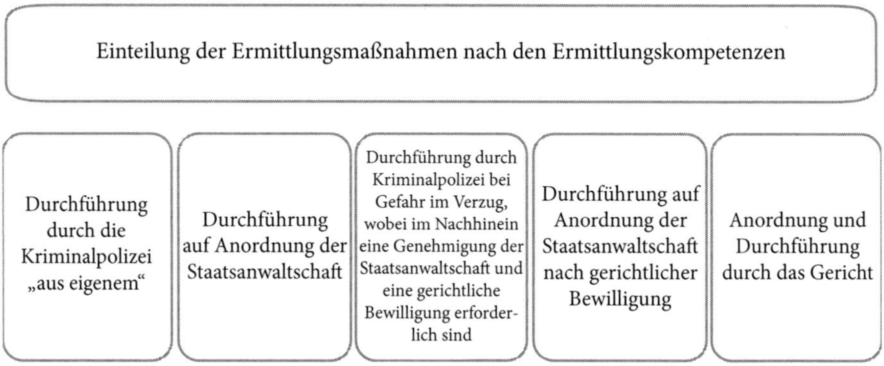

Abb 9: Ermittlungsmaßnahmen nach den Ermittlungskompetenzen

In den folgenden Ausführungen werden nur jene Ermittlungsmaßnahmen näher beleuchtet, die für das Kernthema dieses Buches von Relevanz sind:

2. Die Sicherstellung

a) Allgemeines und Definition

Unter „Sicherstellung" ist gem § 109 Z 1 StPO die vorläufige Begründung von Verfügungsmacht über körperliche Gegenstände (lit a) und das vorläufige Verbot der Herausgabe von Gegenständen oder anderen Vermögenswerten an Dritte (Drittverbot) sowie das vorläufige Verbot der Veräußerung oder Verpfändung solcher Gegenstände und Werte (lit b) zu verstehen.

Unter „körperliche Gegenstände" versteht man idZ bewegliche körperliche Sachen. Diese können von der Behörde vorläufig an sich genommen werden.[373] Mit „anderen Vermögenswerten" sind unter anderem Geld, Wertpapiere, Inhabersparbücher[374] bzw Bankguthaben oder sonstige Forderungen gemeint.[375] Nicht als sonstige Vermögenswerte iSd § 109 StPO sind allerdings Liegenschaften zu ver-

---

373 EBRV 25 BlgNR 22. GP zu § 109.
374 EBRV 25 BlgNR 22. GP zu § 109.
375 *Tipold/Zerbes* in *Fuchs/Ratz* (Hrsg), WK-StPO mit Verweis auf *Bertel/Venier*, Einführung² Rz 203.

stehen.[376] Diese können nicht Gegenstand der Sicherstellung sein.[377] Demzufolge sind idR körperliche Sachen Gegenstand von der Sicherstellung.[378]

Bei der Sicherstellung handelt es sich um eine vorläufige Maßnahme. Es ist daher unverzüglich nach der Sicherstellung mittels förmlicher gerichtlicher Entscheidung die Beschlagnahme anzuordnen oder die Sicherstellung zu beenden, wobei in letzterem Fall die sichergestellten Gegenstände an den von der Sicherstellung Betroffenen rückauszufolgen sind.[379]

b) Sicherstellung und Grundrechte

Die Sicherstellung der StPO kann in das Grundrecht auf Eigentum gem Art 5 StGG (*„Das Eigentum ist unverletzlich"*) eingreifen. Daher ist eine gesetzliche Grundlage für die Sicherstellung sowie die Verfolgung öffentlicher Interessen erforderlich. Dabei ist der Verhältnismäßigkeitsgrundsatz einzuhalten.[380]

Um dem Grundsatz der Verhältnismäßigkeit gerecht zu werden, muss daher die Sicherstellung einerseits der Untersuchung eines konkreten Verdachtsmomentes dienen, andererseits geeignet sein, diesen Zweck zu verfolgen, und letztlich durch das öffentliche Interesse gerechtfertigt werden. Weiters ist es erforderlich, dass keine gelinderen Mittel als die Sicherstellung möglich sind. Der Eingriff in die Rechte des Betroffenen muss daher so gering wie möglich sein.[381]

Als gelinderes Mittel kommt iZm der Sicherstellung zB die Anfertigung einer Kopie einer Urkunde – anstelle der Sicherstellung der Urkunde – oder die Kopie von Daten auf einen Datenträger – anstelle der Sicherstellung des gesamten Datenträgers – in Betracht. So sprach das OLG Linz[382] aus:

> Die Sicherstellung und Beschlagnahme von Beweismitteln ist dann nicht zulässig, wenn ihr Zweck auf geeignete Weise substituiert werden kann. Wenn die Originalunterlagen nicht aus besonderen Gründen in der Hauptverhandlung in Augenschein zu nehmen sein werden, ist die Sicherstellung und Beschlagnahme auf Bilddateien bzw Kopien zu beschränken. Organisatorische Gründe (Umfang der herzustellenden Bilddateien oder Kopien) rechtfertigen die Beschlagnahme von Originalunterlagen nicht.

---

376 Unbewegliche Gegenstände können nur nach Entscheidung durch den Richter beschlagnahmt, aber nicht sichergestellt werden.

377 *Tipold/Zerbes* in *Fuchs/Ratz* (Hrsg), WK-StPO § 109 Rz 2.

378 Nach der alten Rechtslage war ausschließlich die Sicherstellung von körperlichen Sachen möglich. Nunmehr können auch Forderungen Gegenstand der Sicherstellung sein.

379 *Fabrizy*, StPO[11] § 113 StPO Rz 1.

380 *Korinek/Holoubek*, Österreichisches Bundesverfassungsrecht, StGG Art 5 Rz 37 f.

381 *Tipold/Zerbes* in *Fuchs/Ratz* (Hrsg), WK-StPO Vor §§ 110–115 Rz 4 ff.

382 OLG Linz vom 20.7.2010, 9 Bs 73/10i.

c) Voraussetzungen

Gem § 110 Abs 1 StPO ist die Sicherstellung zulässig, wenn sie aus Beweisgründen (Z 1), zur Sicherung privatrechtlicher Ansprüche (Z 2) oder zur Sicherung bestimmter vermögensrechtlicher Anordnungen (Z 3) erforderlich erscheint.

Eine nähere Definition des „Beweisgrundes" iSd § 110 Abs 1 Z 1 StPO bzw des erforderlichen Bezuges zu einem allfälligen Tatverdacht enthält das Gesetz nicht. Es ist jedenfalls erforderlich, dass die Sicherstellung der Gegenstände in einem bestimmten Verfahren zu Beweiszwecken notwendig ist.[383] Auch Tatwerkzeuge können unter § 110 Abs 1 Z 1 StPO fallen, wobei in jenen Fällen, in denen eine Einziehung möglich ist, auch die Z 3 in Betracht kommt. Es ist davon auszugehen, dass Gegenstände dann nach § 110 Abs 1 Z 1 StPO sichergestellt werden können, sofern diese Gegenstände einen Beweiswert haben.

Unter der Sicherstellung zur Sicherung privatrechtlicher Ansprüche gem § 110 Abs 1 Z 2 StPO versteht man grundsätzlich die Rückstellung von Gegenständen an das Opfer. Dies ergibt sich insb aus dem Verweis im Gesetzestext auf § 367 StPO, wonach Gegenstände des Opfers, welche sich unter den Habseligkeiten des Angeklagten befinden, nach Rechtskraft des Urteils an das Opfer zurückzustellen sind.

Nach den Erläuterungen zur Regierungsvorlage[384] kommt dem Strafverfahren auch die Funktion zu, *„durch Straftaten Geschädigte bei der Verfolgung ihrer Ansprüche aus der strafbaren Handlung zu unterstützen".* Demnach *„soll die Sicherstellung daher nicht nur in öffentlichem Interesse, sondern auch dann angeordnet werden können, wenn sie ausschließlich im Interesse derjenigen Person liegt, die durch strafbare Handlung einen Schaden erlitten haben könnte („Wiedererlangungshilfe")."*

Unter der Sicherstellung zur Sicherung vermögensrechtlicher Anordnungen in § 110 Abs 1 Z 3 StPO[385] versteht man nach dem Gesetzestext die Sicherung zur Konfiskation (§ 19a StGB), des Verfalls (§ 20 StGB), des erweiterten Verfalls (§ 20b StGB), der Einziehung (§ 26 StGB) oder einer anderen gesetzlich vorgesehenen vermögensrechtlichen Anordnung. Demzufolge ist eine Sicherstellung zur Sicherung vermögensrechtlicher Anordnungen immer zulässig, sofern eine gesetzliche Norm als Grundlage dient. Derartige Bestimmungen finden sich zB in §§ 17 f FinStrG, § 34 SMG, § 33 MedienG oder § 3 PornoG. Damit eine Sicherstellung zur Sicherung vermögensrechtlicher Anordnungen zulässig ist, ist es erforderlich, dass ein Verdacht vorliegt. In den bezughabenden gesetzlichen Be-

---

383 *Tipold/Zerbes* in *Fuchs/Ratz* (Hrsg), WK-StPO § 110 Rz 5.
384 EBRV 25 BlgNR 22. GP zu § 110.
385 Die Änderungen des § 110 Abs 1 Z 3 StPO durch BGBl 2010/108 erfolgte lediglich aufgrund der sprachlichen Anpassung auf die geänderten Begriffe der Konfiskation, des Verfalls und erweiterten Verfalls und des Wegfalls des Begriffs „Abschöpfung der Bereicherung".

stimmungen sind die jeweils erforderlichen Verdachtsmomente konkretisiert. So ist es für die Sicherstellung zur Sicherung des Verfalls erforderlich, dass der begründete Verdacht vorliegt, der Täter habe durch die Begehung einer Straftat Vermögenswerte erlangt.

d) Verfahren zur Sicherstellung

Die Sicherstellung ist von der Staatsanwaltschaft anzuordnen und von der Kriminalpolizei zu vollziehen.

Die Anordnung der Staatsanwaltschaft hat grundsätzlich in Schriftform zu erfolgen. Lediglich eine vorläufige Übermittlung ist gem § 102 StPO auch mündlich zulässig. Neben dem Objekt der Sicherstellung hat die Anordnung eine Begründung zu enthalten, wobei die Relevanz des Beweisgegenstandes, die Verdachtsmomente und die Erforderlichkeit dargelegt werden müssen.

Bei Gefahr im Verzug kann die Kriminalpolizei Sicherstellungen auch ohne (vorherige) Anordnung der Staatsanwaltschaft vornehmen. In § 110 Abs 3 StPO sind jene Fälle festgelegt, welche die Kriminalpolizei ermächtigen, eine Sicherstellung auch ohne vorangehende Anordnung der Staatsanwaltschaft durchzuführen. Darunter fallen

- Gegenstände, die in niemandes Verfügungsmacht stehen, also gewahrsamfreien Sachen; weiters
- Gegenstände, die dem Opfer durch die Straftat entzogen wurden, am Tatort aufgefunden wurden und zur Begehung der Straftat verwendet wurden,
- Gegenstände, die geringwertig[386] sind, sowie
- Gegenstände, deren Besitz allgemein verboten ist oder
- Gegenstände, welche bei der Betretung auf frischer Tat und anschließender Durchsuchung aufgefunden werden.

Handelt es sich um Gegenstände, die in niemandes Gewahrsam stehen, für die aber der Eigentümer eruiert werden kann, wie zB bei einem Fahrzeug, so dürfte die Kriminalpolizei zwar die Sicherstellung aus eigener Macht durchführen, müsste aber anschließend den Berechtigten (Eigentümer) ermitteln und von der Sicherstellung verständigen.[387] Die Kriminalpolizei muss jedoch im Anschluss an die Sicherstellung der Staatsanwaltschaft berichten und um (nachträgliche) Genehmigung der Sicherstellung ansuchen.[388]

Die Sicherstellung von Gegenständen aus Beweisgründen ist gem § 110 Abs 4 StPO nicht zulässig und auf Verlangen der betroffenen Person aufzuheben, soweit und sobald der Beweiszweck durch Bild-, Ton-, oder sonstige Aufnahmen

---

386 Bezüglich des Begriffes der Geringwertigkeit kann auf die Rsp zu § 141 StGB verwiesen werden.
387 EBRV 25 BlgNR 22. GP zu § 110.
388 *Fabrizy*, StPO[11] § 110 Rz 2.

oder durch Kopien schriftlicher Aufzeichnungen oder automationsunterstützt verarbeiteter Daten erfüllt werden kann und nicht anzunehmen ist, dass die sichergestellten Gegenstände selbst oder die Originale der sichergestellten Informationen in der Hauptverhandlung in Augenschein zu nehmen sein werden. Nach *Fabrizy*[389] soll dies davon abhängig gemacht werden können, ob der Betroffene bereit ist, bei der Trennung beweiserheblicher Gegenstände und Urkunden von anderen mitzuwirken.

Der von der Sicherstellung betroffenen Person ist sogleich oder längstens binnen 24 Stunden eine schriftliche Bestätigung über die Sicherstellung auszufolgen oder zuzustellen; weiters ist die betroffene Person über das Recht, Einspruch zu erheben und eine gerichtliche Entscheidung über die Aufhebung oder Fortsetzung der Sicherstellung (§ 115 StPO) zu beantragen, zu informieren.[390] Nach einer Entscheidung des VfGH hat die Bestätigung ebenfalls eine Belehrung über die Möglichkeit der Beschwerde an den UVS (nunmehr OLG) zu beinhalten.[391] Personen, die nicht selbst der Tat beschuldigt sind, haben – nach entsprechender Antragstellung – Anspruch auf Ersatz der Kosten, welche durch die Trennung der beweiserheblichen Gegenstände von anderen oder durch die Ausfolgung von Kopien notwendigerweise entstanden sind.[392]

Für die Verwahrung der sichergestellten Gegenstände ist gem § 114 StPO bis zur Berichterstattung durch die Kriminalpolizei an die Staatsanwaltschaft die Kriminalpolizei, danach die Staatsanwaltschaft zuständig. Durch die Einbringung der Anklage verliert die Staatsanwaltschaft die *„verfahrensführende Rolle an das Gericht und wird zur bloßen Beteiligten“*.[393] Demnach ist nach Einbringung der Anklage das Gericht für die Verwahrung und somit auch für die Anordnung der Ausfolgung von sichergestellten Gegenständen zuständig.

e) Editions- und Mitwirkungspflicht

aa) Mitwirkungspflicht (Urkunden, Vertragsbrüche)

Gem § 111 Abs 1 StPO ist jede Person, welche sicherzustellende Gegenstände oder Vermögenswerte in ihrer Verfügungsmacht hat, verpflichtet, diese auf Verlangen der Kriminalpolizei herauszugeben oder die Sicherstellung auf andere Weise zu ermöglichen. Diese Pflicht kann ua auch mittels Durchsuchung von Wohnungen oder Personen erzwungen werden. Als weitere Beugemittel kommen gem § 93 Abs 4 StPO Geldstrafen bis zu 10.000 € und Freiheitsstrafen bis zu sechs Wochen in Betracht. Auch Beugemittel dürfen nur verhältnismäßig, dh in angemessener Art und Weise, angewendet werden. Es ist darauf hinzuweisen,

---

389   *Fabrizy*, StPO[11] § 110 Rz 8.
390   § 111 Abs 4 StPO.
391   VfGH vom 16.12.2010, G259/09–12.
392   § 111 Abs 3 StPO.
393   OGH 19.5.2011, 11 Os 48/11k.

dass diese Mitwirkungspflicht sowohl für verdächtige, als auch für nicht verdächtige Personen gilt.[394]

bb) Datenbestand (zivilrechtliches Eigentum, Drittverbot)

Diese Editions- und Mitwirkungspflicht erstreckt sich durch § 111 Abs 2 StPO auch ausdrücklich auf elektronische Datenbestände.

Sollen auf Datenträgern gespeicherte Informationen sichergestellt werden, so hat gem § 111 Abs 2 StPO jedermann Zugang zu diesen Informationen zu gewähren und auf Verlangen einen elektronischen Datenträger in einem allgemein gebräuchlichen Dateiformat auszufolgen oder herstellen zu lassen. Überdies hat er die Herstellung einer Sicherungskopie der auf den Datenträgern gespeicherten Informationen zu dulden.[395]

Bei elektronischen Daten handelt es sich im Allgemeinen um immaterielle Objekte, die für ihre Existenz einer materiellen Verkörperung bedürfen. Somit ist die Suche nach Daten untrennbar an die vorhergehende Suche nach entsprechenden Datenträgern verknüpft. Es kann idZ insb im Bereich vernetzter Rechensysteme zu Schwierigkeiten bei der Auffindung von Daten kommen, wobei uU auf dem eigentlich durchsuchten Rechner keine relevanten Datenbestände gespeichert sind.[396]

Keine Pflicht zur Mitwirkung besteht, wenn der Betroffene einer gesetzlichen Verpflichtung zur Verschwiegenheit unterliegt und deshalb ein Aussageverweigerungsrecht hat.[397] Dieses Aussageverweigerungsrecht darf bei sonstiger Nichtigkeit nicht umgangen werden; es ist daher unzulässig, schriftliche Aufzeichnungen des beruflichen Parteienvertreters über diese Tatsachen (die sog „Information") sicherzustellen.

cc) Sicherstellung von verschlüsselten Daten – Pflicht zur Beschaffung des Schlüssels?

Grundsätzlich ist die Herausgabe des Datenträgers bzw die Duldung der Herstellung eines Datenträgers ausreichend, um die gesetzlich normierten Mitwirkungspflichten einzuhalten. Dies trifft jedenfalls auf den Fall zu, in dem die Daten lesbar sind. Es stellt sich allerdings die Frage, ob der von der Sicherstellung Betroffene zusätzlich verpflichtet werden kann, allfällige Zugangsschlüssel zur Verfügung zu stellen oder Passwörter preiszugeben.

In der Lehre und Rsp wird die Meinung vertreten, dass von der Verpflichtung iSd § 111 Abs 2 StPO nicht nur die Zurverfügungstellung der Datenträger umfasst

---

394   Vgl *Tipold/Zerbes* in *Fuchs/Ratz* (Hrsg), WK-StPO § 110 Rz 2.
395   § 111 Abs 2 StPO.
396   EBRV 25 BlgNR 22. GP, 156.
397   Vgl § 157 Abs 1 Z 2 StPO.

ist, sondern auch die Preisgabe von Passwörtern oder Zugangcodes.[398] Jedermann, der über verfahrensrelevantes Datenmaterial verfügt, ist ausdrücklich verpflichtet, an der Überwindung faktischer oder elektronischer Sperrvorrichtungen mitzuwirken (wie zB durch die Bekanntgabe des Codewortes), oder eine Datenkopie in einem allgemein gebräuchlichen Format auszufolgen bzw herstellen zu lassen.[399]

In der Literatur[400] wird die Meinung vertreten, dass sich aus der Pflicht des Betroffenen zur Aussage ergibt, dass der Betroffene auch alle Zugangsschlüssel oder Passwörter zu den Daten mitzuteilen hat. Nur sofern den Betroffenen ein Aussageverweigerungsrecht trifft, so kann dieser die Aussage und somit die Angaben über Zugangsschlüssel und Passwörter verweigern.

Die Herausgabe- und Mitwirkungspflicht kann durch Anwendung von Zwangsgewalt, allenfalls auch im Wege einer Personen- oder Hausdurchsuchung oder Beugemittel, erzwungen werden.[401]

Beim Beschuldigten steht das Verbot des Zwanges zur Selbstbelastung der Anwendung von Beugemitteln entgegen. Der Beschuldigte muss zwar die jeweilige Zwangsmaßnahme dulden, er muss allerdings – aufgrund seines Aussageverweigerungsrechtes – nicht aktiv werden.[402]

Sofern allerdings dem Betroffenen aufgetragen wird, einen informierten Vertreter zwecks besserer Erkennung der Daten unbeteiligter Dritter sowie zur Bereitstellung jener EDV-Programme, mit deren Hilfe die sichergestellten Daten lesbar gemacht bzw in lesbare Daten umgewandelt werden können, beizustellen, ist davon auszugehen, dass keine Verpflichtung der Betroffenen besteht, persönlichen Arbeitseinsatz zur Verfügung zu stellen bzw allfällige „Entschlüsselungsprogramme" beizustellen. Hiezu fehlt eine gesetzliche Grundlage.[403] Ein diesbezüglicher Auftrag hat daher bei richtiger rechtlicher Beurteilung ersatzlos zu entfallen.

f) Sicherstellungsverbot

aa) Allgemeines

Ein Sicherstellungsverbot besteht, sofern ein Beweisthemenverbot vorliegt, also in all jenen Fällen, in denen die Geheimhaltung eines Geheimnisses geschützt wird.[404] Darunter fallen jedenfalls das Beichtgeheimnis, das Amtsgeheimnis, das Ausschussgeheimnis, das Wahlgeheimnis und Berufsgeheimnisse. Ein Sicherstel-

---

398 *Tipold/Zerbes* in *Fuchs/Ratz* (Hrsg), WK-StPO § 111 Rz 13, OLG Wien 23 Bs 299/11f.
399 *Bauer*, Ausgewählte beweissichernde Zwangsmittel in der neuen StPO, ÖJZ 2008/81, 754 (755).
400 Vgl *Tipold/Zerbes* in *Fuchs/Ratz* (Hrsg), WK-StPO § 111 Rz 13.
401 *Bauer*, Ausgewählte beweissichernde Zwangsmittel in der neuen StPO, ÖJZ 2008/81, 754 (755).
402 OLG Wien 19 Bs 387/08p.
403 Vgl *Tipold/Zerbes* in *Fuchs/Ratz* (Hrsg), WK-StPO § 111 Rz 13.
404 EvBl 1992/175 = AnwBl 1992/4156.

lungsverbot steht der Sicherstellung entgegen. Dies bedeutet, dass bei Vorliegen eines Sicherstellungsverbotes die Sicherstellung der betreffenden Gegenstände zu unterbleiben hat.

bb) Sicherstellungsverbot aufgrund der Verschwiegenheitspflichten

Ein Sicherstellungsverbot besteht hinsichtlich solcher Gegenstände, welche erst durch die Beiziehung des Parteienvertreters (als „neue Beweismittel") geschaffen wurden und deren Überführung in den Gewahrsam des Parteienvertreters auftragsbedingt notwendig war. Im Vergleich dazu sollen bereits vor der Mandatierung bestehende Beweismittel nicht der Strafverfolgungsbehörde entzogen werden.

Eine Urkunde ist insb dann „neues Beweismittel", wenn ihr Informationswert über die bloße Mitteilung eines bereits vorher existenten Beweismittels hinausgeht.

Eine Sicherstellung ist zulässig wenn,

- die Gegenstände im Gewahrsam des Parteienvertreters hingegen keine „neuen Beweismittel" darstellen
- oder die Übergabe in die Gewahrsame des Parteienvertreters zu Verwahrungszwecken nicht auftragsbedingt unumgänglich gewesen ist,

UND

- durch die Beiziehung des Parteienvertreters auch keine zusätzlichen Belastungsmomente geschaffen worden sind,
- sodass insofern kein Zwang zur potenziellen Selbstbelastung denkbar wäre.

Die Schriftstücke, welche von einer Sicherstellung ausgenommen sind, betreffen – so im Wesentlichen der OGH – im Kern die sog „Information", und zwar einerseits die „Klienten-Information" (alle schriftlichen Mitteilungen des Klienten an den Parteienvertreter, die den unmittelbar oder mittelbar erteilten Auftrag betreffen, sowie die Aufzeichnungen des Parteienvertreters darüber [Besprechungsnotizen etc]) sowie andererseits die „Dritt-Information".[405]

Nach der Lehre und Rsp des OGH unterliegen insb nachstehende Unterlagen und Daten nicht dem Sicherstellungsverbot:[406]

- Zuvor vorhandene Papiere können nicht dadurch immunisiert werden, indem sie einem Berufsgeheimnisträger übergeben werden. Dies betrifft insb Tatmittel und Tatwerkzeuge wie zB mutmaßlich zum Schein ausgestellte Rechnungen, Buchführungsunterlagen mit falschen Daten etc.

---

405 OGH 31.1.1992, 15 Os 16/91.
406 *Kirchbacher* in *Fuchs/Ratz* (Hrsg), WK-StPO § 157; *Tipold/Zerbes* in *Fuchs/Ratz* (Hrsg), WK-StPO §§ 110–115 Rz 9; *Zerbes*, AnwBl 2013, 565 mwN.

- Bücher und Aufzeichnungen, zu denen das Steuerrecht verpflichtet oder die nach Buchführungspflichten vorgeschrieben sind, können nicht dadurch immunisiert werden, indem diese gesetzliche Verpflichtung an Außenstehende übertragen wird.
- Bereits bestehende Originaldokumente, welche dem Berufsgeheimnisträger übergeben werden.

Nach der jüngeren Rsp des OLG Wien[407] können ferner noch nachstehende Kategorien von Unterlagen sichergestellt werden:

- Abrechnungen, Honorarnoten und Quittungen, Kostenverzeichnisse, Leistungsverzeichnisse, Schreiben an Klienten mit Zahlungsaufforderungen, Zahlungsvereinbarungen, Zahlungsbestätigungen, Abrechnungsunterlagen und Aktenvermerke betreffend Forderungen und Zahlungsvereinbarungen.
- Korrespondenz der Berufsgeheimnisträger mit Behörden, welche im Rechtshilfeweg erlangt werden können.
- Kopien der Dokumente, welche im Original nicht geschützt sind und keinen weiteren Informationswert (etwa eigens vom Klienten für den Berufsgeheimnisträger oder vom Berufsgeheimnisträger angebrachte Anmerkungen) enthalten.

Die Rechtansicht des OLG Wien, dass Kopien von Unterlagen, welche im Original nicht geschützt seien, sichergestellt werden können, ist bedenklich und steht auch mit der Lehre in Widerspruch. Das OLG Wien übersieht hierbei, dass die vorgenannten Originalunterlagen wie Tatwerkzeuge, Bücher und Aufzeichnungen etc – trotz ihres Informationswertes – sichergestellt werden können, da spezielle Umstände hinzutreten und andernfalls eine Strafverfolgung verunmöglicht werden könnte. Dies trifft allerdings gerade auf Kopien von Unterlagen nicht zu. Auch in der Lehre[408] wird folgende Ansicht vertreten:

> Kopien, die an den Parteienvertreter gegeben oder von ihm selbst hergestellt werden, sind Teil der Information an ihn. Das Original wird vervielfältigt, weil das Mandat angebahnt wird oder zustande gekommen ist. Nun soll das Aussageverweigerungsrecht den Mandanten davor schützen, dass er den Behörden gerade durch das Einbeziehen eines Anwalts etc Beweise verschafft. Eine Sicherstellung der durch das Einbeziehen des Anwalts veranlassten Vervielfältigungen würde diesen Schutz konterkarieren.

Mit diesen Argumenten setzte sich das OLG Wien nicht auseinander. Rsp des OGH zu dieser Frage existiert bislang noch nicht.

IdZ hielt der OGH in der Entscheidung 16 Os 15, 16/91 zusammengefasst fest, dass die Verschwiegenheitspflicht, welche sich aus den einzelnen Berufsgesetzen

---

407 Vgl OLG Wien 18 Bs 89/14s.
408 *Zerbes*, AnwBl 2013, 565 mwN.

ergibt, nicht zwangsläufig deckungsgleich mit dem Entschlagungsrecht iSd (nunmehr) § 157 Abs 1 Z 2 StPO ist. Vielmehr enthalten die meisten der einschlägigen Bestimmungen einen Verweis auf die Normen der StPO. Zur Beurteilung der Reichweite des Sicherstellungsverbotes ist daher – so der OGH – nur die Bestimmung über das Entschlagungsrecht maßgeblich, nicht aber eine weitreichendere berufsmäßige Verschwiegenheitspflicht. Letztere ist durch den Verweis auf die StPO nämlich entsprechend eingeschränkt auf das, was dem jeweiligen Parteienvertreter in dieser Eigenschaft bekannt geworden ist.[409]

cc) Entfall des Sicherstellungsverbotes bei dringendem Tatverdacht

Nach der Rsp[410] entfällt das Entschlagungsrecht des beruflichen Parteienvertreters dann, wenn der dringende Verdacht besteht, dass dieser selbst an der strafbaren Handlung seines Parteienvertreters teilgenommen hat oder diese durch strafbare Handlungen zu decken versucht.

Nunmehr ist die Ausnahme vom Umgehungsverbot des § 144 Abs 2 StPO ausdrücklich festgeschrieben. Danach ist die Anordnung oder Durchführung der „in diesem Hauptstück" enthaltenen Ermittlungsmaßnahmen auch unzulässig, sofern dadurch das Recht einer Person, gem § 157 Abs 1 Z 2–4 die Aussage zu verweigern, umgangen wird. Gem Abs 3 leg cit besteht das Umgehungsverbot nach Abs 2 insoweit nicht, als die betreffende Person selbst der Tat dringend verdächtigt ist. Diesfalls ist für die Anordnung und Durchführung einer Ermittlungsmaßnahme in den Fällen des § 135 Abs 2 und 3 sowie § 136 Abs 1 Z 2 und 3 eine Ermächtigung des Rechtsschutzbeauftragten erforderlich.

Ein dringender Tatverdacht – wie er auch bei der Verhängung der Untersuchungshaft gefordert ist – ist nach stRsp mehr als eine bloße Vermutung und mehr als nur ein einfacher oder gewöhnlicher Verdacht. Ein dringender Tatverdacht ist nach der Rsp des OGH nur dann anzunehmen, wenn eine hohe Wahrscheinlichkeit dafür spricht, dass die verdächtige Person eine bestimmte strafbare Handlung begangen hat.[411] Nach hA ist für einen dringenden Tatverdacht eine erhöhte oder höhergradige Wahrscheinlichkeit gefordert, dass es sich beim Beschuldigten um den Täter handelt.[412] Ob dies der Fall ist, stellt letztendlich eine Rechtsfrage dar, die nur auf Grundlage eines entsprechenden Tatsachensubstrates beantwortet werden kann.[413]

---

409 Vgl § 157 Abs 1 Z 2 StPO.
410 RS0107299.
411 RS0120817.
412 *Venier*, Das Recht der Untersuchungshaft (1999) 16 f.
413 Vgl OGH 20.12.2000, 13 Os 158/00.

g) Widerspruch gegen die Sicherstellung – Versiegelung[414]

Mit 29.3.2012 beschloss der Nationalrat das Bundesgesetz, mit dem ua die StPO 1975 geändert wird. Eine Änderung hat mit dieser Novelle auch § 112 StPO erfahren, welcher den Widerspruch gegen die Sicherstellung regelt. Die novellierte Fassung des § 112 StPO ist mit 1.6.2012 in Kraft getreten. § 112 StPO umfasst insb Geheimnisse, wobei darunter jedenfalls solche Geheimnisse fallen, die einem Sicherstellungsverbot unterliegen, also auch Berufsgeheimnisse sowie generell Geheimnisse, welche sich aus einer gesetzlich anerkannten Verschwiegenheitspflicht – wie zB für Ärzte, Ziviltechniker, Berufsdetektive etc – ergeben.[415]

Widerspricht der von der Sicherstellung Betroffene, auch wenn er selbst der Tat beschuldigt ist, der Sicherstellung von schriftlichen Aufzeichnungen oder Datenträgern unter Berufung auf eine gesetzlich anerkannte Pflicht zur Verschwiegenheit, so sind diese Aufzeichnungen und Datenträger gem § 112 StPO auf geeignete Art und Weise gegen unbefugte Einsichtnahme oder Veränderung zu sichern und vom Ermittlungsakt getrennt aufzubewahren.

Nach der Rsp des OLG Wien[416] hat die Staatsanwaltschaft nach Erhebung des Widerspruchs vor Ort zu entscheiden, ob ein gesetzlicher Grund für die sog Versiegelung vorliegt. Daraus leitet das OLG Wien ab, dass die Ermittlungsbehörden nach genauer Prüfung, aber ohne Recht auf formelle Zurückweisung, völlig unsubstantiierten Widersprüchen (faktisch) keine Folgen leisten müssen. Ein völlig unsubstantiierter Widerspruch liegt demnach vor, wenn die gesetzlichen Voraussetzungen der Versiegelung nicht vorliegen, wie dies bspw bei Nichtvorliegen eines gesetzlich anerkannten Rechts auf Verschwiegenheit, das bei sonstiger Nichtigkeit nicht umgangen werden darf, der Fall ist. In allen anderen Fällen – also wenn die gesetzlichen Voraussetzungen vorliegen – hat eine Versiegelung zu erfolgen.

In weiterer Folge ist nach § 112 Abs 2 StPO der Betroffene aufzufordern, binnen einer angemessenen, 14 Tage nicht unterschreitenden Frist jene Teile der Aufzeichnungen oder Datenträger konkret zu bezeichnen, deren Offenlegung eine Umgehung seiner Verschwiegenheit bedeuten würde. Sofern er dies unterlässt, sind die Aufzeichnungen und Datenträger zum Akt zu nehmen und auszuwerten. Anderenfalls hat das Gericht, ggf unter Beiziehung geeigneter Hilfskräfte oder eines Sachverständigen und des Betroffenen, die Unterlagen zu sichten und anzuordnen, ob und in welchem Umfang sie zum Akt genommen werden dürfen.

Gem § 112 Abs 3 StPO kann der Betroffene gegen die Anordnung der Staatsanwaltschaft Einspruch erheben, in welchem Fall die Unterlagen bis zur Entschei-

---

414 Der Begriff „Versiegelung" stammt aus der alten Rechtslage, wird jedoch auch angesichts der erst kürzlich in Kraft getretenen Novelle in der Praxis weiterhin verwendet.
415 *Tipold/Zerbes* in *Fuchs/Ratz* (Hrsg), WK-StPO § 112 Rz 7 f.
416 Vgl OLG 23 Bs 165/12a, 22 Bs 287/13m.

dung des Gerichts weiterhin getrennt aufzubewahren und nicht einzusehen oder für weitere Ermittlungen zu verwenden sind. Einer Beschwerde gegen den Beschluss des Gerichts kommt aufschiebende Wirkung zu.

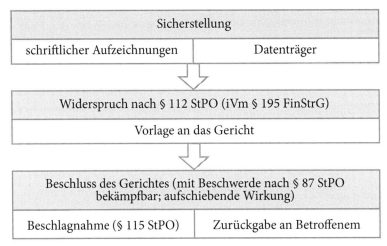

Abb 10: Vereinfachte Darstellung – Widerspruch nach § 112 StPO

aa) Änderungen zur bisherigen Rechtslage

Die bisherige Differenzierung in § 112 StPO bezüglich des Widerspruchs des Betroffenen oder einer bei der Sicherstellung anwesenden Person wurde aufgehoben, sodass nur mehr auf **Betroffene** iSd § 48 Abs 1 Z 3, sohin auf jede Person, die durch die Anordnung oder Durchführung von Zwang in ihren Rechten unmittelbar beeinträchtigt wird, Bezug genommen wird. Dies dürfte allerdings keine Änderung der bisherigen Rechtslage zur Folge haben, da entsprechend 1700 der Beilagen zu den Stenographischen Protokollen XXIV. GP (in weitere Folge auch kurz „Ausschussbericht") auch jene Personen zur Erhebung eines Widerspruchs berechtigt sind, die das Anwesenheitsrecht des jeweiligen Geheimnisträgers substituieren. Darüber hinaus wird festgehalten, dass bei der Durchsuchung von Kanzleien von Rechtsanwälten, Notaren und Wirtschaftstreuhändern zwingend ein Vertreter der jeweiligen Kammer beizuziehen ist, welcher auch zur Erhebung eines Widerspruchs berechtigt ist.

Die Formulierung, unter Berufung auf eine „gesetzlich anerkannte Pflicht zur Verschwiegenheit", wurde geändert in ein „gesetzlich anerkanntes Recht auf Verschwiegenheit, das bei sonstiger Nichtigkeit nicht durch Sicherstellung umgangen werden darf". Die Begriffe „schriftliche Aufzeichnungen oder Datenträger" werden nunmehr zusammenfassend mit dem Begriff „Unterlagen" bezeichnet. Es ist davon auszugehen, dass die geänderte Formulierung keine weiterreichende Bedeutung hat, denn es ist allgemein anerkannt, dass der Berufsgeheimnisträger gegen-

über seinem Klienten zur Verschwiegenheit verpflichtet ist und sich der Berufsgeheimnisträger auf sein Recht zur Verschwiegenheit berufen kann. Die
Verschwiegenheit bildet sohin zugleich ein Recht als auch eine Pflicht.

Eine weitere Novität ist das Antragsrecht des Betroffenen dahingehend, dass die
Unterlagen auf seinen Antrag nicht bei Gericht, sondern bei der Staatsanwaltschaft, getrennt vom Ermittlungsakt, zu hinterlegen sind. Der Justizausschuss
sieht einen Anreiz dieses Antragsrechts darin, dass die Berufsgeheimnisträger rascher wieder über die Unterlagen verfügen können, welche für die Berufsausübung notwendig sind (Ausschussbericht). Dem ist allerdings entgegenzuhalten,
dass § 110 Abs 4 StPO ausdrücklich normiert, dass die Sicherstellung von Gegenständen aus Beweisgründen nicht zulässig ist, soweit und sobald der Beweiszweck
durch Aufnahmen oder durch Kopien schriftlicher Aufzeichnungen oder automationsunterstützt verarbeiteter Daten erfüllt werden kann und nicht anzunehmen ist, dass Originale in der Hauptverhandlung in Augenschein zu nehmen sein
werden. Auch ist in jedem Fall einer Sicherstellung der Grundsatz der Verhältnismäßigkeit zu berücksichtigen.

Ausdrücklich festgehalten wird, dass die Unterlagen von Staatsanwaltschaft und
Kriminalpolizei nicht eingesehen werden dürfen, solange keine Entscheidung
über die „Erlaubtheit" der Einsichtnahme erging. Dies entspricht dem bisher geltenden Recht.

§ 112 Abs 2 StPO normiert, dass der Betroffene aufgefordert wird, binnen einer
angemessenen, mindestens 14-tägigen Frist jene Teile der Unterlagen konkret zu
bezeichnen, deren Offenlegung gegen das gesetzlich normierte Umgehungsverbot verstoßen. Der Betroffene hat daher, sofern er verhindern möchte, dass sämtliche Unterlagen zum Akt genommen werden, zu konkretisieren, welche Unterlagen der Verschwiegenheit unterliegen.

Laut dem Ausschussbericht ist die Länge der Frist entsprechend dem Umfang der
Unterlagen nach Ermessen des Gerichtes festzusetzen. Bei der vom Gericht festgesetzten Frist handelt es sich um eine richterliche Frist, bei der eine Verlänge-
rung möglich ist. Es besteht daher die Möglichkeit, einen Fristverlängerungsan-
trag einzubringen, wobei kein gesetzlicher Anspruch auf Fristverlängerung besteht. Bei der Entscheidung über die Vornahme der Fristverlängerung handelt es
sich um eine gerichtliche Verfügung, gegen welche kein ordentliches Rechtsmittel zusteht.[417]

Um die Bezeichnung der Unterlagen zu ermöglichen, hat der Betroffene das
Recht, Einsicht in die hinterlegten Unterlagen zu nehmen. Unter dem Begriff
„Bezeichnung" wird im Ausschussbericht darauf hingewiesen, dass hiermit nicht
ein inhaltliches Eingehen auf die Unterlagen verlangt wird, sondern lediglich ein

---

417 *Tipold* in *Fuchs/Ratz* (Hrsg), WK-StPO § 85 Rz 9; OLG Wien 22 Bs 211/13k.

Hinweis ausreichen soll. Es muss hervorgehen, welche Teile der sichergestellten Unterlagen einem Beweisverwertungsverbot unterliegen. Bei Zweifeln ist es ratsam, dass der Betroffene die jeweilige sichergestellte Unterlage in seine Bezeichnung aufnimmt. Von einer Begründungspflicht des Betroffenen, warum diese Unterlagen nach Ansicht des Betroffenen der Verschwiegenheit unterliegen, ist nicht die Rede.

Für den Fall, dass der Betroffene die Unterlagen, welche einer Verschwiegenheitspflicht unterliegen, bezeichnet, sichtet das Gericht, bzw auf Antrag des Betroffenen die Staatsanwaltschaft, diese Unterlagen, wobei dazu zwingend der Betroffene und erforderlichenfalls ein Sachverständiger oder geeignete Hilfskräfte beizuziehen sind. Nach dem Ausschussbericht versteht es sich von selbst, dass unter „Hilfskräften" jedenfalls keine Angehörigen der Ermittlungsbehörde zu verstehen sind.

Unterlagen, die nicht zum Akt genommen werden, sind dem Betroffenen auszufolgen. Sofern bei der Sichtung Erkenntnisse gewonnen wurden, dürfen diese bei sonstiger Nichtigkeit nicht verwendet werden.

Sollte der Betroffene der Frist zur Bezeichnung der der Verschwiegenheit unterliegenden Unterlagen nicht nachkommen, so sind diese Unterlagen zum Akt zu nehmen und auszuwerten. Es ist davon auszugehen, dass eine nicht fristgerechte Bezeichnung einer unterlassenen Bezeichnung gleichzusetzen ist.

In § 112 Abs 3 StPO ist festgelegt, dass der Betroffene gegen die Anordnung der Staatsanwaltschaft einen Einspruch erheben kann. Diesfalls sind die Unterlagen dem Gericht vorzulegen. Das Gericht entscheidet darüber, ob und in welchem Umfang die Unterlagen zum Akt genommen werden dürfen.

Nach der Entscheidung des OGH vom 31.1.1992, 16 Os 15, 16/91, hatte die Ratskammer[418] die sichergestellten Dokumente zwar nicht auf ihren Beweiswert und ihre Relevanz für das weitere Verfahren zu prüfen, jedoch danach zu sichten, ob sie dem Sicherstellungs- und Beschlagnahmeverbot unterlagen. Die Vorgangsweise der Ratskammer, lediglich dem Untersuchungsrichter den Auftrag zu erteilen, selbst eine Durchsicht der Papiere vorzunehmen, demgemäß auch selbst und über die grundsätzliche Zulässigkeit der Beschlagnahme zu entscheiden, erachtete der OGH als unzulässig. Es kommt daher bei der Entscheidung über die Aufrechterhaltung der Sicherstellung infolge eines gem § 112 StPO erhobenen Widerspruchs nicht darauf an, ob die Sicherstellung aus Beweisgründen erforderlich war. Das Gericht hat die Unterlagen nicht auf deren Beweisrelevanz zu prüfen,

---

418   Nach der alten Rechtslage oblag dieser die Entscheidung über einen Widerspruch gegen die Sicherstellung; vgl § 145 Abs 2 StPO aF. Es ist davon auszugehen, dass die genannte Entscheidung des OGH nach wie vor – trotz der geänderten Entscheidungskompetenz über den Widerspruch – Aktualität besitzt.

sondern einzig daraufhin zu sichten, ob die darin enthaltenen Informationen durch die gesetzliche Verschwiegenheitspflicht des beruflichen Parteienvertreters geschützte „Information" enthalten und ob durch die Sicherstellung der entsprechenden Unterlagen das Aussageverweigerungsrecht des Parteienvertreters umgangen werden würde.[419]

Eine Verpflichtung zu einer genauen Bezeichnung der betroffenen Unterlagen und/oder zur Begründung, warum diese geschützte „Information" enthalten, ist aus dem Gesetz nicht abzuleiten. Eine solche Verpflichtung, Unterlagen präzise zu bezeichnen oder Voraussetzungen umfassend darzulegen, würde überhaupt dem Schutzzweck der Bestimmung des § 112 StPO zuwiderlaufen, da in diesem Fall zu befürchten ist, dass die der Verschwiegenheit unterliegende „Information" nicht (erst) durch die Einsicht in sichergestellte Unterlagen, sondern (bereits) durch die Inanspruchnahme des Widerspruchs und des Begehrens auf Versiegelung aus dessen Begründung bekannt wird. Insofern würde sich, wollte man dem Betroffenen eine strenge Nachweispflicht auferlegen, das ihr aus § 112 StPO erwachsende Recht selbst ad absurdum führen. Tatsächlich ist gem § 112 StPO vorzugehen, wenn ein Betroffener sein Recht glaubhaft macht, was bereits durch den Verweis auf die berufsrechtliche Verschwiegenheitsverpflichtung geschieht, wobei bereits Zweifel daran, ob Informationen der gesetzlichen Verschwiegenheitspflicht unterliegen, für eine Versiegelung der Daten ausreichen müssen. Aus diesem Grund wird auch der Gesetzgeber davon abgesehen haben, dem Betroffenen eine über das Begehren auf Versiegelung hinausgehende Behauptungs- und Bescheinigungslast aufzuerlegen.

Nach der Rsp ist eine genaue Bezeichnung einzelner Unterlagen überdies nicht erforderlich: In seiner Entscheidung vom 19.3.1997, 13 Os 28-30/97,[420] welche zur Rechtslage vor Inkrafttreten der StPO-Novelle erging, sprach der OGH aus, dass die unbeschränkte Freigabe bzw Rückstellung der beschlagnahmten Unterlagen an den Parteienvertreter ohne Durchführung einer Sichtung derselben nicht dem Gesetz entspreche. Die Ratskammer habe die beschlagnahmten Papiere einer Sichtung zu unterziehen, ob und inwieweit in jedem Einzelfall der globale Einwand des beruflichen Parteienvertreters (und des Verdächtigen) zutreffe, wonach alle Papiere dem auf § 152 Abs 1 Z 4, Abs 2 und Abs 3 StPO aF gegründeten Beweisverbot unterliegen. Nichts anderes kann nach der aktuellen Rechtslage sowie für die unbeschränkte Aufrechterhaltung der Sicherstellung der Unterlagen ohne entsprechende Einsichtnahme und Sichtung deren Inhaltes gelten.

---

419   *Fabrizy*, StPO[11] § 112 Rz 2 mwN; *Bauer*, ÖJZ 2008, 754 (755); EB zur RV EBRV 25 BlgNR 22. GP, 157.

420   ecolex 1997, 699 m Anm *Koch*.

bb) Vergleich zwischen dem Gesetzestext und der Regierungsvorlage

Der Gesetzestext unterscheidet sich von der Regierungsvorlage in wesentlichen Punkten. Nach dem nunmehr beschlossenen Gesetzestext ist es im Vergleich zur Regierungsvorlage nicht erforderlich, dass der Betroffene **der Tat nicht selbst beschuldigt ist,** um von dem Widerspruchsrecht nach § 112 StPO Gebrauch zu machen. Aus dem Ausschussbericht geht hervor, dass das Widerspruchsrecht auch dem der Tat dringend verdächtigten Berufsgeheimnisträger zukommen soll.

Entgegen der Regierungsvorlage ist das Widerspruchsrecht nicht auf die in § 157 Abs 1 Z 2–5 StPO normierten Verschwiegenheitspflichten beschränkt, sondern bezieht sich allgemein auf die **gesetzlich anerkannten Verschwiegenheitsrechte.**

Anders als in der Regierungsvorlage vorgesehen, sind nunmehr die sichergestellten Unterlagen zu sichern und bei **Gericht zu hinterlegen** und nicht bloß getrennt vom Ermittlungsakt aufzubewahren. Nur auf **Antrag des Betroffenen** sind die Unterlagen bei der **Staatsanwaltschaft** – getrennt vom Ermittlungsakt – zu hinterlegen. Es wird nun ausdrücklich festgehalten, dass sowohl die Staatsanwaltschaft als auch die Kriminalpolizei die Unterlagen nicht einsehen dürfen, sofern über die Einsicht noch nicht entschieden worden ist.

Entgegen der Regierungsvorlage hat die **Frist des Betroffenen zur konkreten Bezeichnung** der Aufzeichnungen und Datenträger, deren Offenlegung eine Umgehung seiner Verschwiegenheit bedeuten würde, gem § 112 Abs 2 StPO angemessen zu sein und darf **14 Tage nicht unterschreiten.** Weiters ist ausdrücklich normiert, dass der Betroffene zu diesem Zweck berechtigt ist, in die hinterlegten Unterlagen **Einsicht zu nehmen.** Sinngemäß unverändert zur Regierungsvorlage ist, dass bei **Unterlassung dieser Bezeichnung** durch den Betroffenen die Unterlagen zum Akt zu nehmen sind und ausgewertet werden können.

Es wurde auch an der bisherigen **Kompetenzverteilung** zwischen Gericht und Ermittlungsbehörden festgehalten. Die Regierungsvorlage sah für den Fall, dass die vom Umgehungsverbot umfassten Unterlagen vom Betroffenen nicht bzw nicht fristgerecht bezeichnet werden, vor, dass die Staatsanwaltschaft ggf unter Beiziehung des Betroffenen und eines Sachverständigen oder geeigneter Hilfskräfte zu sichten und anzuordnen hat, welche Unterlagen in den Akt genommen werden können. Dies wurde im Gesetzestext nicht beibehalten, sondern die Sichtung dem Gericht und nur im Fall eines Antrages des Betroffenen der Staatsanwaltschaft überlassen.

Ausdrücklich wird nunmehr im Gesetzestext normiert, dass Unterlagen, welche nicht zum Akt genommen werden, dem **Betroffenen** auszufolgen sind. Die aus der Sichtung gewonnenen Erkenntnisse dürfen **bei sonstiger Nichtigkeit** nicht für die weiteren Ermittlungen oder als Beweis verwendet werden.

h) Rechtsmittel gegen die Sicherstellung

Gem § 112 Abs 3 StPO kann der Betroffene gegen die **Anordnung der Staatsanwaltschaft Einspruch** erheben. In diesem Fall sind die Unterlagen dem Gericht vorzulegen. Die Kompetenz über die Entscheidung, ob und in welchem Umfang die Unterlagen zum Akt genommen werden, bleibt beim Gericht.

Gegen den Beschluss, mit welchem die weitere Sicherstellung der Gegenstände oder die Rückstellung derselben an den Betroffenen angeordnet wird, steht dem Betroffenen sowie der Staatsanwaltschaft gem §§ 87 Abs 1 iVm 112 StPO die **Beschwerde** an das Rechtsmittelgericht zu. Die Beschwerde hat aufschiebende Wirkung.

Gem § 33 Abs 1 Z 1 StPO ist für die Beschwerde das OLG (in Zusammensetzung eines Dreirichtersenates, § 33 Abs 2 StPO) zuständig. Ein weiterer Rechtszug an den OGH ist nicht zulässig. Allenfalls könnte die Generalprokuratur gegen die Entscheidung des OLG Nichtigkeitsbeschwerde zur Wahrung des Gesetzes (§ 23 StPO) erheben. Diesbezüglich steht dem Betroffenen jedoch kein Antragsrecht zu.

i) Beendigung der Sicherstellung

Gem § 113 Abs 1 StPO endet die Sicherstellung, wenn sie von der Kriminalpolizei aufgehoben wird bzw die Staatsanwaltschaft die Aufhebung anordnet, oder wenn das Gericht die Beschlagnahme anordnet.

Die Kriminalpolizei ist nur dann zur Aufhebung der Sicherstellung ermächtigt, sofern diese selbst die Sicherstellung angeordnet hat. Bei der Sicherstellung durch die Staatsanwaltschaft oder bei eigenmächtig vorgenommener Sicherstellung durch die Kriminalpolizei hat die Staatsanwaltschaft sogleich nach der Sicherstellung bei Gericht die Beschlagnahme zu beantragen oder – sofern die Voraussetzungen nicht vorliegen oder nachträglich weggefallen sind – die Aufhebung der Sicherstellung anzuordnen.[421] Bis zur Entscheidung über die Beschlagnahme hat die Kriminalpolizei über die Verwahrung der sichergestellten Gegenstände zu sorgen; danach obliegt dies der Staatsanwaltschaft.[422] Sofern das Gericht die Beschlagnahme ablehnt oder einem Rechtsmittel des Betroffenen Folge gibt, kommt es grundsätzlich zur Aufhebung der Sicherstellung.

Eine Sicherstellung ist aufgrund des Prinzips der Verhältnismäßigkeit jedenfalls dann zu beenden, wenn die sichergestellten Gegenstände nicht weiter als Beweis erforderlich sind oder der Beweis durch ein gelinderes Mittel als die Sicherstellung erlangt werden kann.[423]

---

421 *Tipold/Zerbes* in *Fuchs/Ratz* (Hrsg), WK-StPO § 113 Rz 4 ff.
422 § 114 Abs 1 StPO.
423 *Spenling* in *Fuchs/Ratz* (Hrsg), WK-StPO § 367 Rz 2.

In § 113 Abs 2 StPO ist die Verpflichtung der Kriminalpolizei statuiert, der Staatsanwaltschaft über jede Sicherstellung, binnen 14 Tage zu berichten. Eine Ausnahme von dieser Verpflichtung ist dann vorgesehen, wenn die Kriminalpolizei bereits vor Ablauf der 14-tägigen Frist selbst die Sicherstellung wegen Fehlens oder Wegfall der Voraussetzungen beendet.

Nach Beendigung der Sicherstellung sind die Gegenstände an jene Person auszufolgen, aus deren Verfügungsmacht sie sichergestellt wurden.[424]

j) Kostenersatz für die Mitwirkung an der Sicherstellung

In § 111 Abs 3 StPO ist der Aufwandersatz im Falle einer Sicherstellung von Gegenständen oder Vermögenswerten von Personen festgehalten, welche nicht zugleich Beschuldigter sind. Sofern daher eine Sichtung bei einer verdächtigen Person bzw Beschuldigten vorgenommen wird, kann dieser selbst im Falle eines Freispruchs keinen Kostenersatz fordern. Danach sind diesen Personen die angemessenen und ortsüblichen Kosten zu ersetzen, die ihr durch die Trennung von Urkunden oder sonstigen beweiserheblichen Gegenständen von anderen oder durch die Ausfolgung von Kopien notwendigerweise entstanden sind. Aufwandersatz kann man daher insb für Kopier- und Trennungskosten, aber auch für die erforderliche Arbeitszeit einer Ab- oder Aussonderung fordern.[425]

Eine Trennung von Unterlagen wird insb auch im Interesse des Betroffenen sein. IdR werden in einem Unternehmen eine Vielzahl von Dokumenten aufbewahrt. Darunter fallen Geschäftspapiere, Schriftstücke sowie Kundendaten und Aufzeichnungen. Diese befinden sich dazu zumeist noch auf verschiedenen Datenträgern. Eine Absonderung der von der Anordnung zur Sicherstellung umfassten Daten und den sonstigen Daten kann mit einem hohen Zeitaufwand verbunden sein. Sofern der von der Sicherstellung Betroffene nicht zugleich auch der Straftat, aufgrund derer die Sicherstellung angeordnet wurde, dringend verdächtig ist, kann grundsätzlich auch Kostenersatz für die sog „Trennungskosten" begehrt werden.[426] *Tipold* und *Zerbes* vertreten hierzu die Ansicht, dass sich eine Trennung der Daten nicht mit Beugemittel erzwingen lässt, da es hierfür keine gesetzliche Grundlage gibt und die Sicherstellung sämtlicher Daten im Vergleich das gelindere Mittel darstellen.

3. Die Beschlagnahme

a) Definition

Gem § 109 Z 2 StPO versteht man unter dem Begriff der „Beschlagnahme" eine bestätigende gerichtliche Entscheidung auf Begründung oder Fortsetzung einer

---

424 § 114 Abs 2 StPO.
425 Vgl OGH 17.6.1992, 13 Os 54/92.
426 *Tipold/Zerbes* in *Fuchs/Ratz* (Hrsg), WK-StPO 146. Lfg § 111 Rz 4.

Sicherstellung und das gerichtliche Verbot der Veräußerung, Belastung oder Verpfändung von Liegenschaften oder Rechten, die in einem öffentlichen Buch eingetragen sind.

Demgemäß stellt die Beschlagnahme eine Bestätigung der Sicherstellung dar. Die Sicherstellung ist allerdings nicht Voraussetzung einer Beschlagnahme, doch wird idR der Beschlagnahme eine Sicherstellung vorangehen.[427] Eine Beschlagnahme ohne vorangehende Sicherstellung kommt insb während des Hauptverfahrens zur Beischaffung von Beweismitteln durch das Gericht in Betracht.[428]

b) Voraussetzungen

In § 115 StPO werden die Voraussetzungen der Beschlagnahme in materieller und formeller Hinsicht statuiert. Die Beschlagnahme ist gem § 115 Abs 1 StPO zulässig, wenn die sichergestellten Gegenstände voraussichtlich im weiteren Verfahren als Beweismittel erforderlich sein werden (Z 1), oder privatrechtlichen Ansprüchen unterliegen (Z 2), oder dazu dienen werden, eine gerichtliche Entscheidung bezüglich einer vermögensrechtlichen Anordnung zu sichern, deren Vollzug andernfalls gefährdet oder wesentlich erschwert wäre (Z 3).[429] Eine Beschlagnahme ist daher aus denselben Gründen wie eine Sicherstellung zulässig. Es ist allerdings zu beachten, dass die Zulässigkeit einer Sicherstellung nicht automatisch auf die Zulässigkeit der Beschlagnahme schließen lässt. So ist insb eine Überprüfung dahingehend erforderlich, ob die sichergestellten Gegenstände im weiteren Verfahren als Beweismittel erforderlich sein werden.

Im Gegensatz zur Sicherstellung können von der Beschlagnahme sehr wohl Liegenschaften und insb die in öffentlichen Büchern eingetragenen Objekte und Rechte betroffen sein. Die Beschlagnahme einer Liegenschaft oder eines in den öffentlichen Büchern eingetragenen Rechts erfolgt durch ein in das Grundbuch eingetragenes Veräußerungs- und/oder Belastungs- und/oder Verpfändungsverbot.[430]

Sowohl die Sicherstellung als auch die Beschlagnahme haben sich – aufgrund des Eingriffs in das Grundrecht auf Eigentum – am Grundsatz der Verhältnismäßigkeit zu orientieren, sodass gem § 115 Abs 3 StPO bei Vorliegen von gelinderen Mitteln keine Beschlagnahme zu erfolgen hat. Es ist daher auch hier in jedem Fall vor Bewilligung der Beschlagnahme durch das Gericht zu prüfen, ob die Voraussetzungen der Sicherstellung/Beschlagnahme vorliegen und ob – insb im Hinblick auf die nicht vorübergehende Dauer der Beschlagnahme – gelindere Mittel als die Beschlagnahme möglich wären.[431] Dementsprechend ist in § 115 Abs 5

---

427 EBRV 25 BlgNR 22. GP zu § 109 (153).
428 Vgl *Tipold/Zerbes* in *Fuchs/Ratz* (Hrsg), WK-StPO § 115 Rz 5.
429 Vgl zu den Begriffen Punkt V.A.2. zur Sicherstellung.
430 Vgl *Tipold/Zerbes* in *Fuchs/Ratz* (Hrsg), WK-StPO § 115 Rz 1.
431 Vgl *Tipold/Zerbes* in *Fuchs/Ratz* (Hrsg), WK-StPO § 115 Rz 12 f.

StPO normiert, dass in Bewilligungsbeschlüssen zur Beschlagnahme zur Sicherung einer gerichtlichen Entscheidung auf (erweiterten) Verfall ein Geldbetrag festzusetzen ist, bei dessen Erlag die Beschlagnahme zu beenden ist.

c) Verfahren zur Beschlagnahme

Über die Beschlagnahme hat das Gericht auf Antrag der Staatsanwaltschaft oder auf Antrag auf Aufhebung der Sicherstellung von einer von der Sicherstellung betroffenen Person zu entscheiden. Der Antrag der Staatsanwaltschaft hat ein Begehren auf Beschlagnahme zu enthalten. Dieses Begehren muss allerdings begründet werden, und zwar unter Darlegung der Verdachtslage, der Gründe für die Erwartung einer vermögensrechtlichen Rechtsfolge und für die Gefährdung bzw die Erschwerung der Einbringung.[432]

Sofern das Gericht die Beschlagnahme bewilligt, ist dieser Beschluss der Staatsanwaltschaft und all jenen Personen zuzustellen, die durch die Beschlagnahme in ihren Rechten beeinträchtigt sind.[433] Der gerichtliche Beschluss hat das Objekt der Beschlagnahme zu definieren und eine Begründung der Erforderlichkeit der Beschlagnahme zu Beweiszwecken oder zur Sicherung zu enthalten. Im Falle der Sicherung vermögensrechtlicher Anordnungen sind außerdem die Voraussetzungen für die Konfiskation, den Verfall oder die Einziehung darzulegen und insb die Verdachtslage zu begründen. Wenn dem Antrag auf Beschlagnahme bereits eine zureichende Begründung zugrunde liegt, ist das Gericht berechtigt, sich bei der Begründung des Bewilligungsbeschlusses auf den Antrag zu beziehen.[434]

Gem § 115 Abs 4 StPO gelten für eine Beschlagnahme durch Drittverbot und Veräußerungs- und Belastungsverbot iSd § 109 Z 2 lit b die Bestimmungen der Exekutionsordnung über die einstweiligen Verfügungen sinngemäß, sofern die StPO keine andere Regelung vorsieht.

d) Beschlagnahmeverbote

Ein Beschlagnahmeverbot besteht – wie ein Sicherstellungsverbot –, wenn ein Beweisverbot vorliegt. Insb besteht ein Beschlagnahmeverbot von Gegenständen bei Personen, die einer Verschwiegenheitspflicht unterliegen. Das Beschlagnahmeverbot entfällt allerdings, wenn der Verschwiegenheitspflichtige selbst unter dringendem Tatverdacht steht.[435]

---

432 Vgl *Tipold/Zerbes* in *Fuchs/Ratz* (Hrsg), WK-StPO § 115 Rz 15.
433 EBRV 25 BlgNR 22. GP zu § 115 (159) mit Verweis auf § 86 Abs 2 StPO.
434 Vgl *Tipold/Zerbes* in *Fuchs/Ratz* (Hrsg), WK-StPO § 115 Rz 18 ff.
435 Vgl dazu im Detail V.A.2.f)cc).

e) Rechtsmittel gegen die Beschlagnahme

Gegen den Beschluss steht dem Beschuldigten, soweit dessen Interessen unmittelbar betroffen sind, der Staatsanwaltschaft sowie jeder anderen Person, der durch den Beschluss unmittelbar Rechte verweigert wurden oder Pflichten entstehen oder die von einem Zwangsmittel betroffen sind, gem § 87 Abs 1 StPO die Beschwerde an das Rechtsmittelgericht zu. Mangels entsprechender gesetzlicher Anordnung hat die Erhebung der Beschwerde jedoch keine aufschiebende Wirkung (§ 87 Abs 3 StPO).

Sofern im Ermittlungsverfahren ein Beschlagnahmebeschluss durch das Gericht erlassen wird, ohne dass zuvor ein entsprechender Antrag gestellt wurde, besteht die Möglichkeit zur Erhebung einer Beschwerde gem § 87 StPO aufgrund einer Rechtsverletzung.

Die Beschwerde ist binnen 14 Tagen ab Bekanntmachung oder ab Kenntnis der Nichterledigung oder der Verletzung des subjektiven Rechts schriftlich oder auf elektronischem Weg bei Gericht einzubringen oder mündlich zu Protokoll zu geben (§ 88 Abs 2 StPO). Eine Beschwerde gegen einen Beschluss, mit dem eine Anordnung der Staatsanwaltschaft im Ermittlungsverfahren bewilligt wird, ist bei der Staatsanwaltschaft einzubringen.

Der Vollständigkeit halber ist darauf hinzuweisen, dass in der StPO die Rechtsmittel abschließend aufgezählt sind und § 115 Abs 4 StPO nur einen Hinweis auf die sinngemäße Anwendbarkeit der EO enthält, sodass die Rechtsmittel der ZPO und EO – insb Rekurs und Widerspruch – nicht zur Anwendung gelangen.[436]

f) Aufhebung der Beschlagnahme

Sobald die Voraussetzungen für die Beschlagnahme nicht mehr bestehen oder ein bestimmter Geldbetrag hinterlegt wird, durch welchen eine allenfalls auszusprechende vermögensrechtliche Anordnung „sichergestellt" ist, hat die Staatsanwaltschaft – bzw nach Einbringen der Anklage das Gericht – die Beschlagnahme aufzuheben. Auch bei Wegfall der Verhältnismäßigkeit der Beschlagnahme ist die Beschlagnahme unverzüglich aufzuheben.

Die Beschlagnahme von Gegenständen aus Beweisgründen ist nicht zulässig und auf Verlangen des Betroffenen aufzuheben, soweit und sobald der Beweiszweck durch Bild-, Ton- oder sonstige Aufnahmen oder automationsunterstützt verarbeiteter Daten erfüllt werden kann und nicht anzunehmen ist, dass die sichergestellten Gegenstände selbst oder die Originale der sichergestellten Information in der Hauptverhandlung in Augenschein zu nehmen sein werden (§ 115 Abs 3 iVm § 110 Abs 4 StPO).

---

436   Vgl OGH 6.11.2001, 14 Os 133/01.

g) Verwertung nach den §§ 115a bis 115d StPO

Beschlagnahmte oder sichergestellte Gegenstände, welche dazu dienen, eine gerichtliche Entscheidung bezüglich einer vermögensrechtlichen Anordnung iSd § 110 Abs 1 Z 3 StPO bzw § 115 Abs 1 Z 3 StPO zu sichern, können unter gewissen Voraussetzungen verwertet werden.

Das Verwertungsverfahren obliegt gem § 31 Abs 1 Z 2 StPO dem Einzelrichter. Gem § 115b StPO hat das Gericht die Verwertung durch Edikt anzukündigen. Dies bedeutet, dass ein Beschluss über die Verwertung erst ergehen darf, wenn die Verwertung bereits zuvor durch Edikt öffentlich angekündigt wurde. Entsprechend § 115b Abs 1 Z 3 StPO kann der Vermögenswert nach Ablauf eines Jahres verwertet werden.

Nach § 115a Abs 1 StPO können iSd § 110 Abs 1 Z 3 StPO bzw § 115 Abs 1 Z 3 StPO sichergestellte Geldbeträge, Geldforderungen und Wertpapiere[437] eingezogen oder verwertet werden, wenn über den (erweiterten) Verfall nicht in einem eigenem Strafurteil entschieden werden kann, da der Betroffene nicht auffindbar ist oder seit der Sicherstellung oder Beschlagnahme mindestens zwei Jahre vergangen sind. Letzteres setzt allerdings voraus, dass bereits gem § 115b StPO seit mindestens einem Jahr die Verwertung per Edikt öffentlich bekannt gemacht war. Eine Verwertung ist jedenfalls dann unzulässig, wenn eine unverdächtige Person ein Recht auf den Geldbetrag, die Geldforderung oder die Wertpapiere glaubhaft macht oder der Vermögenswert bereits gerichtlich gepfändet ist. Für die Vollstreckung eines rechtskräftigen Beschlusses ist die Regelung des § 408 StPO – Aufforderung zum Erlag/Exekution – sinngemäß anzuwenden.[438]

4. Die Durchsuchung von Orten und Gegenständen

a) Allgemeines und Definition

Gem § 117 Z 2 StPO versteht man unter der Durchsuchung von Orten und Gegenständen das Durchsuchen eines nicht allgemein zugänglichen Grundstückes, Raumes, Fahrzeuges oder Behältnisses (lit a) sowie das Durchsuchen einer Wohnung oder eines anderen Ortes, der durch das Hausrecht geschützt ist, und darin befindlicher Gegenstände (lit b). Demzufolge ist die Durchsuchung von allgemein zugänglichen Orten ohne Einschränkung zulässig.[439]

---

437 Für andere Gegenstände sind die Regelungen des § 377 StPO sinngemäß anzuwenden. Die Gegenstände sind daher in der Ediktsdatei öffentlich bekannt zu machen und binnen Jahresfrist aufzubewahren. Sofern es sich um leicht verderbliche Güter oder Gegenstände handelt, deren Aufbewahrung mit zu hohen Kosten verbunden wäre, kann das Gericht gem § 377 StPO die Veräußerung des Gutes durch öffentliche Versteigerung einleiten.

438 § 115s Abs 1 StPO.

439 EBRV 25 BlgNR 22. GP zu § 119 (165).

b) Grundrechte

Wie bereits aus dem Gesetzeswortlaut des § 117 Z 2 StPO hervorgeht, wird zwischen Durchsuchungen von Orten und Gegenständen unterschieden, welche durch das Hausrecht geschützt sind, und jenen für die dies nicht zutrifft. Nach § 4 HausRG ist das Hausrecht verfassungsgesetzlich geschützt. Sofern daher von einer Maßnahme in das Hausrecht eingegriffen wird, hat diese Maßnahme dem Grundsatz der Verhältnismäßigkeit zu entsprechen.[440] Daneben findet sich ein strafrechtlicher Schutz in §§ 302 f StGB. Weiters kann ein Eingriff in das Grundrecht auf Privatsphäre iSd Art 8 EMRK vorliegen.

Der VfGH hat idZ mit Art 9 StGG „Hausrecht" wiederholt ausgesprochen, dass das Hausrecht *„ein die persönliche Würde und Unabhängigkeit verletzender Eingriff in den Lebenskreis des Wohnungsinhabers, in Dinge, die man im allgemeinen berechtigt und gewohnt ist, dem Einblick Fremder zu entziehen ist"*[441], schützt. Demnach ist der vom Hausrecht geschützte Räumlichkeitsbereich weit auszulegen. Von Art 9 StGG geschützt sind nicht nur Wohnungen, sondern auch dazugehörige Nebengebäude,[442] aber auch betrieblich genutzte Räume[443] sowie Wohnmobile.[444]

Gem § 5 Abs 1 StPO dürfen Kriminalpolizei, Staatsanwaltschaft und Gericht bei der Ausübung von Befugnissen und bei der Aufnahme von Beweisen nur soweit in Rechte von Personen eingreifen, als dies gesetzlich ausdrücklich vorgesehen und zur Aufgabenerfüllung erforderlich ist. Erst hierdurch werden die zur Wahrung der Verhältnismäßigkeit der Ermittlungsmaßnahme iSd § 5 StPO unbedingt erforderlichen Grenzen der Befugnisse der Ermittlungsbehörden abgesteckt.[445] Weiters wird der Betroffene nur durch einen ordnungsgemäß begründeten Bewilligungsbeschluss – wie gesetzlich vorgesehen – in die Lage versetzt, einen Eingriff in sein Hausrecht durch Herausgabe der Unterlagen abzuwenden.

c) Voraussetzungen

Die Durchsuchung von Orten und Gegenständen sowie von Personen ist in den §§ 119 ff StPO geregelt. In § 119 StPO sind die Voraussetzungen festgelegt, welche erfüllt sein müssen, um eine derartige Durchsuchung durchzuführen. Gem § 119 Abs 1 StPO ist die Durchsuchung von Orten zulässig, wenn aufgrund bestimmter Tatsachen anzunehmen ist, dass sich dort eine Person verbirgt, die einer Straftat verdächtig ist, oder sich Gegenstände oder Spuren befinden, die sicherzustellen oder auszuwerten sind. Als bestimmte Tatsache iSd § 119 Abs 1

---

440 Vgl *Tipold/Zerbes* in *Fuchs/Ratz* (Hrsg), WK-StPO Vor §§ 119–122 Rz 3.
441 VfSlg 1486/1933, 5182/1965, 9525/1982.
442 Vgl VfSlg 5182/1965 für Kellerabteile.
443 Vgl VfSlg 6.328/1970.
444 Vgl VfSlg 10.124/1984.
445 Vgl etwa *Pilnacek/Pleischl*, Das neue Vorverfahren (2004) Rz 510.

StPO kommt auch der Inhalt einer anonymen Anzeige in Betracht.[446] Als nicht zulässig ist es daher anzusehen, wenn ohne Verdachtsmomente eine Durchsuchung von Orten und Gegenständen in der Hoffnung, Hinweise zu erhalten, durchgeführt wird.[447] Nach der Rsp des VwGH besteht ein Verdacht, *„wenn hinreichende tatsächliche Anhaltspunkte die Annahme der Wahrscheinlichkeit des Vorliegens von bestimmten Umständen rechtfertigen."*[448]

Der von der Durchsuchung von Gegenständen und Orten Betroffene muss nicht Verdächtiger oder Beschuldigter sein. Auch unverdächtige Personen können daher Betroffene sein. Damit eine Hausdurchsuchung aufgrund einer Person, die einer Straftat verdächtig ist, gerechtfertigt erscheint, ist es nicht erforderlich, dass die Person bereits namentlich erfasst ist, sondern sie muss lediglich individualisierbar sein. Eine auf der Flucht befindliche Person, welche auf frischer Tat erfasst wurde, kann daher eine Durchsuchung von Orten und Gegenständen rechtfertigen, auch ohne dass der Name feststeht.[449] Als Gegenstände iSd § 119 StPO sind insb jene Gegenstände zu verstehen, die einer Sicherstellung gem § 110 StPO zugänglich sind, also Gegenstände zu Beweiszwecken, zur Sicherung privatrechtlicher Ansprüche oder zur Sicherung vermögensrechtlicher Anordnungen.

Der VfGH hat bereits öfters festgehalten, dass *„eine systematische Besichtigung wenigstens eines bestimmten Objektes"*[450] ausreichend ist, damit es sich um eine Hausdurchsuchung handelt. Nach der Rsp des VfGH ist es nicht als eine Hausdurchsuchung zu werten, sofern eine Wohnung bloß betreten wird, ohne darin etwas zu suchen.[451]

---

446 OGH 21.7.2009, 14 Os 46/09k.
447 Vgl VwGH 8.9. 1988, 88/16/0093, JBl 1989,198; *Tipold/Zerbes* in *Fuchs/Ratz* (Hrsg), WK-StPO Vor §§ 119–122 Rz 4.
448 Vgl VwGH 8.9. 1988, 88/16/0093.
449 Vgl *Tipold/Zerbes* in *Fuchs/Ratz* (Hrsg), WK-StPO Vor §§ 119 Rz 3.
450 Vgl VfSlg 3351/1958, 6528/1971, 8642/1979.
451 Vgl VfGH 9.6.1992, B901/91, das bloße Betreten kann – insb bei Fehlen einer Rechtsgrundlage – eine Verletzung des Art 8 EMRK darstellen.

d) Grafische Übersicht

Abb 11: Durchsuchung von Orten und Gegenständen

e) Verfahren zur Durchsuchung von Orten und Gegenstände

§ 120 StPO normiert die zur Anordnung und Vornahme der Durchsuchung zuständigen Behörden und regelt den Fall einer Durchsuchung bei Gefahr in Verzug. In § 121 StPO sind die Rechte des von der Durchsuchung Betroffenen angeführt und die Art und Weise der Durchführung der Durchsuchung geregelt.

In Fällen von Gefahr im Verzug kann die Kriminalpolizei eine Durchsuchung von Orten und Gegenständen vorläufig auch ohne Anordnung vornehmen. Aus den Erwägungen in den Materialien zum StPRG[452] darf bei einer bei Gefahr im Verzug durchgeführten Hausdurchsuchung die nachträgliche Bewilligung nicht versagt werden, wenn die materiellen Voraussetzungen vorlagen, es aber lediglich an der „Gefahr in Verzug" gefehlt habe. Diese Ausführungen tragen dem Umstand Rechnung, dass in den vom Gesetzgeber angedachten „Gefahrsituationen" regelmäßig hohe Dringlichkeit gegeben ist, welche unverzügliche Entscheidungen erfordert. In diesem Fall – und nur in diesem – sieht der Gesetzgeber von der Einhaltung bestimmter Formerfordernisse, welche sonst unumgängliche Voraussetzung für die Zulässigkeit dieser Ermittlungsmaßnahme sind, ab. Die Entscheidung, ob „Gefahr im Verzug" vorliegt, ist eine Ermessensentscheidung, welche regelmäßig von Ermittlungsbeamten ohne umfassende juristische Ausbildung in einer besonderen Drucksituation zu treffen ist. Wird dieser Ermessensspielraum im Einzelfall überschritten, so soll dies nicht die unbillige Konsequenz haben, dass eine Verwertung allenfalls aufgefundener Beweismittel unzulässig wird, falls das Gericht zur Auffassung gelangt, dass es die Durchsuchung ohnehin auch im

---

452   EBRV 25 Blg NR 22 GP, 130 zu § 119 (169).

Vorhinein bewilligt hätte. Auch hier wird eine Bewilligung aber regelmäßig nur dann in Frage kommen, wenn anhand des von der Kriminalpolizei zu erstattenden Berichtes (§ 121 StPO) sowie des Antrages der Staatsanwaltschaft mit ausreichender Sicherheit auf das Vorliegen der materiellen Voraussetzungen für die durchgeführte Hausdurchsuchung geschlossen werden kann.

Gem § 120 Abs 2 StPO kann die Kriminalpolizei Durchsuchungen an nicht allgemein zugänglichen Grundstücken, Räumen, Fahrzeugen oder Behältnissen von sich aus durchführen.

In formeller Hinsicht hat die Staatsanwaltschaft nach gerichtlicher Bewilligung eine entsprechende Anordnung an die Kriminalpolizei zu richten. Diese Anordnung ist von der Staatsanwaltschaft schriftlich auszufertigen und hat jedenfalls jene Tatsachen zu bezeichnen, aus denen sich das Vorliegen der gesetzlichen Voraussetzungen und die Verhältnismäßigkeit der Ermittlungsmaßnahme ergibt.[453] Nach Lehre und Rsp[454] ist außerdem bestimmt, zu bezeichnen, nach welchen Gegenständen im Rahmen der Hausdurchsuchung zu suchen ist.

Durchsuchungen von Wohnungen oder anderen Orten, die durch das Hausrecht geschützt sind, und darin befindliche Gegenstände sind gem § 120 StPO aufgrund einer gerichtlichen Bewilligung von der Staatsanwaltschaft anzuordnen. Schon aus dem Wortlaut, jedenfalls aber bei teleologischer und systematischer Betrachtung dieser Bestimmung, folgt zweifelsfrei, dass sowohl eine gesetzeskonforme Anordnung als auch eine entsprechende gerichtliche Bewilligung jedenfalls vor tatsächlicher Durchführung der Hausdurchsuchung erfolgen müssen. Gem § 86 Abs 1 StPO hat die Begründung eines Beschlusses die tatsächlichen Feststellungen sowie die rechtlichen Überlegungen zu enthalten, welche der Entscheidung zugrunde gelegt werden.

Aus der Begründung einer gerichtlichen Durchsuchungsbewilligung hat sich daher zu ergeben, welche Gegenstände man an dem zu durchsuchenden Ort zu finden erhofft, von denen erwartet werden kann, dass sie für die Aufklärung der Strafsache von Bedeutung sind.[455] Die Anordnung einer Durchsuchung muss nach der Judikatur[456] sowie hL die zu suchenden Objekte präzise bezeichnen, um dem Hausberechtigten Gelegenheit zu bieten, die gesuchten Gegenstände freiwillig herauszugeben. Die zu suchenden Gegenstände müssen daher bereits vor Beginn der Suche festgelegt sein. Es ist nicht zulässig, beim Betroffenen irgendwelche Beweismittel zu suchen.[457] Die pauschale Anordnung der Suche nach Beweis-

---

453 § 102 StPO.
454 Vgl etwa LG Klagenfurt 17.1.2008, 7 Bl 8/08g; *Tipold/Zerbes* in *Fuchs/Ratz* (Hrsg), WK-StPO § 139 aF Rz 16; *Fabrizy*, StPO[11] § 120 Rz 3; in der gegenständlichen Sache ergangen OLG Wien 23 Bs 68/09g, 23 Bs 69/09d, 23 Bs 96/09z; vgl auch BMJ-L64.028/0001-II 3/2009.
455 Vgl *Fabrizy*, StPO[11] § 120 Rz 3.
456 LG Klagenfurt 17.1.2008, 7 Bl 8/08g.
457 Vgl *Tipold/Zerbes* in *Fuchs/Ratz* (Hrsg), WK-StPO, § 139 Rz 16.

mitteln, deren Besitz oder Besichtigung *„für das Strafverfahren von Bedeutung sein könnte"* oder *„zur weiteren Aufklärung der Straftat und zur Erhärtung des Tatverdachts"* erforderlich seien, oder *„dass sich dort insb Unterlagen und sonstige Beweismittel befinden, die aus Beweisgründen sicherzustellen oder auszuwerten sind"*, kann daher rechtswidrig sein.[458]

Zwar sieht die StPO nur für gerichtliche Beschlüsse ausdrücklich eine Begründungspflicht vor, die von der Rsp zu § 139 StPO aF entwickelten Grundsätze treffen jedoch bereits auf die Anordnung der Durchsuchung durch die Staatsanwaltschaft zu, sodass bereits diese den genannten Beschränkungen und Bestimmtheitsgeboten zu entsprechen hat. Die pauschale Anordnung der Durchsuchung sämtlicher Räumlichkeiten, ohne jegliche Beschränkung in zeitlicher, inhaltlicher oder personeller Hinsicht, ist nicht ausreichend konkretisiert, unverhältnismäßig und daher rechtswidrig. Sofern der Beschluss bloß auf Einvernahmen sowie auf Aktenbestandteile verweist, in welche der Betroffenen keine Einsicht gewährt wurde, stellt dies keine nachvollziehbare Begründung dar und ist daher unzureichend.[459]

Gem § 105 Abs 1 StPO hat das Gericht für die Durchführung einer von ihm bewilligten Maßnahme eine Frist zu setzen, bei deren ungenützten Ablauf die Bewilligung außer Kraft tritt.

Die Durchsuchung von Orten und Gegenständen ist jedenfalls dann zu beenden, wenn der Zweck der Durchsuchung erreicht ist. Dies bedeutet, dass eine weitere Durchsuchung nach noch nicht näher definierten Gegenständen nicht zulässig ist.

f) Vorgehensweise

Gem § 121 Abs 1 StPO ist der Betroffene vor der Vornahme der Durchsuchung aufzufordern, die Durchsuchung zu gewähren oder das Gesuchte freiwillig herauszugeben. Hierbei sind dem Betroffenen die Gründe darzulegen, welche eine Durchsuchung rechtfertigen:

Die Anwendung von Zwangsgewalt und Beugemitteln iSd § 93 StPO ist nur dann unzulässig, wenn es sich um die Durchsuchung einer Person handelt, die durch eine Straftat Verletzungen erlitten oder andere Veränderungen am Körper erfahren haben könnte.

Im Falle einer Durchsuchung von Orten und Gegenständen iSd § 117 Z 2 StPO hat der Betroffene nach § 121 Abs 2 StPO das Recht, bei der Durchsuchung anwesend zu sein. Sofern der Wohnungsinhaber nicht angetroffen werden kann, ist ein volljähriger Mitbewohner berechtigt, die Rechte des Wohnungsinhabers auszuüben. Sollte dies nicht möglich sein, so sind nach dem Gesetzeswortlaut zwei unbeteiligte, vertrauenswürdige Personen beizuziehen.

---

458   Vgl OGH 29.1.2002, 14 Os 172/01.
459   Vgl OGH 14.5.2008, 13 Os 46/08a.

Sofern eine Durchsuchung der Räumlichkeiten eines Verteidigers, Rechtsanwaltes, Patentanwaltes, Notars oder Wirtschaftstreuhänders, einer Person iSd § 157 Abs 1 Z 3 StPO (Fachärzte für Psychiatrie, Psychotherapeuten, Bewährungshelfer etc) sowie eines Medieninhabers stattfindet, ist von Amts wegen gem § 121 Abs 2 letzter Satz StPO ein Vertreter der jeweiligen gesetzlichen Interessenvertretung bzw ein namhaft gemachter Vertreter beizuziehen.

g) Kontrolle, Zufallsfunde und Bestätigung

Sofern die Kriminalpolizei eine Durchsuchung von Orten und Gegenständen gem § 117 Z 2 lit b StPO bei Gefahr im Verzug ohne Anordnung durch die Staatsanwaltschaft vornimmt, so trifft die Kriminalpolizei eine unverzügliche Berichtspflicht gegenüber der Staatsanwaltschaft.[460] Die Kriminalpolizei hat darin auch zu begründen, warum ein Aufschub der Maßnahme bzw die vorherige Einholung einer Anordnung der Staatsanwaltschaft und Bewilligung durch das Gericht nicht abgewartet werden konnte.[461] Die Staatsanwaltschaft hat sodann eine Entscheidung des Gerichts über die Zulässigkeit der Durchsuchung zu beantragen. Sofern das Gericht die Bewilligung nicht erteilt, haben Staatsanwaltschaft und Kriminalpolizei gem § 122 Abs 1 letzter Satz StPO den der gerichtlichen Entscheidung entsprechenden Rechtszustand herzustellen.

Weiters hat die Kriminalpolizei die Staatsanwaltschaft zu benachrichtigen, wenn im Zuge der Durchsuchung Gegenstände gefunden und sichergestellt werden, welche auf eine andere Straftat schließen lassen, aufgrund derer nicht die Durchsuchung vorgenommen wurde.

Gem § 122 Abs 3 StPO ist dem Betroffenen binnen 24 Stunden eine Bestätigung über die Durchsuchung und deren Ergebnis sowie die Anordnung der Staatsanwaltschaft samt gerichtlicher Entscheidung auszufolgen oder zuzustellen.

h) Rechtsmittel gegen die Durchsuchung

Gegen die gerichtliche Bewilligung der Durchsuchung besteht die Möglichkeit der Erhebung einer Beschwerde. Gem § 87 StPO steht neben der Staatsanwaltschaft und dem Beschuldigten auch jeder anderen Person, welcher durch einen gerichtlichen Beschluss unmittelbar Rechte verweigert werden oder Pflichten entstehen oder die von einem Zwangsmittel betroffen ist, die Beschwerde an das Rechtsmittelgericht zu, soweit das Gesetz im Einzelnen nichts anderes bestimmt. Die Beschwerde gem § 87 StPO richtet sich daher gegen gerichtliche Beschlüsse.

Gegen die Anordnung der Durchsuchung steht dem Betroffenen das Rechtsmittel des Einspruchs nach § 106 StPO offen. Es ist darauf hinzuweisen, dass über

---

460 § 122 Abs 1 StPO.
461 Vgl *Tipold/Zerbes* in *Fuchs/Ratz* (Hrsg), WK-StPO § 122 Rz 1.

den Einspruch gegen die Anordnung der Durchsuchung grds das Gericht zu entscheiden hat, welches die Anordnung bewilligt hat. Dies führt dazu, dass lediglich der Einspruch gegen die Durchsuchungsanordnung der Staatsanwaltschaft nicht erfolgversprechend sein wird. Sofern man allerdings den Einspruch gegen die Durchsuchungsanordnung mit einer Beschwerde gegen die gerichtliche Bewilligung verknüpft, so hat das OLG sowohl über die Beschwerde als auch über den Einspruch zu entscheiden.[462]

Die Verwertung von Beweismitteln, welche im Zuge einer letztlich nicht bewilligten Hausdurchsuchung erlangt wurden, ist unzulässig.[463]

i) Auswirkung der Aufhebung der Durchsuchungsbewilligung auf sichergestellte Gegenstände

IdZ ist fraglich, welche Auswirkungen die Aufhebung der Bewilligung der Durchsuchungsanordnung auf die sichergestellten Gegenstände hat, insb auch, ob die Sicherstellung dadurch „automatisch" unzulässig wird.

Der von einigen Autoren vertretenen Meinung, wonach sichergestellte Gegenstände nach Aufhebung der Durchsuchungsanordnung automatisch zurückzustellen seien, wird nach der Rsp des OGH[464] nicht beigepflichtet. Darüber hinaus ist die Verwendung und Verwertung der Ergebnisse einer unberechtigten Hausdurchsuchung nicht mit Nichtigkeit bedroht. Der Wegfall der Durchsuchungsanordnung bedeutet zwar, dass der Weg, mit dem die Sicherstellung erreicht wurde, unzulässig ist, macht aber nicht automatisch die Innehabung als solche unzulässig. Demnach erfolgt keine automatische Rückstellung. In der Entscheidung 14 Os 46/09k des OGH ging es insb um die Frage, was nach erfolgter Aufhebung der Durchsuchungsanordnung mit der „Herstellung des entsprechenden Rechtszustandes" iSd § 107 Abs 4 StPO gemeint ist. Nach dieser Entscheidung des OGH bedeutet die

> Herstellung des rechtmäßigen Zustands aufgrund einer über Einspruch wegen Rechtsverletzung oder Beschwerde des Beschuldigten […] für unzulässig erklärten Ermittlungsmaßnahmen […] dort, wo es an einer gesetzlichen Vernichtungsanordnung fehlt, bloß, dass solcherart erlangte Beweismittel ohne Einverständnis des Beschuldigten zu dessen Nachteil weder für die Entscheidung über die Beendigung des Ermittlungsverfahrens noch zur Begründung eines Festnahme oder Untersuchungshaft dieses Beschuldigten zugrundeliegenden Tatverdachts verwendet werden dürfen.

---

462 Vgl § 106 Abs 2 StPO.
463 Vgl ERBV 25 BlgNR 22. GP, 130 (169) an welchen Stellen der Gesetzgeber erkennbar davon ausgeht, dass im Zuge rechtswidriger Hausdurchsuchungen erlangte Beweismittel nicht verwertet werden dürfen; *Pilnacek/Pleischl*, Das neue Vorverfahren Rz 521; vgl auch *Fuchs*, ÖJZ 2007, 895 (900), welche die Ausfolgung sichergestellter Gegenstände anführt.
464 Vgl OGH 21.7.2009, 14 Os 46/09k.

Die durch eine unrechtmäßige Hausdurchsuchung sichergestellten Gegenstände sind demzufolge im Umfang der Entscheidung des OGH dem Ermittlungsverfahren zu entziehen. Die Verwendbarkeit wird daher nach Meinung von *Tipold/Zerbes*[465] auf das Hauptverfahren verlagert.

j) Hausdurchsuchung und Beschlagnahme bei verschwiegenheitspflichtigen Parteienvertreter

Keine Verpflichtung zur Mitwirkung im Rahmen von Sicherstellungen besteht, sofern die StPO gesetzliche Verschwiegenheitspflichten anerkennt, indem sie ein Aussageverweigerungsrecht als Zeuge einräumt. Da dies auf berufsmäßige Parteienvertreter zutrifft, darf die Verschwiegenheitspflicht grds auch nicht durch Zwangs- bzw Ermittlungsmaßnahmen umgangen werden. So stellt sich hier aber die Frage, ob dies unbeschränkt gilt oder ob bestimmte Schranken bzw Grenzen zu beachten sind. Wie bereits erwähnt, sind ua Verteidiger, Rechtsanwälte, Notare, Verfahrensanwälte in Untersuchungsausschüssen des Nationalrates und Wirtschaftstreuhänder zur Verweigerung der Aussage in Ansehung dessen berechtigt, was ihnen in dieser Eigenschaft bekannt geworden ist (vgl § 157 Abs 1 Z 2 StPO). So könnte man als Ausgangspunkt festhalten, dass das Umgehungsverbot des Entschlagungsrechtes nicht durch Ermittlungsmaßnahmen umgangen werden und somit schriftliche Aufzeichnungen des Parteienvertreters hierüber – dh die sog „Information" – nicht sichergestellt werden dürften (vgl § 157 Abs 2 StPO).

aa) Umgehungsverbot des § 144 StPO

§ 144 StPO ist Teil des 8. Hauptstückes der StPO, welches die „Ermittlungsmaßnahmen und Beweisaufnahme" regelt. Bestandteile des 8. Hauptstückes sind die Bestimmungen über die Sicherstellung und Beschlagnahme von Beweismitteln sowie die Durchführung von Durchsuchungen von Orten und Gegenständen.

IdZ wird auf die Bestimmung des § 144 Abs 2 StPO verwiesen, die das (teilweise) gleichlautende Umgehungsverbot des Aussageverweigerungsrechts bestimmter Berufsgeheimnisträger (§ 157 Abs 2 StPO) enthält: Danach ist die Anordnung oder Durchführung von Ermittlungsmaßnahmen unzulässig, soweit dadurch das Recht einer Person auf Aussageverweigerung nach § 157 Abs 1 Z 2–4 StPO umgangen wird. Demzufolge sind Ermittlungsmaßnahmen wie Beschlagnahme oder Durchsuchung von Orten und Gegenständen zur Umgehung von gesetzlich normierten Aussageverweigerungsrechten bestimmter Berufsgeheimnisträger unzulässig. Der Zweck dieser Regelung ist ebenfalls der Schutz der Vertrauensverhältnisse ua mit berufsmäßigen Parteienvertretern, insb vor heimlicher Auskundschaftung. So ist bspw die Anordnung heimlicher Ermittlungsmaßnahmen gegen Berufsgeheimnisträger und in Bezug auf die ständig von ihnen benutzten Anla-

---

465 *Tipold/Zerbes* in *Fuchs/Ratz* (Hrsg), WK-StPO § 120 Rz 21.

gen und Computersysteme absolut unzulässig. Die (weitere) Durchführung einer gegen eine andere Person angeordneten Überwachung ist hingegen nur insoweit unzulässig, als dass das Berufsgeheimnis davon betroffen wäre. Die Intention des Gesetzgebers war nach den Gesetzesmaterialien jedoch, an zentraler Stelle den Schutz von Berufsgeheimnisträgern sowie seine Auswirkungen auf die Durchführung bestimmter Ermittlungen (noch einmal) zusammenfassend zu regeln.[466]

Diese Aussageverweigerungsrechte dürfen gem § 157 Abs 2 StPO bei sonstiger Nichtigkeit nicht umgangen werden. Hierunter fallen insb das Aussageverweigerungsrechts des Verteidigers, Rechtsanwaltes, Notars und Wirtschaftstreuhänders.

Bei genauerer Betrachtung dieser Bestimmung fällt jedoch auf, dass diese – im Gegensatz zu § 157 Abs 2 StPO – keine Nichtigkeitssanktion beinhaltet. Somit stellt sich grds die berechtigte Frage, ob aus dieser unterschiedlichen Formulierung tatsächlich auch unterschiedliche Inhalte abzuleiten sind. Wenn aber der inhaltliche Anwendungsbereich des § 144 Abs 2 StPO ohnehin von § 157 Abs 2 StPO erfasst ist, erscheint es widersprüchlich, einmal die Nichtigkeitssanktion vorzusehen und einmal nicht. Es ist jedoch in Anbetracht des identen Regelungsbereiches der beiden zitierten Bestimmungen von einem Redaktionsversehen auszugehen. Die Nichtigkeitssanktion erstreckt sich folglich auf jede Art der Umgehung durch jede erdenkliche Ermittlungsmaßnahme nach dem 8. Hauptstück der StPO.[467]

Vom Umgehungsverbot ist ebenfalls nur die „Information"[468] des Vollmachtnehmers umfasst, nicht jedoch das, was der berufsmäßige Parteienvertreter für diesen bloß verwahrt.[469] Dem Umgehungsverbot des § 144 StPO unterliegen weiters nicht Tatbegehungswerkzeuge, Papiere und Schriftstücke sowie sonstige Beweise, die nicht als „Information" zu qualifizieren sind.[470] Da der Kernbereich des Sicherstellungs- und Beschlagnahmeschutzes in der Information des Parteienvertreters liegt, ist diese (geschützte) Information strikt von jenen Gegenständen zu unterscheiden, welche zur Begehung einer strafbaren Handlung bestimmt waren, sie erleichtert haben oder aus ihr herrühren, sowie von sonstigen Beweisgegenständen, insb Schriftstücken, die nicht der Information des Parteienvertreters dienen oder sich als Mitteilung an ihn verstehen. Diese unterliegen folglich nicht dem Beschlagnahmeverbot iSd § 157 Abs 2 StPO (bzw § 152 Abs 3 StPO aF) und können beim Parteienvertreter sichergestellt und beschlagnahmt werden. Sie

---

466   EBRV 25 BlgNR 22. GP, 193; vgl *Reindl-Krauskopf* in *Fuchs/Ratz* (Hrsg), WK-StPO § 144 Rz 3; *Fabrizy*, StPO[11] § 111 Rz 3; siehe dazu mwA *Lehner*, Grundlagen der verdeckten Ermittlung, JAP 2008/2009/10, 68 ff.
467   Siehe dazu ausführlich *Reindl-Krauskopf* in *Fuchs/Ratz* (Hrsg), WK-StPO § 144 Rz 18.
468   Vgl im Detail Punkt V.A.2.f).
469   Vgl auch *Fabrizy*, StPO[11] § 111 Rz 3 mwN; vgl auch EBRV 25 BlgNR 22 GP, 156.
470   Vgl dazu VWT 1998/5, 38, OGH 19.3.1997, 13 Os 28–30/97.

können – im juristischen Fachjargon – durch die Übergabe an den Parteienvertreter nicht „immunisiert", ergo dem Zugriff des Strafgerichtes nicht entzogen werden.[471] Demzufolge hielt der OGH fest, dass von dem Umgehungsverbot „*nur schriftliche Mitteilungen von Informationscharakter und die hierüber vom Bevollmächtigten selbst hergestellten Aufzeichnungen, nicht jedoch sonstiges beim Bevollmächtigten befindliches Beweismaterial, wie etwa von ihm verwahrte Urkunden und sonstige Schriftstücke des Klienten, welche nicht erst zu Informationszwecken hergestellt worden seien*", umfasst seien.[472] Dadurch erfährt das Umgehungsverbot die erste und auch wichtigste Einschränkung, jedoch mit dem zu berücksichtigenden Zusatz, dass auch jene Beweismittel, auch Urkunden, nicht immunisiert sind, welche bereits vor Übergabe an die Vertrauensperson bestanden; diese können auch beim Parteienvertreter sichergestellt und beschlagnahmt werden.[473]

Gerade bei der Durchsuchung der Räumlichkeiten von Personen, welchen gem § 157 Abs 1 Z 2–4 StPO ein Aussageverweigerungsrecht zukommt, muss der Umfang der Durchsuchung sowie die zu suchenden Objekte besonders präzise festgelegt werden, um das besondere, gesetzlich statuierte Aussageverweigerungsrecht dieser Personen zu wahren und den Eingriff in die bestehende gesetzliche Verschwiegenheitspflicht auf das unbedingt erforderliche Minimum zu beschränken.

Sofern Informationsakten zusammen mit anderen Unterlagen verwahrt werden, ist nach Möglichkeit schon an Ort und Stelle, dh bei der Hausdurchsuchung, spätestens jedoch bei der Durchsuchung der Papiere, eine Sonderung zwischen den uneingesehen zurückzustellenden „Informationsakten" und den Urkunden und Schriftstücken, die sichergestellt und Gegenstand des späteren Beweisverfahrens werden können, vorzunehmen. Der Hausdurchsuchung ist von Amts wegen ein Organ der zuständigen Kammer beizuziehen.[474]

bb) Ausnahme vom Umgehungsverbot: dringender Tatverdacht

Nach der Rsp des OGH entfällt das Entschlagungsrecht nach § 157 Abs 1 Z 2 StPO und damit auch das Umgehungsverbot des § 157 Abs 2 StPO, wenn der begründete Verdacht besteht, dass der berufliche Parteienvertreter selbst an der strafbaren Handlung seines Klienten teilgenommen hat oder diese durch strafbare Handlungen zu decken versucht hat. In diesem Fall kann davon ausgegan-

---

471 OGH 19.3.1997, 13 Os 28–30/97, ÖStZB 1997, 767 = JBl 1998, 134 = EvBl 1997/127 = ecolex 1997, 699.

472 Vgl SST 45/1, Zur Ausdehnung dieser Kategorien nach der Rsp des OLG Wien vgl Punkt V.A.2.f).

473 Vgl dazu OGH 31.1.1992, 16 Os 15/91, ÖJZ 1992/175 (EvBl) = AnwBl 1992/4156; *Fabrizy*, StPO[11] § 157 Rz 21.

474 § 121 Abs 2 StPO; *Fabrizy*, StPO[11] § 111 Rz 4; OGH 15.1.1974, 10 Os 2/74 = ÖJZ 1974, 383; Vgl auch das Informationsblatt der KWT vom Jänner 2008, S 2, wonach die Beiziehung eines Kammervertreters nach der Wirtschaftstreuhänderberufs-Ausübungsrichtlinie durch den Wirtschaftstreuhänder selbst verpflichtend ist.

gen werden, dass sich der Beschuldigte nur formell dem Parteienvertreter anvertraut, sich aber in Wahrheit eines Komplizen bedient hat. Die Folge daraus ist, dass sowohl der Mandant als auch der Parteienvertreter und dessen Kanzleipersonal selbst den aus der Verschwiegenheitspflicht resultierenden Geheimnisschutz verloren haben.[475]

Aufgrund der ausdrücklichen gesetzlichen Regelung in § 144 Abs 3 StPO entfällt dieses Umgehungsverbot – anders als nach der Rsp zu § 157 Abs 2 StPO – nicht schon bei Vorliegen eines begründeten Verdachts, sondern erst bei Vorliegen eines dringenden Tatverdachts. Dies führt zwar zu einer Anhebung des Verdachtsgrades, zumal der begründete Verdacht nicht mit dem dringenden Tatverdacht gleichgesetzt werden kann, allerdings ergeben sich bei denjenigen Ermittlungsmaßnahmen, welche ohnehin diesen dringenden Tatverdacht als Eingriffsvoraussetzung verlangen (wie dies zB bei der Überwachung von Nachrichten gem § 135 Abs 3 StPO der Fall ist), keine Beurteilungsunterschiede. Dieser gesteigerte Verdachtsgrad hat aber bei anderen Ermittlungsmaßnahmen Auswirkungen: Sobald sich nämlich der Verdacht gegen einen Berufsgeheimnisträger richtet, ist er nicht mehr Zeuge, sondern Beschuldigter und darf folglich auch vernommen werden. Bei anderen Ermittlungsmaßnahmen, wie insb bei der Hausdurchsuchung, Sicherstellung und Beschlagnahme von Aufzeichnungen über an sich geschützte Informationen, liegt die Disposition über die Informationen nicht länger in der Hand des beschuldigten Berufsgeheimnisträgers. Erst dann, wenn ein dringender Tatverdacht gegenüber dem Berufsgeheimnisträger vorliegt, dürfen jene Ermittlungsmaßnahmen gesetzt werden, die andernfalls eine Umgehung des Informationsschutzes wären.[476]

Gem § 144 Abs 3 StPO besteht das Umgehungsverbot nach Abs 2 insoweit nicht, als die betreffende Person selbst der Tat dringend verdächtigt ist.

Hinzuweisen ist darauf, dass nach alter Rsp[477] (bloß) ein „begründeter" Tatverdacht erforderlich war, während nach dem nunmehrigen Gesetzestext ein „dringender" Tatverdacht erforderlich ist. Weiters sieht § 144 Abs 3 StPO vor, dass der dringende Verdacht die betreffende Person selbst betreffen muss. Die Materialien zum StPRG nehmen zu diesen terminologischen Änderungen allerdings nicht Stellung, sondern beziehen sich ausdrücklich auf die bisherige Rsp und auf die Regierungsvorlage.

Festzuhalten ist an dieser Stelle, dass das Vorliegen eines „dringenden Tatverdachts" eine Voraussetzung für die Verhängung der Untersuchungshaft ist. Von der hM wird dies so ausgelegt, dass ein „höherer Grad der Wahrscheinlichkeit"

---

475   Vgl *Reindl-Krauskopf* in *Fuchs/Ratz* (Hrsg), WK-StPO § 144 Rz 20; siehe dazu auch *Doralt*, Der Steuerberater als „Komplize" des Mandanten, RdW 1997, 621.
476   MwA *Reindl-Krauskopf* in *Fuchs/Ratz* (Hrsg), WK-StPO § 144 Rz 21.
477   Vgl OGH 19.3.1997, 13 Os 28–30/97, VWT 1998/5, 38.

dafür sprechen muss, dass der Beschuldigte die Straftat begangen hat. Bloße Vermutungen sind hingegen nicht ausreichend. Ein „dringender Verdacht" sei mehr als ein „einfacher und gewöhnlicher Verdacht".[478]

Die nachstehende Grafik soll die wesentlichen Punkte zusammenfassen und als Übersicht für auftretende Fragen dienen:

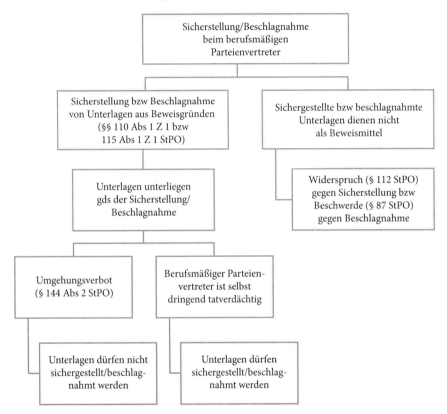

Abb 12: Sicherstellung/Beschlagnahme bei Parteienvertretern im gerichtlichen Finanzstrafverfahren

k) Beiziehung Kammervertreter

Werden Hausdurchsuchungen bei Wirtschaftstreuhändern, Rechtsanwälten oder Notaren durchgeführt, muss die zuständige Kammer davon verständigt werden, um einen Kammervertreter zur Durchführung der Hausdurchsuchung zu entsenden. Dies gilt sowohl für den Fall, dass der Parteienvertreter selbst Beschuldigter wäre, als auch wenn die Hausdurchsuchung einen Klienten des Parteienver-

---

478   Vgl *Kirchbacher/Rami* in *Fuchs/Ratz* (Hrsg), WK-StPO § 173 Rz 2 ff.

treters betrifft. Nur in Fällen von Gefahr im Verzug kann auf die Verständigung der Kammer verzichtet werden; in diesem Fall ist jedoch spätestens bei der Sichtung des beschlagnahmten Materials ein Kammervertreter hinzuzuziehen. Die Beiziehung des Kammervertreters hat jedoch jedenfalls dann zu unterbleiben, wenn dies vom betroffenen Parteienvertreter gewünscht wird.[479]

5. Rechtsmittel

a) Einspruch wegen Rechtsverletzung – § 106 StPO

aa) Voraussetzungen des Einspruchs

Jeder Person, die behauptet, im Ermittlungsverfahren durch die Staatsanwaltschaft – bzw seit 1.1.2014 durch die Kriminalpolizei[480] – in einem subjektiven Recht verletzt zu sein, weil ihr die Ausübung eines Rechtes nach diesem Gesetz verweigert wurde (Z 1), oder eine Ermittlungs- oder Zwangsmaßnahme unter Verletzung von Bestimmungen dieses Gesetzes angeordnet oder durchgeführt wurde (Z 2), steht gem § 106 Abs 1 StPO ein „Einspruch wegen Rechtsverletzung" an das Gericht zu. Für Rechtsverletzungen der Kriminalpolizei vor dem 1.1.2014, welchen keine staatsanwaltliche Anordnungen vorausgegangen sind, war der verwaltungsrechtliche Instanzenzug zu beachten.

In § 106 Abs 1 StPO vorletzter S ist nunmehr klargestellt, dass das Einspruchsrecht iSd § 106 StPO auch nach dem Tod des Betroffenen besteht und auf seine in § 65 Z 1 lit b StPO erwähnten Angehörigen übergeht.

Opfer, Privatbeteiligte oder Beschuldigte, denen Verfahrensrechte, wie zB das Recht auf Akteneinsicht, das Recht, Beweise zu beantragen, das Recht auf Verteidigung, vorenthalten werden, können sich auf Z 1 stützen.[481] Unerheblich ist hierbei, ob diese Rechte dem Betroffenen nicht gewährt wurden oder dieser nur darin gehindert wurde. Auch eine überlange Ermittlungsdauer kann unverhältnismäßig werden.[482]

Seit 1.1.2014 ist der – bislang an keine Frist gebundene – Einspruch binnen einer Frist von sechs Wochen ab Kenntnis der behaupteten Verletzung in einem subjektiven Recht bei der Staatsanwaltschaft einzubringen.

Gem § 106 Abs 1 StPO liegt keine Verletzung eines subjektiven Rechtes vor, soweit das Gesetz von einer bindenden Regelung des Verhaltens von Staatsanwalt-

---

479 *Hilber*, Hausdurchsuchungen von WT-Kanzleien als finanzstrafrechtliche Verfolgungshandlung, SWK 17/1997, S 410; *Seiler/Seiler*, Finanzstrafgesetz⁴ § 99 Rz 15; BMF 12.10.1981, FS-130/4-III/9/81.

480 Der VfGH hob mit seinem Erkenntnis vom 16.12.2010, G 259/09, ua in § 106 StPO die Wortfolge „[...] oder Kriminalpolizei" auf. Durch die mit 1.1.2014 in Kraft getretene neue Fassung des § 106 StPO soll der Einspruch auch gegen Eingriffe der Kriminalpolizei möglich sein.

481 EBRV 25. BlgNR 22. GP, 141; vgl dazu die demonstrativen Aufzählungen der jeweiligen Rechte in den §§ 66 Abs 1, 67 Abs 6 und § 49 StPO.

482 Vgl *Fuchs*, Rechtsschutz im Ermittlungsverfahren, ÖJZ 2007/77, 896 (900).

schaft oder Kriminalpolizei absieht und von diesem Ermessen iSd Gesetzes Gebrauch gemacht wird. Wird gegen die (gerichtliche) Bewilligung einer Ermittlungsmaßnahme Beschwerde erhoben, ist ein Einspruch gegen Anordnung oder Durchführung dieser Maßnahme mit der Beschwerde zu verbinden; diesfalls hat das OLG als Beschwerdegericht gem § 106 Abs 2 StPO auch über den Einspruch zu entscheiden.[483]

Ein Einspruch gem § 106 StPO ist in jenen Fällen nicht möglich, in denen die StPO ein eigenes Verfahren vorsieht, wie zB bei Befangenheit von Richtern oder Organen der Kriminalpolizei oder Staatsanwaltschaft.[484]

bb) Verfahren bei Erhebung eines Einspruches

Der Einspruch ist bei der Staatsanwaltschaft einzubringen. Im Einspruch ist anzugeben, auf welchen Vorgang sich der Einspruch bezieht, worin eine Rechtsverletzung nur liegt und wie der Rechtsverletzung abgeholfen werden soll.[485] Sofern dieser berechtigt ist, hat die Staatsanwaltschaft dem Einspruch zu entsprechen und den Einspruchswerber davon unter Nennung der zu diesem Zweck ergriffenen Maßnahmen zu verständigen. Dieser kann unter Berufung darauf, dass seinem Einspruch tatsächlich nicht entsprochen wurde, dennoch eine Entscheidung des Gerichtes verlangen.[486]

Wenn die Staatsanwaltschaft dem Einspruch nicht, bzw seit 1.1.2014 nicht binnen vier Wochen, entspricht oder der Einspruchswerber eine Entscheidung des Gerichts verlangt, hat die Staatsanwaltschaft den Einspruch samt Stellungnahme der Staatsanwaltschaft und Kriminalpolizei zu übermitteln. Dem Einspruchswerber sind diese Stellungnahmen durch das Gericht zuzustellen und ist diesem nach § 106 Abs 5 StPO eine Äußerungsmöglichkeit binnen einer sieben Tage nicht übersteigenden Frist einzuräumen.

Gesetzlich ist klargestellt, dass das Gericht unzulässige, verspätete, oder Einsprüche, denen die Staatsanwaltschaft bereits entsprochen hat, zurückzuweisen hat. Ansonsten hat das Gericht in der Sache zu entscheiden. Das Gericht hat lediglich die Gesetzmäßigkeit, nicht jedoch die Zweckmäßigkeit der einzelnen Maßnahmen zu prüfen.[487] Im Falle einer Anklage hat das Gericht über den Einspruch zu entscheiden, das im Ermittlungsverfahren zuständig gewesen wäre.

---

483 Der auch in den Gesetzesmaterialien enthaltene, von *Fuchs*, aaO 898, geäußerte Hinweis, wonach die Erhebung eines Einspruches generell unzulässig sei, sofern gegen eine gerichtliche Entscheidung Beschwerde erhoben werden könne, beruht auf einer abweichenden Formulierung in der Regierungsvorlage, welche jedoch im endgültigen Gesetzeswortlaut keinen Niederschlag mehr fand.

484 OLG Graz 11.2.2010, 10 Bs 24/10w.

485 *Fuchs*, Rechtsschutz im Ermittlungsverfahren, ÖJZ 2007/77, 895 (899); *Fabrizy*, StPO[11] § 106 Rz 1.

486 Vgl § 106 Abs 4 StPO.

487 *Fuchs*, Rechtsschutz im Ermittlungsverfahren, ÖJZ 2007/77, 895 (899); *Fabrizy*, StPO[11] § 106 Rz 1.

Mit 1.1.2014 wurde der erste Satz des § 107 StPO („*Nach Beendigung des Ermittlungsverfahrens ist der Einspruch nicht mehr zulässig*") und damit die zeitliche Befristung des Einspruches mit dem Ende des Ermittlungsverfahrens ersatzlos aufgehoben. Vor dem 1.1.2014 waren Einsprüche aufgrund einer Verletzung von Verfahrensrechten iSd § 106 Abs 1 Z 1 StPO nach Beendigung des Ermittlungsverfahrens als gegenstandslos zu betrachten. Hintergrund dieser Regelung war, dass im Falle der Einleitung eines Hauptverfahrens der Einspruchswerber im Rahmen des Hauptverfahrens seine Rechte geltend machen kann bzw im Falle einer Einstellung kein Nutzen mehr zu erwarten sei.[488] Nunmehr führt eine Anklageerhebung nicht dazu, dass zuvor erhobene Einsprüche gegenstandslos werden, damit auch nicht beschuldigten Betroffenen von Zwangsmaßnahmen ein effektiver Rechtsschutz gewährt wird.

Das Gericht hat nach § 107 Abs 2 StPO die Möglichkeit, von Amts wegen eine mündliche Verhandlung anzuberaumen und in dieser Verhandlung über den Einspruch zu entscheiden.

Sofern das Gericht dem Einspruch stattgibt, haben Staatsanwaltschaft und Kriminalpolizei nach § 107 Abs 4 StPO den entsprechenden Rechtszustand mit den ihnen zu Gebote stehenden Mitteln herzustellen. Dies bedeutet nach einer Entscheidung des OGH,[489] dass die Beweismittel, die aufgrund einer unzulässigen Ermittlungshandlung erlangt wurden, nicht zum Nachteil des Beschuldigten gereichen dürfen, sofern es um die Frage der Beendigung des Ermittlungsverfahrens oder um die Frage der Festnahme oder Untersuchungshaft geht. Dies gilt in all jenen Fällen, in denen die StPO keine Vernichtungsanordnung für derartig erlangte Beweise statuiert.

cc) Rechtsmittel gegen die Entscheidung des Gerichtes

Gegen die Entscheidung des Gerichtes stehen der Staatsanwaltschaft sowie dem Einspruchswerber die – mit aufschiebender Wirkung verbundene – Beschwerde an das OLG zu. Dieses kann die Behandlung der Beschwerde allerdings ablehnen, wenn die Entscheidung darüber nicht von der Lösung einer Rechtsfrage mit grundsätzlicher Bedeutung abhängt.[490]

b) Beschwerde gegen Beschlüsse
aa) Anforderungen an einen Beschluss

In § 86 StPO ist festgelegt, welchen inhaltlichen und formellen Ansprüchen ein Beschluss entsprechen muss. Jeder Beschluss ist schriftlich auszufertigen und den Berechtigten zuzustellen.[491] Nur in Ausnahmefällen kann die schriftliche Ausfer-

---

488 Vgl JAB 406, BlgNR 22. GP, 16.
489 OGH 21.7.2009, 14 Os 46/09k.
490 § 107 Abs 3 StPO.
491 Vgl § 86 Abs 2 StPO.

tigung von mündlich verkündeten Beschlüssen unterbleiben, dies nämlich dann, wenn die Betroffenen sogleich nach der Verkündung des Beschlusses auf die Erhebung einer Beschwerde verzichten.[492]

Neben Spruch und Begründung hat der Beschluss eine Rechtsmittelbelehrung zu beinhalten. Daneben regeln die speziellen Normen der StPO weitere Inhaltserfordernisse eines Beschlusses. Die für die Entscheidung relevanten Feststellungen und die rechtliche Beurteilung sind in die Begründung aufzunehmen.[493] Nach Rsp wird ein Verweis auf die Begründung der Anordnung als ausreichend angesehen, wenn eine staatsanwaltliche Anordnung mittels Beschluss bewilligt wird.[494] So sprach der OGH aus:

> Der eindeutige Verweis auf die Begründung der staatsanwaltschaftlichen Anordnung, der der Bewilligungsbeschluss überdies unmittelbar angeschlossen ist, stellt methodisch nichts anderes dar, als die – ebenfalls zulässige (13 Os 21/01) – Wiedergabe dieses Textes selbst. Der Verweis des Einzelrichters auf die Begründung der Anordnung bedeutet, dass sich der Einzelrichter diese zu Eigen macht und sich damit identifiziert.[495]

Die Rechtsmittelbelehrung hat zu beinhalten, ob die Möglichkeit zur Erhebung einer Beschwerde besteht, und bejahendenfalls, welche Formalitäten hierzu einzuhalten sind.[496]

bb) Beschwerde gegen Beschlüsse

Der Staatsanwaltschaft, dem Beschuldigten und unmittelbar betroffenen Personen, denen durch den Beschluss unmittelbare Rechte verweigert werden oder Pflichten entstehen, oder die von einem Zwangsmittel betroffen sind, steht nach § 87 StPO eine Beschwerde gegen gerichtliche Beschlüsse offen. Sofern der Beschluss die Einstellung des Verfahrens vorsieht, kann auch der Privatbeteiligte Beschwerde erheben.

Der Beschuldigte kann nach dem Gesetzeswortlaut nur dann Beschwerde erheben, wenn seine Interessen unmittelbar betroffen sind. In der Regierungsvorlage wird insb auf eine „Beschwer" abgestellt.[497] Nicht erforderlich ist allerdings, dass sich die Beschlüsse direkt gegen den Beschuldigten richten. So kann der Beschuldigte auch von einer Hausdurchsuchung bei einem Dritten beschwert sein.[498] Demzufolge ordnet § 86 Abs 2 StPO auch an, dass der Beschluss dem Beschuldigten zuzustellen ist.

---

492 Vgl *Tipold* in *Fuchs/Ratz* (Hrsg), WK-StPO § 86 Rz 12.
493 Vgl *Bertel/Venier*, Strafprozessrecht[6] Rz 166.
494 Vgl SSt 2008/65, EvBl 2008/183.
495 RS 0124017, zuletzt 14 Os 16/10z.
496 Vgl *Tipold* in *Fuchs/Ratz* (Hrsg), WK-StPO § 86 Rz 9.
497 EBRV, 25. BlgNR 22 GP, 115.
498 Vgl *Tipold* in *Fuchs/Ratz* (Hrsg), WK-StPO § 87 Rz 6.

Die Staatsanwaltschaft hat darüber hinaus nach § 87 Abs 2 StPO die Möglichkeit, eine Beschwerde zu erheben, wenn der Antrag auf Bewilligung eines Zwangsmittels vom Gericht nicht erledigt wird. Nicht geklärt ist allerdings die Frage, ab welchem Zeitpunkt von einer Säumnis des Erstgerichts auszugehen ist und somit die „Säumnisbeschwerde" der Staatsanwaltschaft berechtigt ist.[499]

Gem § 87 Abs 3 StPO kommt der Beschwerde grundsätzlich keine aufschiebende Wirkung zu. Das Gesetz zählt einige Fälle ausdrücklich auf, in denen der Beschwerde eine aufschiebende Wirkung zukommen soll. So etwa in § 112 StPO in Bezug auf Beschlüsse des Sichtungsgerichtes.

cc) Verfahren über Beschwerden

Gem § 88 StPO hat die Beschwerde den angefochtenen Beschluss, Antrag oder Vorgang genau anzuführen sowie anzugeben, worin die Verletzung des Rechts bestehen soll. Der Beschwerdeführer ist allerdings nicht verpflichtet, sämtliche Gründe anzuführen, aus denen sich eine Rechtsverletzung ergeben könnte.[500] Enthält daher die Beschwerde eine Begründung, so dient diese lediglich als Unterstützung, führt aber zu keiner neuen Einschränkung des Gegenstandes der Beschwerde. Insb ist das Gericht nicht an die geltend gemachten Beschwerdepunkte gebunden.[501]

Die Beschwerde ist binnen einer Frist von 14 Tagen ab Bekanntmachung oder Kenntnis der Nichterledigung oder Verletzung des subjektiven Rechts schriftlich oder elektronisch bei Gericht einzubringen. Im Falle einer mündlichen Beschlussverkündung kann die Beschwerde auch zu Protokoll gegeben werden. Sofern die Rechtsmittelbelehrung dem Beschluss nicht angeschlossen ist, geht die Rsp davon aus, dass die Beschwerdefrist noch nicht zu laufen beginnt. Bringt der Betroffene allerdings dennoch eine Beschwerde ein, so gilt der Mangel als geheilt.[502]

Grundsätzlich ist die Beschwerde gem § 88 Abs 1 StPO beim Erstgericht einzubringen. Hiervon gibt es allerdings eine Ausnahme: Sofern sich die Beschwerde gegen einen Bewilligungsbeschluss einer staatsanwaltlichen Anordnung richtet, ist diese bei der Staatsanwaltschaft gem § 88 Abs 2 StPO einzubringen, welche sodann die Beschwerde samt eigener Stellungnahme an das Gericht weiterzuleiten hat. Sollte die Beschwerde allerdings binnen der 14-tägigen Frist beim Gericht eingebracht werden, so gilt diese noch als rechtzeitig.[503]

---

499 Vgl *Tipold* in *Fuchs/Ratz* (Hrsg), WK-StPO § 87 Rz 3.
500 Dies entspricht auch der alten Rechtslage, vgl hierzu OGH 6.8.2003, 13 Os 41/03.
501 Vgl OGH 27.8.2008, 13 Os 95/08g.
502 Vgl OGH 26.3.2009, 13 Os 67/09s und 14.1.2010, 12 Os 165/09w.
503 Vgl § 88 Abs 4 StPO.

dd) Verfahren vor dem Rechtsmittelgericht

Das Rechtsmittelgericht hat gem § 89 Abs 1 StPO der Staatsanwaltschaft die Möglichkeit zur Stellungnahme zu geben und über die Beschwerde in nicht öffentlicher Sitzung mit Beschluss zu entscheiden.

Das Rechtsmittelgericht kann die Beschwerde im Falle der Verspätung oder fehlender Aktivlegitimation gem § 89 Abs 2 StPO zurückweisen, oder bei Unzuständigkeit bzw nicht gehöriger Besetzung, oder gem § 89 Abs 2a StPO bei zu Unrecht ausgesprochener Unzuständigkeit, sowie bei Unterlassung von erforderlichen Beweisaufnahmen oder Nichtgewährung des rechtlichen Gehörs, den Beschluss aufheben und an das Erstgericht zur neuen Entscheidung nach Verfahrensergänzung verweisen. § 89 Abs 2b und 3 StPO ordnen Besonderheiten im Falle einer Festnahme bzw Verhängung einer Untersuchungshaft an. Sofern es sich um Rechtsmittel gegen Beschlüsse handelt, mit welchen eine Festnahme bewilligt oder Untersuchungshaft verhängt oder verlängert wird, hat das Rechtsmittelgericht in der Sache selbst zu entscheiden.

In Abs 4 ist angeordnet, dass sämtliche Ergebnisse von Ermittlungsmaßnahmen iSd §§ 134–143 StPO, sohin bei Auskunft über Daten einer Nachrichtenübermittlung, bei Überwachung von Nachrichten und Personen, bei der optischen oder akustischen Überwachung von Personen sowie beim automationsunterstützten Datenabgleich, gegen die sich erfolgreich eine Beschwerde richtet, zu vernichten sind.

Es können sowohl Umstände vorgebracht werden, welche erst nach der Beschlussfassung eingetreten sind oder bekannt geworden sind, da im strafrechtlichen Rechtsmittelverfahren kein Neuerungsverbot besteht.[504] Weiters ist darauf hinzuweisen, dass das Rechtsmittelgericht nicht an die Beschwerdepunkte gebunden ist, sodass dieses auch andere Rechtsverletzungen aufgreifen kann.[505]

Das Rechtsmittelgericht kann vom Erstgericht und von der Staatsanwaltschaft weitere Aufklärungen verlangen. Die Ergebnisse sind grundsätzlich dem Beschwerdeführer mit der Gelegenheit zur Äußerung binnen sieben Tagen zu übermitteln.[506]

Gem § 89 Abs 6 StPO steht gegen die Entscheidung des Rechtsmittelgerichts kein weiterer Rechtszug zu.

---

504 Vgl SSt 2008/63.
505 Vgl EvBl 1994/12.
506 Vgl § 89 Abs 5 StPO, eine Ausnahme besteht, wenn das rechtliche Gehör nicht gewehrt werden kann, weil der Gegenstand der Beschwerde auf die Bewilligung einer Anordnung gerichtet ist, deren Erfolg voraussetzt, dass sie dem Gegner der Beschwerde vor ihrer Durchführung nicht bekannt wird.

c) Antrag auf Einstellung des Verfahrens

aa) Voraussetzungen des Einstellungsantrages

Sinn und Zweck dieser Regelung ist die Sicherstellung, dass das Ermittlungsverfahren nicht unangemessen und unverhältnismäßig lange andauert.[507]

Gem § 108 StPO hat die Einstellung des Ermittlungsverfahrens auf Antrag des Beschuldigten dann zu erfolgen, wenn feststeht, dass entweder keine mit Strafe bedrohte Tat vorliegt, oder die Verfolgung unzulässig ist (Z 1), oder wenn der Tatverdacht nicht derart hinreichend ist, dass dies eine Fortsetzung des Verfahrens rechtfertigen würde (Z 2).

Eine Einstellung des Verfahrens soll gem Z 1 ua dann erfolgen, wenn die Verfolgung unzulässig ist. Hierfür ist erforderlich, dass entsprechend der gegebenen Ergebnisse der Ermittlungen die Gewissheit besteht, dass die Verfolgung rechtlich nicht zulässig ist. Nicht ausreichend ist hingegen, wenn bloß die Möglichkeit gegeben ist, dass in einem Hauptverfahren auch ein Freispruch ergehen könnte.[508]

Der in Z 2 genannte Fall ist insb dann gegeben, wenn davon auszugehen ist, dass keine Erhärtung des Tatverdachts zu erwarten ist.[509]

bb) Verfahren

Ein Antrag auf Einstellung ist gem § 108 Abs 2 StPO bei der Staatsanwaltschaft einzubringen. Ein Antrag auf Einstellung nach Z 2 darf frühestens drei Monate bzw, wenn ein Verbrechen zur Last gelegt wird, frühestens sechs Monate ab Beginn des Strafverfahrens eingebracht werden. Die Frist beginnt gegenüber jedem Beschuldigten erst dann zu laufen, wenn das Strafverfahren gegen den konkreten Beschuldigten eingeleitet wird. Die Staatsanwaltschaft hat sodann das Verfahren einzustellen oder den Antrag samt Stellungnahme an das Gericht weiterzuleiten. Die Weiterleitung an das Gericht durch die Staatsanwaltschaft ist seit 1.1.2015 an eine Frist von vier Wochen gebunden.

Es kommt gem § 108 Abs 3 StPO zu einer Zurückweisung des Antrages, wenn er nicht vom Beschuldigten gestellt wurde oder vor Ablauf der gesetzlich normierten Fristen eingebracht wurde. In allen anderen Fällen hat das Gericht in der Sache zu entscheiden. Das Gericht entscheidet über den Antrag mit Beschluss. Der Gerichtsbeschluss kann sowohl durch den Beschuldigten als auch von der Staatsanwaltschaft mit Beschwerde an das OLG bekämpft werden. Mit der Einbringung der Anklage durch die Staatsanwaltschaft ist ein Antrag auf Einstellung nicht mehr zulässig.

Gem § 108 Abs 4 StPO kommt der Beschwerde der Staatsanwaltschaft gegen einen Beschluss auf Einstellung des Verfahrens aufschiebende Wirkung zu.

---

507 Vgl dazu auch § 5 Abs 1 StPO.
508 EBRV, 25. BlgNR 22 GP, 146.
509 Vgl *Fabrizy*, StPO[11] § 108 Rz 3.

d) Überprüfung der Höchstdauer des Ermittlungsverfahrens

Mit StPRÄG, BGBl I 2014/71, wurden gezielte Maßnahmen zur Verringerung der Verfahrensdauer eingeführt. Mit 1.1.2015 trat § 108a StPO in Kraft, welcher vorsieht, dass die Dauer des Ermittlungsverfahrens bis zur Einbringung der Anklage oder Beendigung des Ermittlungsverfahrens grds drei Jahre nicht übersteigen darf. Kann diese Verfahrensdauer von der Staatsanwaltschaft nicht eingehalten werden, hat diese eine Stellungnahme über die Gründe für die Dauer an das Gericht zu übermitteln. Das Gericht kann in diesem Fall aussprechen, dass sich die Höchstdauer des Ermittlungsverfahrens um zwei Jahre verlängert und ob der Staatsanwalt das Beschleunigungsgebot verletzt hat. Sollte abermals eine Beendigung des Ermittlungsverfahrens in der verlängerten Frist nicht möglich sein, wiederholt sich das soeben geschilderte Prozedere. Durch die Norm des § 108a StPO wird nunmehr eine gesetzliche Möglichkeit zur Überprüfung der Verfahrensdauer durch die Gerichte eröffnet.

Zu beachten ist, dass Zeiten der Erledigung von Rechtshilfeersuchen sowie Zeiten eines gerichtlichen Verfahrens nach den §§ 108 und 112 StPO nicht in die Dreijahresfrist einzurechnen sind. Die Berechnung der Frist wird daher in der Praxis mit gewissen Schwierigkeiten verbunden sein.

Wird ein nach § 197 StPO abgebrochenes oder ein nach den §§ 190 oder 191 StPO beendetes Verfahren fortgeführt, oder ein Ermittlungsverfahren nach den §§ 215, 352 Abs 1 oder 485 Abs 1 Z 2 StPO wiedereröffnet, so beginnt die Frist von neuem zu laufen.

e) Nichtigkeitsbeschwerde zur Wahrung des Gesetzes

Sofern ein Urteil der Strafgerichte auf einer Verletzung oder unrichtigen Anwendung der Gesetze beruht bzw ein Beschluss oder Vorgang des Strafgerichts gesetzwidrig ist, kann die Generalprokuratur von Amts wegen oder im Auftrag des Bundesministers für Justiz gem § 23 StPO Nichtigkeitsbeschwerde zur Wahrung des Gesetzes erheben. Eine Nichtigkeitsbeschwerde zur Wahrung des Gesetzes ist daher gegen Entscheidungen des Strafgerichtes sowie sonstige gerichtliche Vorgänge statthaft. Dies ist nach dem Gesetzeswortlaut auch nach Rechtskraft der Entscheidung und auch selbst in jenen Fällen, in denen die Betroffenen kein Rechtsmittel erhoben haben, möglich.

Eine Nichtigkeitsbeschwerde zur Wahrung des Gesetzes ist nicht nur bei den im Gesetz aufgezählten Nichtigkeitsgründen möglich, sondern bei jeder unrichtigen Gesetzesanwendung.[510] So steht die Nichtigkeitsbeschwerde auch dann zu, wenn ein unzuständiges Organ entschieden hat.[511] Nach der Rsp ist die Nichtigkeitsbe-

---

510   Vgl *Fabrizy*, StPO[11] § 23 Rz 2.
511   Vgl EvBl 1959/226.

schwerde dann nicht möglich, wenn eine Entscheidung auf einem Ermessen beruht, es sei denn, es handelt sich um willkürliches Ermessen oder es wurde bei Ausübung des Ermessens eine unrichtige Rechtsansicht angewendet.[512]

Eine Nichtigkeitsbeschwerde zur Wahrung des Gesetzes ist weiters gem § 23 Abs 1a StPO auf Anregung des Rechtsschutzbeauftragten möglich, wenn eine Zwangsmaßnahme durch die Kriminalpolizei oder bei einer gesetzwidrigen Anordnung eine Zwangsmaßnahme vorliegt, sowie gegen eine Entscheidung der Staatsanwaltschaft über die Beendigung des Ermittlungsverfahrens. Dies allerdings nur dann, wenn der Berechtigte keinen Rechtsbehelf eingebracht hat oder ein Berechtigter nicht ermittelt werden kann.

Die Staatsanwaltschaft hat Fälle, in denen sie eine Beschwerde für erforderlich hält, von Amts wegen gem § 23 Abs 2 StPO den Oberstaatsanwaltschaften vorzulegen. Diese haben sodann zu entscheiden, ob der Fall der Generalprokuratur weitergeleitet wird. Der einzelne Betroffene kann eine Nichtigkeitsbeschwerde zur Wahrung des Gesetzes nicht beantragen. Er hat allerdings die Möglichkeit, eine solche anzuregen.

Die verfahrensrechtliche Vorgehensweise bei einer Nichtigkeitsbeschwerde zur Wahrung des Gesetzes ist in § 292 StPO festgelegt. Demnach sind die Regelungen der §§ 286 Abs 1–3 sowie 287–291 StPO sinngemäß anwendbar. Dem Angeklagten ist eine Gleichschrift mit der Aufforderung zur Äußerung zuzustellen. Der OGH hat eine Gesetzesverletzung festzustellen. Bei Verurteilung des Angeklagten kann der OGH nach seinem Ermessen entweder den Angeklagten freisprechen oder einen milderen Strafsatz anwenden oder die Erneuerung des Verfahrens anordnen.

f) Erneuerung des Strafverfahrens

Sofern ein Urteil des EGMR eine Verletzung der EMRK oder eines ihrer Zusatzprotokolle durch die Entscheidung oder die Verfügung eines Strafgerichts feststellt, so ist das Verfahren gem § 363a StPO auf Antrag insoweit zu erneuern, als nicht auszuschließen ist, dass die Verletzung für einen Betroffenen nachteiligen Einfluss auf den Inhalt einer strafgerichtlichen Entscheidung haben könnte. Ein Antrag auf Erneuerung wird daher nur dann Erfolgsaussichten haben, wenn die Entscheidung ohne Verletzung der EMRK günstiger ergangen wäre, als mit Verletzung der EMRK.[513]

Gem § 363a StPO entscheidet der OGH über den Antrag auf Erneuerung des Verfahrens. Dieser hat bei der Entscheidung von der Rechtsansicht des EGMR auszugehen.[514] Antragsberechtigt ist der von der Verletzung Betroffene und die

---

512 Vgl EvBl 1989/116, RZ 1980/39.
513 *Fabrizy*, StPO[11] § 363a Rz 2.
514 JUS 6/2425.

Generalprokuratur, wobei jeweils der Gegenseite rechtliches Gehör zu gewähren ist. Der Antrag bedarf der Unterschrift eines Verteidigers.[515] Der Antrag ist in jenen Fällen nicht zulässig, in denen der OGH bereits in zweiter Instanz entschieden hat.[516]

Die ältere Rsp sah ein Urteil des EGMR als zwingende Voraussetzung für die Erneuerung eines Strafverfahrens vor.[517] Nunmehr ist dies nach Rsp keine zwingende Voraussetzung mehr.[518] So sprach der OGH[519] zur Frage der Zulässigkeit des Erneuerungsantrages ohne vorangehendes Urteil des EGMR aus:

> Zu einem darauf gerichteten Antrag sind Personen berechtigt, welche vertretbar behaupten, durch die letztinstanzliche Entscheidung eines Strafgerichts in einem Grundrecht verletzt oder trotz Ausschöpfung des Instanzenzugs gegen eine durch Kriminalpolizei, Staatsanwaltschaft oder Gericht begangene Grundrechtsverletzung weiterhin deren Opfer zu sein.

Sofern daher dem Erneuerungsverfahren kein Urteil des EGMR vorausgeht, sind die Zulässigkeitsvoraussetzungen der Art 34 ff MRK einzuhalten, sodass insb der innerstaatliche Instanzenzug ausgeschöpft sein und der Antrag binnen sechs Monaten gestellt werden muss.[520] Weiters hat der Antrag mit der als grundrechtswidrig bezeichneten Entscheidung auf sämtliche relevanten Punkte Bezug zu nehmen.[521]

Nach der Rsp sind Ankläger nicht antragslegitimiert, da sich diese keines eigenen Verteidigers bedienen können. Dies bedeutet, dass Anklägern, worunter insb auch Privatankläger und Privatbeteiligte fallen, kein Recht auf Erneuerung des Strafverfahrens zusteht.[522]

Der OGH kann den Antrag in nicht öffentlicher Beratung gem § 363b StPO zurückweisen, wenn der Antrag nicht von einem Verteidiger unterschrieben ist, die Antragslegitimation fehlt, oder der Antrag als unbegründet erachtet wird. Auch kann eine nicht öffentliche Beratung stattfinden, wenn dem Antrag auch ohne öffentliche Verhandlung über den Antrag stattgegeben, die Entscheidung aufgehoben und die Sache erforderlichenfalls zurückverwiesen wird.

Sofern es zu keiner Entscheidung im Rahmen einer nicht öffentlichen Beratung kommt, ist nach § 363c StPO eine öffentliche Verhandlung anzuberaumen. Wenn der OGH dem Antrag stattgibt, hebt er die strafgerichtliche Entscheidung

---

515   Vgl § 61 Abs 1 Z 7 StPO.
516   Siehe EvBl 2008/8.
517   Vgl EvBl 1998/213, JBl 1999,822.
518   Vgl SSt 2007/53, EvBl 2007/154.
519   OGH 3.4.2011, 12 Os 127/10h.
520   Vgl stRsp RS 0122737, zuletzt OGH 20.12.2011 12 Os 174/11x.
521   Zuletzt OGH 20.12.2011 12 Os 174/11x.
522   RS 0123644.

auf und verweist die Sache erforderlichenfalls an das Landesgericht oder Oberlandesgericht.

B. Verwaltungsbehördliches Finanzstrafverfahren

1. Einleitende Bemerkungen

Auch das FinStrG sieht für verwaltungsbehördlich zu verfolgende Finanzvergehen ua die Zwangsmittel der Beschlagnahme (§§ 89 ff FinStrG) und der Hausdurchsuchung (§§ 93 ff FinStrG) vor, welche im Rahmen dieses Abschnittes näher beschrieben werden. Dabei wird sich zeigen, dass dennoch einige – insb formalrechtliche – Unterschiede im Gegensatz zu den Bestimmungen der StPO vorhanden sind.

2. Die Beschlagnahme

a) Allgemeines

Bei der Beschlagnahme iSd § 89 Abs 1 FinStrG handelt es sich um eine Art vorläufiges Verfahren, welches der zwangsweisen Entziehung der Gewahrsame an einer Sache (Wegnahme) zum Zweck ihrer Verwahrung dient. Es handelt sich bei dieser Maßnahme um eine zeitlich begrenzte und durch sie erfolgt auch noch keine abschließende rechtliche Beurteilung eines Sachverhalts; sie endet entweder durch die Freigabe oder Rückgabe des beschlagnahmten Gegenstandes oder durch den rechtskräftigen Ausspruch des Verfalles.[523]

b) Voraussetzungen

Primäre Voraussetzung für die Verfügung einer Beschlagnahme nach dem FinStrG ist der Verdacht, dass ein Finanzvergehen begangen worden ist. Ein vager Anfangsverdacht ist dafür nicht ausreichend. Der Verdacht muss hinreichend begründet sein. Ein solcher Verdacht kann immer nur aufgrund einer Schlussfolgerung aus Tatsachen entstehen und liegt erst dann vor, wenn hinreichend tatsächliche Anhaltspunkte die Annahme der Wahrscheinlichkeit des Vorliegens von bestimmten Umständen rechtfertigen.[524] Zum Zeitpunkt des Ausspruches der Beschlagnahme muss nach stRsp jedoch noch nicht nachgewiesen sein, dass der Beschuldigte das Finanzvergehen auch tatsächlich begangen hat. Diese Aufgabe kommt erst dem Untersuchungsverfahren und dem Straferkenntnis zu.[525]

---

523 Vgl etwa VwGH 7.10.1993, 93/16/0050, ÖStZB 1994, 285; VwGH 18.9.1996, 94/15/0058, ÖStZB 1997, 435.
524 VwGH 26.1.1989, 88/16/0027, 0035, ÖJZ 1990, 346/166 F = ÖStZB 1989, 339.
525 Vgl dazu etwa VwGH 4.3.1999, 98/16/0389, 0390, ÖStZB 1999, 527 = SWK 2000, R 20.

Ex lege sind zwei Fälle vorgesehen, bei denen bei Vorliegen eines Tatverdachts eine Beschlagnahme zu erfolgen hat (vgl § 89 Abs 1 S 1 FinStrG), nämlich:

- Beschlagnahme von verfallsbedrohten Gegenständen (vgl dazu § 17 FinStrG), wenn dies zur Sicherung des Verfalls geboten ist;
- Beschlagnahme von Gegenständen, die als Beweismittel (siehe dazu § 98 Abs 1 FinStrG) in Betracht kommen, wenn dies zur Beweissicherung geboten ist,

und zwar unabhängig davon, wer der Eigentümer oder rechtmäßige Besitzer der Gegenstände ist.[526]

Infolge Fehlens einer gesetzlichen Klarstellung ist eine allgemein gültige Definition des *„Gebotenseins"* kaum möglich. Unter Berücksichtigung der Bedeutung des Schutzzweckes der Norm und dem Gewicht einer Beschlagnahme kann man darauf schließen, inwieweit diese Vorgehensweise auch erforderlich ist, um eine Gefährdung der Sicherheit der Abgabenbelange hintanzuhalten oder der Unterdrückung des Beweismittels vorzugreifen (sog „Gefahrenrelevanz"). Bspw wird die Gefährdung der Abgabenbelange dann zu bejahen sein, wenn die Gefahr besteht, dass der Eigentümer den beschlagnahmten Gegenstand den Zielsetzungen des Verfalls zuwider dem jederzeitigen Zugriff der Behörde entziehen werde.[527]

Die Notwendigkeit einer Beschlagnahme kann sich aus der Person des Inhabers der Gegenstände, aber auch aus der Art und Beschaffenheit der Gegenstände selbst ergeben.[528]

Die Finanzstrafbehörde hat die Beschlagnahme mittels Bescheid anzuordnen (vgl § 89 Abs 1 S 1 FinStrG). Wenn die Voraussetzungen für eine Beschlagnahme vorliegen, dann muss (kein diesbezügliches Ermessen) die Behörde die Beschlagnahme vornehmen. Die Beschlagnahme ergeht nicht wie im gerichtlichen (Finanz-)Strafverfahren in Form einer Anordnung, sondern ex lege in Bescheidform, damit eine Verwaltungsangelegenheit in einer der Rechtskraft fähigen Weise normativ geregelt und ein Rechtsverhältnis für den konkreten Einzelfall bindend gestaltet wird.[529] Aus dem Bescheidinhalt selbst muss sich des Weiteren klar ergeben, warum die zu beschlagnehmenden Sachen als Verfallsgegenstand in Betracht kommen oder als Beweismittel benötigt werden.[530]

---

526   *Fellner*, FinStrG II[6] §§ 89–92 Rz 3a.
527   Vgl etwa VwGH 4.9.1986, 86/16/0103, JBl 1987, 403 = SWK 1986, R 191 = ÖJZ 1987, 462/149 F = ÖStZB 1987, 188; VwGH 31.5.1995, 93/16/0134, ÖStZB 1996, 45.
528   Vgl dazu VwGH 6.12.1990, 90/16/0179, ÖStZB 1991, 166.
529   *Tannert*, FinStrG[8] § 89 Anm 4a zu Abs 1; vgl dazu etwa VfGH 25.2.1982, B 88, 100/81, ÖStZB 1982, 354; *Seiler/Seiler*, Finanzstrafgesetz[4] § 89 Rz 17.
530   Siehe dazu mwA *Seiler/Seiler*, Finanzstrafgesetz[4] § 89 Rz 21 ff.

Die Verfügung über die Beschlagnahme stellt eine Verfolgungshandlung iSd § 14 Abs 3 FinStrG dar. Durch sie wird das verwaltungsbehördliche Finanzstrafverfahren anhängig.[531]

Gem § 89 Abs 1 S 2 FinStrG ist der Bescheid dem Inhaber des in Beschlag zu nehmenden Gegenstandes bei der Beschlagnahme zuzustellen; wenn der Inhaber nicht anwesend ist, dann ist der Bescheid nach § 23 ZustG zu hinterlegen. Inhaber ist dabei diejenige Person, in dessen Gewahrsam sich eine Sache befindet, wobei dies nicht unbedingt der Eigentümer sein muss.[532]

Gegen den Bescheid kann das Rechtsmittel der (Administrativ-)Beschwerde (§ 152 Abs 1 FinStrG) erhoben werden, über welche das BFG zu entscheiden hat (§§ 62, 152 FinStrG).[533]

In den Fällen von Gefahr im Verzug sieht § 89 Abs 2 FinStrG eine Sonderregelung vor. In diesen Fällen können neben den Organen der Finanzstrafbehörden auch die Organe der Abgabenbehörden und jene des öffentlichen Sicherheitsdienstes die Beschlagnahme vornehmen, wenn eine Anordnung der Finanzstrafbehörde nicht vorliegt. Dem dabei anwesenden Inhaber sind jedoch die Gründe für die Beschlagnahme und für die Annahme von Gefahr im Verzug mündlich bekanntzugeben und in einer Niederschrift festzuhalten. Die beschlagnahmten Gegenstände sind – außer in den Fällen des § 90 Abs 1 S 2 FinStrG (Schwierigkeiten bei einer amtlichen Verwahrung oder wenn die Gegenstände ohne Gefährdung beim Inhaber belassen werden können) – der zuständigen Finanzstrafbehörde abzuführen (§ 89 Abs 2 letzter S FinStrG).

Im Allgemeinen ist der Begriff „Gefahr im Verzug" iSd § 89 Abs 2 FinStrG derart zu verstehen, dass eine solche konkrete Gefahr dann anzunehmen ist, wenn durch die bescheidmäßige Anordnung der Beschlagnahme ein Zeitverlust einträte, welcher mit hoher Wahrscheinlichkeit zur Folge hätte, dass die grds mittels Bescheid auszusprechende Beschlagnahme zu spät käme, um ihren Zweck noch zu erreichen. Dabei würde bereits die geringste Gefahr zur Beschlagnahme ohne schriftlichen Auftrag ausreichen. Gegen diese faktische Amtshandlung nach § 89 Abs 2 FinStrG kann das Rechtsmittel der Beschwerde (§ 152 Abs 1 FinStrG) erhoben werden.

Auch keine – weder schriftliche noch mündliche – Beschlagnahmeanordnung ist erforderlich, sofern die gesuchten Beweismittel im Zuge einer Hausdurchsuchung beschlagnahmt werden. Eine Sonderregelung ist dabei wiederum bei Zufallsfunden vorgesehen, da diese – obwohl für sie ebenfalls keine Verfügung über die Beschlagnahme notwendig ist – nur bei Gefahr im Verzug beschlagnahmt werden dürfen (vgl § 96 FinStrG).

---

531 Vgl VwGH 26.1.1989, 88/16/0027, 0035, ÖJZ 1990/166 F = ÖStZB 1989, 339.
532 Vgl VwGH 14.12.1993, 93/14/0130, 0160, ÖStZB 1994, 245; *Fellner*, FinStrG II⁶ §§ 89–92 Rz 3a.
533 Vgl *Seiler/Seiler*, Finanzstrafgesetz⁴ § 89 Rz 26.

c) Absehen bzw Aufhebung (Freigabe) von der Beschlagnahme

Von der Beschlagnahme verfallsbedrohter Gegenstände (nicht jedoch von Gegenständen, die zu Beweiszwecken dienen) kann gem § 89 Abs 7 FinStrG abgesehen und eine bereits erfolgte Beschlagnahme solcher Gegenstände aufgehoben werden, wenn ein Geldbetrag erlegt wird, welcher dem Wert dieser Gegenstände entspricht (Freigabe). Dieser Geldbetrag tritt dann an die Stelle der Gegenstände und unterliegt dem Verfall. Die Freigabe der verfallsbedrohten Gegenstände hat jedoch insb zu unterbleiben,

- solange diese auch für Beweiszwecke benötigt werden,
- wenn es sich dabei um Monopolgegenstände oder andere Gegenstände handelt, die gesetzlichen Verkehrsbeschränkungen unterliegen,
- wenn eine gesetzwidrige Verwendung der Gegenstände zu besorgen ist,
- wenn die Gegenstände auch in einem anderem Verfahren beschlagnahmt sind oder wenn die ihnen in einem anderen Verfahren drohende Beschlagnahme aktenkundig ist (§ 89 Abs 7 lit a–d FinStrG).

Beschlagnahmebeschränkungen

§ 89 Abs 8 und 9 FinStrG sieht Beschränkungen für die Beschlagnahme bestimmter Gegenstände vor:[534]

- Verschlossene Briefe und andere verschlossene Schriftstücke dürfen nur im Zuge einer Hausdurchsuchung oder einer Festnahme beschlagnahmt und in weiterer Folge geöffnet werden (Abs 8).
- Postsendungen, die sich in der Gewahrsame der Post befinden, dürfen nur in Fällen einer Hausdurchsuchung oder Festnahme, wenn sie vom Beschuldigten abgeschickt oder an ihn gerichtet sind (Abs 9 lit a), oder wenn hinsichtlich ihres Inhalts der Verdacht eines Schmuggels oder einer Hinterziehung von Eingangs- oder Ausgangsabgaben besteht (Abs 9 lit b), beschlagnahmt werden.

Mit diesen Beschränkungen wird dem Briefgeheimnis (Art 10 StGG, Art 8 Abs 1 EMRK) Rechnung getragen. Darüber hinaus unterliegen derartige verbotene Beschlagnahmen von verschlossenen Briefen und Schriftstücken dem Verwertungsverbot (§ 98 Abs 4 FinStrG).

d) Verwahrung und Verwertung

Grds werden die beschlagnahmten Gegenstände amtlich verwahrt oder einer dritten Person in Verwahrung gegeben. Wenn keine Gefahr für den Beschlagnahmezweck gegeben ist, können diese – unter Verfügungsverbot und in eventu unter Auflagen – auch dem bisherigen Inhaber belassen werden (vgl § 90 Abs 1 FinStrG). Würden die beschlagnahmten Gegenstände rasch verderben, einer erheblichen

---

534 Vgl dazu die neu geschaffenen Bestimmungen der §§ 134 Z 1 iVm Z 5 u 135 ff StPO für das gerichtliche (Finanz-)Strafverfahren.

Wertminderung unterliegen oder sich nur mit unverhältnismäßigen Kosten aufbewahren lassen, dann können diese durch die Finanzstrafbehörde auch verwertet werden. Die Verwertung erfolgt entweder durch öffentliche Versteigerung, durch Vermittlung eines Handelsmaklers oder durch einen Verkauf aus freier Hand. Dann tritt der daraus erzielte Erlös an die Stelle des Gegenstandes und unterliegt iSd § 17 FinStrG dem Verfall (vgl § 90 Abs 2 FinStrG). Die Verwertung hat jedoch gem § 90 Abs 3 FinStrG solange zu unterbleiben, als die verfallsbedrohten Gegenstände für Beweiszwecke benötigt werden.

e) Beendigung und Rückgabe der beschlagnahmten Gegenstände

In allen Fällen ist dem bisherigen Inhaber gem § 91 Abs 1 FinStrG eine Bestätigung über die abgenommenen beschlagnahmten Gegenstände auszustellen. In dieser Bestätigung sind die einzelnen Gegenstände nach ihren wesentlichen Merkmalen, wie der Stückzahl, dem Gewicht, dem Maß und der Gattung, genau zu verzeichnen, um dem Inhaber bei der Rückgabe eine entsprechende Kontrolle hinsichtlich der Vollständigkeit zu ermöglichen.

Ist die Aufrechterhaltung der Beschlagnahme nicht mehr gerechtfertigt, dann sind die beschlagnahmten Gegenstände unverzüglich zurückzugeben (§ 91 Abs 2 FinStrG). Die Entscheidung bzw Rückgabe liegt nicht im Ermessen der Behörde.[535] Die konkrete Durchsetzung des Rückgabeanspruches wird jedoch vom VwGH und VfGH unterschiedlich beurteilt. Nach Ansicht des VwGH[536] muss ein Rückgabeantrag gestellt werden, über den die Finanzstrafbehörde zu entscheiden hat. Der VfGH[537] vertritt jedoch die Auffassung, dass eine Klage gegen den Bund nach Art 137 B-VG eingebracht werden müsste, zumal für die Rückgabeverpflichtung im FinStrG keine Bescheiderlassung vorgesehen ist.

f) Einsichtnahme und Abschriften

Infolge durchgeführter Beschlagnahmen von Geschäftsbüchern, Aufzeichnungen und Belege kann es zu ungewünschten Unterbrechungen bei der Betriebsfortführung kommen. Die dadurch einem Unternehmer entgangenen Einnahmen können auch die Interessen der Abgabenbehörde selbst tangieren, da ausstehende Abgabenverpflichtungen nicht befriedigt werden können. Aus diesem Grund ermöglicht § 92 FinStrG dem Eigentümer oder einer von ihm dazu bevollmächtigten Person (zB Wirtschaftstreuhänder, Rechtsanwalt) auf Verlangen die Einsicht in diese beschlagnahmten Unterlagen, sofern dadurch nicht die Tatbestandsermittlung beeinträchtigt und das Verfahren nicht ungebührlich verzögert wird. Auch die Herstellung von Kopien wird – außer bei Verdunkelungsgefahr oder Verabredungsgefahr – dadurch ermöglicht. Wird dem Eigentümer oder dem Be-

---

535 Vgl VwGH 6.4.1989, 87/15/0153, ÖStZB 1989, 431.
536 VwGH 16.11.1995, 95/16/0276, ÖStZB 1996, 488.
537 VfGH 9.10.1997, A 4/97, ÖStZB 1998, 281.

vollmächtigten allerdings die Einsicht- oder Abschriftnahme verweigert, ist ein abgesondertes Rechtsmittel nicht zulässig (§ 92 letzter S FinStrG).[538]

3. Die Hausdurchsuchung

a) Allgemeines und Definition

Nach der Legaldefinition des § 93 Abs 2 FinStrG sind Hausdurchsuchungen Durchsuchungen von Wohnungen und sonstiger zum Hauswesen gehöriger Räumlichkeiten sowie von Wirtschafts-, Gewerbe- oder Betriebsräumen. Neben dem Auffinden einer Person bezweckt sie das Auffinden von Gegenständen, welche voraussichtlich dem Verfall unterliegen oder zu Beweiszwecken dienen. Im Rahmen der Durchsuchung soll belastendes Beweismaterial gefunden werden, damit es im Finanzstrafverfahren verwendet werden kann. Liegen für die Hausdurchsuchung die gesetzlich normierten Voraussetzungen vor, dann muss der Beschuldigte sie über sich ergehen lassen, auch wenn er sich für unschuldig hält.[539]

Bereits bei einer systematischen Durchsuchung wenigstens eines bestimmten Objektes durch ein behördliches Organ liegt eine Hausdurchsuchung vor.[540] Jedoch ist das bloße Betreten einer Wohnung, um festzustellen, von wem sie bewohnt wird oder welche Größe, Zahl und Beschaffenheit die Räumlichkeiten aufweisen, noch nicht als Hausdurchsuchung zu qualifizieren.[541]

b) Voraussetzungen

Für die Durchführung einer Hausdurchsuchung bedarf es einer mit Gründen versehenen schriftlichen Anordnung des Vorsitzenden des Spruchsenates („Hausdurchsuchungsbefehl"), dem gem § 58 Abs 2 FinStrG und unter den dort normierten Voraussetzungen die Durchführung der mündlichen Verhandlung und die Fällung des Erkenntnisses obliegen würde.[542] Die Anordnung richtet sich an die mit der Durchführung betraute Finanzstrafbehörde. Die schriftliche Ausfertigung der Anordnung zur Hausdurchsuchung ist als Bescheid zu qualifizieren.[543] Die Anordnung stellt keinen Akt unmittelbarer Befehls- und Zwangsgewalt dar,[544] die Durchführung der Hausdurchsuchung jedoch schon.[545] Eine Kopie dieser Anordnung ist einem anwesenden Betroffenen bei Beginn der Durchsuchung auszuhändigen. Ist kein Betroffener anwesend, so ist die Kopie

---

538 *Fellner*, FinStrG II[6] §§ 89–92 Rz 39.
539 Siehe dazu mwN *Seiler/Seiler*, Finanzstrafgesetz[4] § 93 Rz 2.
540 Vgl dazu den Erlass des BMF vom 16.12.1985, FS-130/5-III/9/85 = SWK 1986, A V 9.
541 Vgl etwa VfGH 28.11.1984, B 301/84, ZfVB 1985/1233; VfGH 27.9.1985, B 643/82, ZfVB 1986/957; so auch zur derzeitigen RL *Fellner*, FinStrG II[6] §§ 93–96 Rz 11.
542 Im weiteren Verfahren muss sich der Spruchsenatsvorsitzende jedoch der Amtsausübung aufgrund der Bestimmung des § 72 Abs 1 lit c FinStrG enthalten; *Seiler/Seiler*, Finanzstrafgesetz[4] § 93 Rz 18.
543 Vgl etwa VfGH 3.3.1982, B 357/81, ÖStZB 1983, 333.
544 Vgl VwGH 21.3.2012, 2012/16/0005; VfGH 23.2.1984, B 390/81 ÖStZB 1985, 119.
545 Vgl UFSG 16.11.2011 FSRV/0007-G/11; so auch *Fellner*, FinStrG II[6] §§ 93–96 Rz 31.

nach § 23 ZustG zu hinterlegen. Konnte die Übermittlung der schriftlichen Ausfertigung an die mit der Durchsuchung beauftragten Organe bei Gefahr im Verzug nicht abgewartet werden und wurde die Anordnung vorerst mündlich erteilt, dann ist die schriftliche Ausfertigung innerhalb der nächsten 24 Stunden zuzustellen (§ 93 Abs 1 FinStrG).

Hausdurchsuchungen dürfen aber auch nur dann vorgenommen werden, wenn ein begründeter, konkreter Verdacht wegen eines bestimmten Finanzvergehens besteht.[546] Sie darf folglich nicht vorgenommen werden, um dadurch erst Verdachtsgründe zu gewinnen. Dabei ist zu beachten, dass der erforderliche konkrete Verdacht bereits im Zeitpunkt der Anordnung der Durchsuchung vorhanden sein muss. Nach stRsp des VwGH[547] kommt es für die Beurteilung der Rechtmäßigkeit der Anordnung auf erst nachträglich gefundene Beweismittel nicht an.[548]

Des Weiteren darf eine Hausdurchsuchung auch nur bei Vorliegen eines begründeten Verdachts vorgenommen werden, wenn sich in den Räumlichkeiten entweder eine Person aufhält, die eines Finanzvergehens (mit Ausnahme von Finanzordnungswidrigkeiten) verdächtig ist, oder Gegenstände befinden, die voraussichtlich dem Verfall unterliegen, oder die im Finanzstrafverfahren als Beweismittel in Betracht kommen (§ 93 Abs 2 FinStrG). Im Hausdurchsuchungsbefehl müssen die erwarteten Beweismittel zumindest annäherungsweise bezeichnet werden. Eine Beschreibung nach allgemeinen Kriterien wird in diesem Zusammenhang als zulässig angesehen.[549]

Ist wegen Gefahr im Verzug die Einholung weder einer schriftlichen noch einer mündlichen Anordnung möglich, so dürfen die in § 89 Abs 2 FinStrG genannten Organe (Finanzstraf- und Abgabenbehörden sowie jene des öffentlichen Sicherheitsdienstes) ausnahmsweise auch ohne Anordnung eine Hausdurchsuchung durchführen (§ 93 Abs 4 S 1 FinStrG). Gefahr im Verzug iSd zitierten Bestimmung liegt vor, wenn zwecks Einholung eines Hausdurchsuchungsbefehles der Vorsitzende des zuständigen Spruchsenates (oder sein Vertreter) nicht erreicht werden kann und aufgrund bestimmter Tatsachen zu befürchten ist, dass ein Zuwarten den Zweck der Maßnahme gefährden könnte. Hinsichtlich der Prüfung dieser Gründe ist ein strenger Maßstab anzulegen; nur in besonderen Fällen darf folglich von einer Einholung eines Hausdurchsuchungsbefehles abgegangen werden.[550]

Dem bei der Durchsuchung anwesenden Betroffenen sind die Gründe für die Durchsuchung und für die Annahme von Gefahr im Verzug mündlich bekanntzugeben und in einer Niederschrift festzuhalten (§ 93 Abs 4 S 2 FinStrG).

---

546 VfGH 7.10.1991, B 1838/88, B 1849/88, VfSlg 12.849 = ZfVB 1992/1976.
547 Vgl dazu etwa VwGH 18.12.1996, 95/15/0036, 0041, ÖStZB 1997, 382.
548 *Leitner/Toifl/Brandl*, Finanzstrafrecht³ Rz 1947.
549 Vgl UFSG 16.11.2011 FSRV/0007-G/11-RS2; dazu auch etwa VwGH 20.3.1997, 94/15/0046, ÖStZB 1997, 707.
550 Erlass des BMF vom 16.12.1985, FS-130/5-III/9/85 = SWK 1986, A V 9.

c) Hausdurchsuchung und Beschlagnahme (§ 96 FinStrG)

Da es sinnlos wäre, die im Zuge einer Hausdurchsuchung gefundenen Gegenstände nicht für das spätere Verfahren sicherstellen zu können, beinhaltet die Anordnung zur Hausdurchsuchung implizit einen Beschlagnahmebefehl. Es bedarf daher keiner gesonderten Beschlagnahmeanordnung für die gesuchten Beweismittel. Für die Beschlagnahme sind jedoch weiterhin die Bestimmungen der §§ 89 ff FinStrG anzuwenden. Andere Beweismittel sind nur bei Gefahr im Verzug in Beschlag zu nehmen (§ 96 S 2 FinStrG).

d) Vorgehensweise

Neben der Bestimmung des § 94 FinStrG wurden mit dem bereits zitierten Erlass des BMF Richtlinien für die Anordnung und Durchführung von Hausdurchsuchungen aufgestellt.[551]

Hausdurchsuchungen sind gem § 94 Abs 1 FinStrG mit möglichster Schonung unter Vermeidung unnötigen Aufsehens und jeder nicht unumgänglichen Belästigung oder Störung der Betroffenen vorzunehmen.[552] Dieser Grundsatz betrifft insb die zeitliche Anberaumung, weshalb auf die vorhersehbaren Lebensgewohnheiten und Arbeitsbedingungen des Betroffenen Rücksicht zu nehmen ist. Bei der Durchsuchung von Betriebsräumen und natürlich auch den Kanzleien von Parteienvertretern wird dies grds während der Geschäftszeit stattfinden.[553]

Wenn der Inhaber der Räumlichkeiten verhindert oder abwesend ist, dann ist ein erwachsenes Mitglied seiner Familie und in Ermangelung dessen eine andere erwachsene Person aufzufordern, der amtlichen Handlung beizuwohnen (§ 94 Abs 4 FinStrG). Er ist dabei auch verpflichtet, die Räume und Behältnisse auf Verlangen des durchführenden Organes zu öffnen und die darin aufbewahrten Gegenstände vorzuweisen. Verweigert dies der Inhaber, dann kann das mit der Durchsuchung befasste Organ diese selbst öffnen oder aber die Öffnung durch andere Personen veranlassen. Wenn jedoch die Person des Inhabers mit jener des Beschuldigten ident ist, wird man diese Verpflichtung wohl verneinen müssen, da niemand verpflichtet ist, Beweismaterial gegen sich selbst vorzulegen.[554]

Auch das FinStrG sieht die Möglichkeit vor, der Hausdurchsuchung auf Verlangen des Beschuldigten bis zu zwei von ihm namhaft gemachte Personen seines Vertrauens beizuziehen, sofern diese nicht der gleichen oder einer damit im Zusammenhang stehenden Straftat verdächtig sind. Ist der Betroffene abwesend, so kann dies der Wohnungsinhaber oder bei dessen Abwesenheit auch der Woh-

---

551 Erlass des BMF vom 16.12.1985, FS-130/5-III/9/85 = SWK 1986, A V 9 u SWK 1986, A V 15.
552 Vgl die praxisorientierte Kritik bei den Ausführungen zum gerichtlichen (Finanz-)Strafverfahren.
553 Siehe dazu mwN *Seiler/Seiler*, Finanzstrafgesetz⁴ § 94 Rz 2.
554 Vgl *Seiler/Seiler*, Finanzstrafgesetz⁴ § 96 Rz 4.

nungsgenosse verlangen. Diese dürfen sich aber bei der Durchführung der Durchsuchung nicht einmischen, andernfalls können sie auch entfernt werden (vgl § 93 Abs 5 FinStrG). Der Betroffene kann auch jederzeit einen Rechtsvertreter/Verteidiger der Durchsuchung beiziehen. Nachdem ein Parteienvertreter zwar einerseits Vertrauensperson ist, ihm aber andererseits die Rechte des Betroffenen iSd § 77 Abs 1 FinStrG zustehen, ist fraglich, ob dieser bei Einmengung ausgeschlossen werden kann. Die Grenze der Einmengung des Parteienvertreters ist jedenfalls die Behinderung der Amtshandlung.[555] Bei vermuteter Rechtswidrigkeit steht es dem Vertreter nach hL[556] zu, sich in die Durchsuchungshandlung einzumischen, da es gerade zu seinen Berufspflichten gehört, zu intervenieren. Sie dürfen grds auch nicht von der Durchsuchung ausgeschlossen werden, bei störendem Verhalten könnte allerdings mittels Anzeige bei der Disziplinarbehörde vorgegangen werden. Anders wird dies vom BMF gesehen, welches eine Entfernung des Parteienvertreters von der Teilnahme an der Durchsuchung kraft Größenschluss aus § 93 Abs 5 letzter Satz FinStrG bejahen.[557]

Mit der Durchsuchung ist – sofern dadurch die Amtshandlung nicht unangemessen verzögert oder ihr Erfolg gefährdet wird – bis zum Eintreffen der Vertrauenspersonen zuzuwarten. Wird nicht zugewartet, sind die Gründe dafür in der Niederschrift festzuhalten.[558]

Nachdem dem Beschuldigten der Hausdurchsuchungsbefehl übergeben wurde, ist er – außer im Fall von Gefahr im Verzug – aufzufordern, das Gesuchte freiwillig herauszugeben oder sonst die Gründe für die Durchsuchung zu beseitigen, um ihm dadurch rechtliches Gehör zu gewähren (vgl § 94 Abs 2 FinStrG). Werden allerdings die gesuchten Gegenstände außerhalb einer Hausdurchsuchung herausgegeben, dann würde der durch das Wesen der Hausdurchsuchung entfaltete normative Charakter fehlen und dadurch in weiterer Folge natürlich auch die Rechtsschutzmöglichkeiten.[559]

Über das Ergebnis der Durchsuchung ist letztendlich gem § 93 Abs 6 FinStrG eine Niederschrift aufzunehmen. Auf sein Verlangen ist dem Betroffenen längstens binnen 24 Stunden eine Bescheinigung über die Vornahme der Durchsuchung, deren Gründe und Ergebnisse auszufolgen.

4. Hausdurchsuchung und Beschlagnahme bei verschwiegenheitspflichtigen Parteienvertretern im FinStrG

Vor allem für die Wirtschaftstreuhänder von besonderer Bedeutung ist die Bestimmung des § 89 Abs 3 FinStrG für den Bereich verwaltungsbehördlich zu ahn-

---

555 Vgl *Reger/Hacker/Kneidinger*, FinStrG³ II § 13 Rz 16.
556 *Tannert/Dorazil*, FinStrG § 93 Anm 6; *Seiler/Seiler*, Finanzstrafgesetz⁴ § 93 Rz 40.
557 HD-Erl Abschn 3.6.7.
558 Vgl *Fellner*, FinStrG II⁶ § 93–96 Rz 33.
559 Vgl *Leitner/Toifl/Brandl*, Finanzstrafrecht³ Rz 1953.

dender Finanzvergehen. Demnach unterliegen Beweismittel, auf die sich eine gesetzlich anerkannte Pflicht zur Verschwiegenheit erstreckt, bei dem zur Verschwiegenheit Verpflichteten der Beschlagnahme in zwei Fällen, nämlich

- soweit der begründete Verdacht besteht, dass dieser selbst Beteiligter, Hehler oder Begünstigender in Bezug auf das Finanzvergehen ist (lit a), oder
- wenn es sich um Bücher oder Aufzeichnungen nach den §§ 124–130 BAO, oder um dazugehörige Belege oder um solche Gegenstände handelt, welche zur Begehung des Finanzvergehens bestimmt waren, oder diese erleichtert haben, oder die aus dem Finanzvergehen herrühren (lit b).

Vom Begriff „Beteiligter" iSd § 89 Abs 3 lit a FinStrG sind alle drei Täterschaftsformen des § 11 FinStrG umfasst.[560] Sollte sich der Parteienvertreter somit entgegen seinem Berufsethos an dem Finanzvergehen als unmittelbarer Täter, Beitrags- oder Bestimmungstäter beteiligen, so erscheint es nur für gerechtfertigt, dass in diesem Fall das Schutzinteresse des Parteienvertreters und insb jenes seines Mandanten zurücktritt.[561]

Im Gegensatz zur StPO, wonach Ermittlungsmaßnahmen erst bei Vorliegen eines dringenden Tatverdachts gegenüber einem Berufsgeheimnisträger gesetzt werden dürfen, die andernfalls als unzulässige Umgehungshandlung qualifiziert werden würden (vgl § 144 Abs 2 StPO), können Beschlagnahmen oder etwa auch Hausdurchsuchungen gegenüber diesen nach dem FinStrG bereits bei Vorliegen eines begründeten Verdachts vorgenommen werden. Auch wenn im gerichtlichen Finanzstrafverfahren die Ahndung von Delikten mit größerem Unrechtsgehalt obliegt, wäre uE auch im FinStrG eine Anhebung des Verdachtsgrades in § 89 Abs 3 lit a FinStrG begrüßenswert.

Zu den Gegenständen iSd § 89 Abs 3 lit b FinStrG gehören Kostenverzeichnisse, Leistungsverzeichnisse, Schreiben an Klienten mit Zahlungsaufforderungen, Zahlungsvereinbarungen, Zahlungsbestätigungen, Abrechnungsunterlagen und Aktenvermerke betreffend Forderungen und Zahlungsvereinbarungen. Obwohl in all diesen Unterlagen Namen von Klienten sowie die für sie erbrachten Leistungen enthalten sind, führt dies noch nicht dazu, sie als zur Information des Klienten hergestellt und damit der berufsmäßigen Verschwiegenheitspflicht unterliegend anzusehen. Diese Unterlagen dienen nach Ansicht des VwGH[562] nur der Abrechnung von anwaltlichen Leistungen. Dies kann jedoch uE nicht generell gelten, da sich aus diesen Unterlagen nicht nur ein Abrechnungs-, sondern auch ein Informationscharakter ergeben kann. Dies betrifft va Honorarnoten oder Abrechnungen, auf denen aufgrund der Leistungsaufgliederung erkennbar sein

---

560 Vgl dazu VwGH 25.6.1997, 96/15/0225, 0226, AnwBl 1998/7462 = JBl 1997, 807 = ÖStZB 1997, 749; OGH 31.1.1992, 16 Os 58/91, EvBl 1992/154 = RZ 1992/78, 238.
561 Vgl Seiler/Seiler, Finanzstrafgesetz⁴ § 89 Rz 37.
562 Vgl etwa VwGH 18.12.1996, 96/15/0155, 0156, ÖJZ 1998, 74/26 F = ÖStZB 1997, 382.

kann, welche Tätigkeiten vom Parteienvertreter bzw dessen Gehilfen und Sachbearbeiter erbracht und zu welchen Ergebnissen sie bei Ausarbeitungen oder Stellungnahmen gekommen sind, oder auf denen sich kurze Notizen hinsichtlich eingeholter Informationen befinden. Vor allem EDV-technische Erwägungen müssen berücksichtigt werden, zumal Honorarnoten über Softwarepakete generiert werden, die zum einen die zeitgebundene Leistungserfassung der Mitarbeiter wiedergeben und zum anderen als Detailaufgliederung der verrechneten Leistungen an den Mandanten dienen. Ein pauschaler Verweis auf die Beschlagnahmemöglichkeit dieser Unterlagen widerspricht dem Sinn und Zweck der Norm des § 89 Abs 3 FinStrG und wird daher im Einzelfall zu überprüfen sein.

Dieses Argument kann noch durch ein zusätzliches bekräftigt werden, wonach Gegenstände (Schriftstücke), die gerade erst wegen der Auftragsbeziehung, sohin als neue Beweismittel hergestellt wurden, und zudem ihre Überführung in den Gewahrsam des Parteienvertreters (im Prinzip eine dadurch erzwungene potenzielle Selbstbelastung) auftragsbedingt notwendig war, dem Beschlagnahmeverbot unterliegen.[563]

Eine Ausnahme von der Beschlagnahmemöglichkeit nach § 89 Abs 3 lit a FinStrG sieht die Bestimmung des § 89 Abs 4 FinStrG vor. Danach unterliegen bei berufsmäßigen Parteienvertretern Gegenstände, welche zu deren Information hergestellt wurden, in keinem Fall der Beschlagnahme. In einer für diese Thematik bedeutenden Entscheidung ist der VfGH[564] zum Ergebnis gekommen, dass die Beiziehung eines Rechtsbeistandes notwendigerweise den Austausch von Informationen erfordert. Denn ein Gesetzgeber, der es zuließe, solche Informationen zu beschlagnahmen, würde damit eine effektive Vertretung der Interessen der Partei in einem Verfahren verhindern. So könnte aber bspw die Originalbuchhaltung samt dazugehörigen Belegen beschlagnahmt werden, da diese nicht der Information des Parteienvertreters dienen. Sie dürfte im Strafverfahren als Beweismittel herangezogen werden. Zweck dieser Regelung liegt ebenfalls darin, eine uneingeschränkte Immunisierung jedes corpus delicti und jedes Beweismittels durch die Übergabe an den Parteienvertreter zu verhindern. Dies würde zu untragbaren Ergebnissen hinsichtlich der Strafrechtspflege führen.[565] Die Beschlagnahme von Informationen kann allerdings dann durchgeführt werden, wenn der berufsmäßige Parteienvertreter wiederum Beteiligter des Finanzvergehens wäre (§ 89 Abs 3 lit a FinStrG).[566]

Aus der Bestimmung des § 89 Abs 3–6 iVm § 96 letzter S FinStrG ergibt sich somit, dass das Gesetz auch Beschlagnahmen und Hausdurchsuchungen bei Ge-

---

563   Vgl OGH 31.1.1992, 16 Os 58/91, EvBl 1992/154 = AnwBl 1992/4156.
564   Siehe dazu VfGH 3.12.1981, G 24, 50, 51, 52, 89/83, G 107/84, ÖJZ 1985/23 = ÖStZB 1985, 18 = RdW 1985, 32.
565   Vgl dazu etwa OGH 15.1.1974, 10 Os 2/74, EvBl 1974/193 = SSt 45/1 = JBl 1974, 383; *Seiler/Seiler*, Finanzstrafgesetz⁴ § 89 Rz 46 f.
566   Vgl *Fellner*, FinStrG II⁶ §§ 89–92 Rz 21.

heimniträgern (Rechtsanwälten, Notaren und Wirtschaftstreuhändern) vorsieht. So hat der VwGH[567] in einem bereits zit Erkenntnis entschieden, dass es in der Anordnung einer Hausdurchsuchung auch im Lichte des Verhältnismäßigkeitsgrundsatzes rechtmäßig ist, wenn der begründete Verdacht besteht, dass durch strafbare Handlungen der Allgemeinheit in beträchtlichem Ausmaß Schaden zugefügt worden ist. Daran ändere sich auch nichts, wenn der Betroffene der Amtshandlung ein Rechtsanwalt ist, da gerade von Angehörigen dieses Berufsstandes in besonderem Ausmaß zu erwarten ist, dass sie strafrechtlich geschützte Rechtsgüter respektieren. Die Anordnung einer Hausdurchsuchung stehe in diesen Fällen auch nicht der Bestimmung des Art 8 EMRK entgegen.[568]

Die nachstehende Grafik stellt die Verzweigungen hinsichtlich der Beschlagnahme im Zuge des verwaltungsbehördlichen Finanzstrafverfahrens dar.

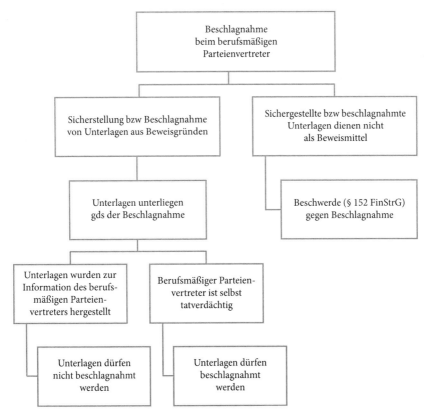

Abb 13: Beschlagnahme bei Parteienvertretern im verwaltungsbehördlichen Finanzstrafverfahren

567 VwGH 18.12.1996, 96/15/0155, 0156, ÖJZ 1998, 74/26 F = ÖStZB 1997, 382.
568 Vgl *Seiler/Seiler*, Finanzstrafgesetz[4] § 93 Rz 11.

5. Beiziehung eines Kammervertreters

Für das gerichtliche Finanzstrafverfahren sieht § 121 Abs 2 S 5 StPO vor, dass bei Durchsuchungen in Räumen von Berufsgeheimnisträgern von Amts wegen ein Vertreter der jeweiligen Standes- oder Interessenvertretung zur Sicherung des Geheimhaltungsinteresses betroffener Mandanten beizuziehen ist.[569]

Im verwaltungsbehördlichen Finanzstrafverfahren haben die Finanzstrafbehörden vor beabsichtigten Hausdurchsuchungen bei Wirtschaftstreuhändern, Rechtsanwälten und Notaren die zuständige Kammer – ohne Nennung des Namens des Betroffenen – zu verständigen und einzuladen, einen Vertreter zu einem zu vereinbarenden Termin zu entsenden.[570] Unerheblich ist dabei, ob der Parteienvertreter selbst im Verdacht steht, eine strafbare Handlung begangen zu haben, oder bloß als Inhaber von Belastungsmaterial, welches nicht der Information durch den Klienten jedem Zugriff entzogen ist, in Betracht kommt.[571] In den Fällen von Gefahr im Verzug kann die Verständigung der Kammer erst vor Ort der Hausdurchsuchung aus erfolgen und die Kammer eingeladen werden, einen Vertreter zu der bereits begonnenen Durchsuchung zu entsenden. Wurde dabei jedoch von der Zuziehung abgesehen, weil etwa der Kammervertreter nicht rechtzeitig erscheinen konnte, dann soll im Zuge der nachträglichen Sichtung des beschlagnahmten Materials ein Vertreter beigezogen werden.[572]

Ausdrücklich darauf hingewiesen werden muss, dass bei der Durchsuchung von Kanzleien oder Wohnungen von Wirtschaftstreuhändern gem § 12 Wirtschaftstreuhandberufs-Ausbildungsrichtlinie (WT-ARL 2003) die Beiziehung eines Kammervertreters durch einen Wirtschaftstreuhänder selbst verpflichtend ist.[573]

§ 23a der RL für die Ausübung der Rechtsanwaltschaft (RL-BA 1977) sieht eine ähnliche Regelung vor, wonach der Rechtsanwalt im Falle einer Durchsuchung zur Wahrung seiner Verschwiegenheitspflicht und der Gesetzmäßigkeit des Durchsuchungsvorganges darauf zu bestehen hat, dass ein Vertreter der Rechtsanwaltskammer der Amtshandlung beigezogen wird.[574]

---

569 Vgl dazu auch den Erlass des BMJ vom 21.7.1972, JMZ 18565-9b/72, hinsichtlich der Beiziehung eines Vertreters der zuständigen Rechtsanwaltskammer zu Hausdurchsuchungen bei Rechtsanwälten, JABl 1972/13; Erlass des BMJ vom 3.9.1981, JMZ 430023/7-II/1/81 über die Beiziehung eines Vertreters der jeweils zuständigen Kammer zu Hausdurchsuchungen bei Notaren und Wirtschaftstreuhändern, JABl 1981/20.

570 Vgl dazu den Erlass des BMF vom 12.10.1981, Z FS-130/4-III/9/81, über Hausdurchsuchungen bei Wirtschaftstreuhändern, Rechtsanwälten und Notaren; Beiziehung eines Vertreters der zuständigen Kammer, AÖF 1981/274; eine entsprechende gesetzliche Bestimmung wie die StPO sieht das FinStrG jedoch nicht vor.

571 Erlass des BMF vom 12.10.1981, FS-130/4-III/9/81, AÖF 1981/274.

572 Vgl *Leitner/Toifl/Brandl*, Finanzstrafrecht³ Rz 1956 f.

573 Informationsblatt der Kammer der Wirtschaftstreuhänder, Hausdurchsuchung bei Wirtschaftstreuhändern, Verhalten bei einer Hausdurchsuchung, Jänner 2008, 3.

574 Vgl dazu auch *Dellisch*, Hausdurchsuchung bei Rechtsanwälten – Ein Erfahrungsbericht, AnwBl 1983, 3 (3 ff).

Der Kammervertreter hat beratende Funktion und soll dem betroffenen Parteienvertreter bei der Hausdurchsuchung als Unterstützung dienen. Er hat dabei insb auf die folgenden Punkte hinzuweisen:[575]

- auf das Aussageverweigerungsrecht nach den gesetzlichen Bestimmungen (§§ 104 Abs 1 lit d iVm Abs 2 FinStrG bzw § 157 Abs 1 Z 2 StPO),
- auf das Recht auf Beiziehung von Vertrauenspersonen,
- auf den Umfang der sicherzustellenden/zu beschlagnehmenden Gegenstände in Abstimmung mit dem Hausdurchsuchungsbefehl bzw der staatsanwaltschaftlichen Anordnung,
- auf den Datenschutz nicht betroffener Mandanten,
- auf die Möglichkeit, von Rechtsbehelfen (Widerspruch bzw Versiegelung) Gebrauch zu machen.

Aus praktischer Sicht ist die Beiziehung eines Kammervertreters aus mehreren Gründen empfehlenswert: Abgesehen davon, dass der Vertreter durch sein Fachwissen für eine reibungslose und rasche Durchführung der Amtshandlung sorgen kann, weiß dieser auch, welche Unterlagen sichergestellt/beschlagnahmt werden dürfen und welche nicht. Dadurch wird auch sichergestellt, dass die Verschwiegenheitspflicht des Parteienvertreters gewahrt wird, ergänzt durch die Verschwiegenheitspflichten des Kammervertreters (auf beruflicher wie auch amtlicher Ebene), und etwaige Haftungsrisiken gegenüber den Mandanten eingedämmt werden. Ziel soll jedoch vorrangig eine dem Gesetz entsprechende Durchführung der Hausdurchsuchung sein, die durch die Anwesenheit eines Kammervertreters mit an Sicherheit grenzender Wahrscheinlichkeit besser gewährleistet sein kann.[576]

6. Exkurs: Beweisverwertungsverbote

Von grundlegender Bedeutung und in der Literatur vielfach diskutiert ist die Thematik der Unterscheidung zwischen Beweis**erhebungs**verboten (die sich in Beweismittel-, Beweisthemen- und Beweismethodenverbote einteilen lassen) und Beweis**verwertungs**verboten: Beweiserhebung bedeutet Stoffsammlung im Zuge des Strafprozesses (entweder durch Beweisbeschaffung im Ermittlungsverfahren oder durch Vorführung der Beweise in der Hauptverhandlung), während Beweisverwertung erst nach der Stoffsammlung ansetzt und dies geschieht in der Beweiswürdigung im Rahmen der Urteilsfällung.[577] Im Bereich des gerichtlichen Fi-

---

575 Informationsblatt der Kammer der Wirtschaftstreuhänder, Jänner 2008, 8.
576 Vgl dazu insb *Dellisch*, AnwBl 1983, 3 (3 ff).
577 Siehe dazu ausführlich *Ratz*, Die Handhabung von Beweisverboten durch den OGH, in FS Burgstaller (2004) 307 ff; *ders*, Beweisverbote und deren Garantie durch die Rechtsprechung des Obersten Gerichtshofes in Strafsachen (Teil 1), RZ 2005, 74 ff; *Schmoller*, Beweise, die hypothetisch nicht existieren – Beweisverwertungsverbote im geltenden und künftigen Strafprozess, JRP 2002, 251 ff; *Soyer*, Beweisverwertungsverbote im künftigen strafprozessualen Vorverfahren, ÖJZ 1999, 829 ff.

nanzstrafverfahrens führen gesetzwidrige Beweisaufnahmen dann zu einem Beweisverwertungsverbot, wenn dies in den betreffenden Bestimmungen explizit *„bei sonstiger Nichtigkeit"* vorgesehen ist (wie etwa nach § 252 StPO). Mittels Nichtigkeitsbeschwerde kann gegen Verletzungen von Beweisverwertungsverboten in weiterer Folge vorgegangen werden (zB § 281 Abs 1 Z 3 iVm § 157 Abs 2 StPO).[578] Für das verwaltungsbehördliche Finanzstrafverfahren sieht die Bestimmung des § 98 Abs 1 FinStrG vor, dass als Beweismittel grds alles in Betracht kommt, was zur Feststellung des maßgebenden Sachverhalts geeignet und nach der Lage des Falles zweckdienlich ist. Ausnahmen davon sieht jedoch § 98 Abs 4 FinStrG vor, eine Bestimmung, welche auch für verschwiegenheitspflichtige Parteienvertreter von Bedeutung ist: Jene Beweismittel, die auf die genannte Weise gesetzwidrig gewonnen wurden, dürfen in weiterer Folge nicht zum Nachteil des Beschuldigten oder Nebenbeteiligten herangezogen werden, sondern nur dann, wenn diese zu seinem Vorteil dienen und deren Verwertung zu einer Entlastung des Beschuldigten führen.[579] Ganz allgemein wird mit den im FinStrG vorgesehenen Beweisverwertungsverboten bezweckt, die Berücksichtigung von unzulässig gewonnenen Beweismitteln bei der Fällung eines Erkenntnisses zu untersagen. Wird entgegen diesem Verbot das Ergebnis der gesetzwidrigen Beweisaufnahme verwendet, dann ist im Rechtsmittelverfahren dieses Erkenntnis aufzuheben.[580]

Der VwGH[581] hat zudem in einem Erkenntnis durch eine verfassungsgemäße Interpretation des § 98 Abs 4 FinStrG ein (einseitiges) Beweisverwertungsverbot anerkannt, auch wenn die Beschlagnahme rechtmäßig war. Ein „relatives", nur zu Gunsten des Mandanten wirksames Beweisverwertungsverbot besteht dann, wenn der Parteienvertreter unmittelbarer Täter des Finanzvergehens ist (zB bei einer Abgabenhinterziehung in „eigener Sache") und der Klient dabei nicht involviert ist. Auch in diesem Fall gilt das Beweisverwertungsverbot des § 98 Abs 4 FinStrG. Die dabei erlangten Unterlagen dürfen nicht zum Nachteil des Klienten herangezogen werden und folglich bleibt die Verschwiegenheitspflicht gegenüber dem Mandanten unangetastet, selbst bei eigenen Finanzvergehen des Parteienvertreters.[582]

Ebenfalls von Relevanz ist idZ die Verletzung des § 106 Abs 2 FinStrG, wonach Zeugen zur Beantwortung der an sie gestellten Fragen – außer von Zwangsstrafen – nicht gezwungen werden dürfen. Auch die daraus gewonnenen Antworten dür-

---

578   Vgl *Leitner/Toifl/Brandl*, Finanzstrafrecht[3] Rz 1964.
579   Vgl dazu *Seiler/Seiler*, Finanzstrafgesetz[4] § 98 Rz 31.
580   Wurden Beweismittel beschlagnahmt, die einer gesetzlich anerkannten Verschwiegenheitspflicht unterliegen, so dürfen diese grds nicht zum Nachteil des Beschuldigten herangezogen werden. Ausnahme: § 89 Abs 3 lit a u b, Abs 4 FinStrG; vgl auch *Leitner/Toifl/Brandl*, Finanzstrafrecht[3] Rz 1963, 1967.
581   VwGH 25.6.1997, 96/15/0225, 0226, AnwBl 1998/7462 = JBl 1997, 807 = ÖStZB 1997, 749.
582   MwN *Eckhard*, VWT 1998/5, 38; VwGH 25.6.1997, 96/15/0267, 0268, ÖStZB 1997, 752, hinsichtlich von Bankunterlagen, welche beim Parteienvertreter beschlagnahmt wurden, bei nicht involvierten Bankkunden.

fen nicht zum Nachteil des Beschuldigten bzw Nebenbeteiligten herangezogen werden. So hat jedoch der VwGH[583] in einem (äußerst bedenklichen) Erkenntnis ausgesprochen, dass die Verletzung der Belehrungspflicht hinsichtlich gesetzlicher Entschlagungsrechte (§§ 106 Abs 1 iVm 104 FinStrG) hingegen kein Beweisverwertungsverbot begründe. Abgesehen von den Fällen, in denen der Parteienvertreter vom Entschlagungsrecht (etwa infolge geringfügiger Anzahl zu bearbeitender Fälle auf dem Gebiet des Finanzstrafverfahrens) keine Kenntnis besitzt, könnte dies beim Entschlagungsberechtigten den Eindruck erwecken, dass er zur Aussage verpflichtet ist. Diese Unterlassung ist jedenfalls als gesetzwidriger Zwang zu werten.[584]

Im Finanzstrafverfahren (§ 98 Abs 1 FinStrG) – wie auch im Abgabenverfahren (§ 166 BAO) – gilt der Grundsatz der Unbeschränktheit und Gleichheit der Beweismittel, wonach Beweisanträge nur dann abgelehnt werden dürfen, wenn die Beweistatsachen als wahr angesehen werden, es auf sie nicht (mehr) ankommt oder das Beweismittel untauglich ist. IdZ stellt sich die berechtigte Frage, welche Wirkungen das Beweisverwertungsverbot hinsichtlich von Folgebeweisen hat. Nach der Rsp des VwGH[585] verbietet die Bestimmung des § 98 Abs 4 FinStrG nicht, dem Verwertungsverbot unterliegende Beweisergebnisse zur Beschaffung weiterer Beweismittel heranzuziehen. Dh, dass ein rechtswidrig erlangtes Beweismittel (etwa beschlagnahmte Unterlagen) zwar unberücksichtigt bleiben muss, es darf jedoch für die Beschaffung neuer bzw weiterer Beweismittel herangezogen werden, sofern dieses auf rechtmäßige Art und Weise beschafft wurde.[586] Dies kann in letzter Konsequenz nur zu einer Aushöhlung des Schutzzweckes dieses Verwertungsverbotes führen und dies – wie *Kotschnigg*[587] es treffend beschreibt – aus mehreren Gründen: Die Behörden könnten in die Versuchung geraten und sich gerade darauf beschränken, rechtswidrig erlangte Beweise durch (isoliert betrachtet) einwandfreie Folgebeweise abzusichern. Die Beweisverwertungsverbote würden schon dadurch in ihrer Schutzfunktion abgeschwächt werden. Im Extremfall würde diese rechtliche Inkonsequenz in weiterer Folge dazu führen können, dass die Behörden diese Verbote generell nicht beachten, was aus rechtsstaatlichen Gründen wohl tunlichst vermieden werden sollte etc.

Zumal sich Änderungstendenzen in diesem Bereich für die nahe Zukunft nicht abzeichnen lassen, eine gewisse Einsicht jedoch wünschenswert wäre, ist es ergo unerlässlich, sich mit den Rechtsschutzinstrumenten näher auseinander zu setzen,

---

583 VwGH 24.6.2004, 2001/15/0224, ÖStZB 2005/125 = SWK 2005, R 11.
584 So auch *Seiler/Seiler*, Finanzstrafgesetz[4] § 98 Rz 30.
585 VwGH 5.3.1993, 90/14/0238, ÖStZB 1991, 445 = ÖJZ 1992, 22 F = SWK 1991, R 129 = AnwBl 1991/3777.
586 Vgl dazu mwN *Kotschnigg*, Praxisfragen aus dem Grenzbereich von Abgaben- und Finanzstrafverfahren, SWK 2006, 714 (715 f); *Eckhard*, VWT 1998/5, 38; *Leitner/Toifl/Brandl*, Finanzstrafrecht[3] Rz 1974.
587 MwN *Kotschnigg*, SWK 2006, 714 (715).

um für den Fall der Fälle dieses Defizit kompensieren zu können. Dies betrifft va bereits die Phase vor der Erlangung des Beweismaterials. Gerade für berufsmäßige Parteienvertreter stellt sich die Frage, ob es hier Rechtsschutzmechanismen gibt, die von den Strafbehörden bei deren Geltendmachung berücksichtigt werden müssen. Man denke hier an Kanzleiräumlichkeiten, in denen Massen an Unterlagen vorhanden sind, die vor unberechtigter Einsicht geschützt werden müssen. Eine Überprüfung auf eine Beweistauglichkeit, -notwendigkeit oder -verwertbarkeit im Nachhinein wäre ein unbefriedigendes Resultat. Deshalb wird auf das nächste Kapitel übergeleitet, in welchem zunächst wieder ein genereller Überblick über die Rechtsschutzinstrumente in den Strafverfahrensarten gegeben wird und an gesonderter Stelle die Besonderheiten für Parteienvertreter behandelt werden.

7. Rechtsmittel im verwaltungsbehördlichen Verfahren

a) Einleitung

Welche Rechtsschutzmöglichkeiten im Zuge des verwaltungsbehördlichen „Vorverfahrens" vorgesehen sind, werden im Rahmen dieses Abschnitts näher beschrieben und mit jenen des gerichtlichen Ermittlungsverfahrens verglichen sowie weitergehende Überlegungen hinsichtlich eines effektiven Rechtsschutzes angestellt.

Im Zuge eines verwaltungsbehördlichen Finanzstrafverfahrens können einerseits ein ordentliches Rechtsmittel (Beschwerde gem § 150 Abs 1 FinStrG zur Anfechtung vor Eintritt der Rechtskraft in ein und demselben Verfahren) und andererseits außerordentliche Rechtsmittel (Wiederaufnahme gem §§ 165 f FinStrG und Wiedereinsetzung in den vorherigen Stand gem §§ 167 f FinStrG, zur „Aufrollung" eines bereits abgeschlossenen Finanzstrafverfahrens) erhoben werden. Es handelt sich bei den Rechtsmitteln generell um Parteihandlungen, welche eine verwaltungsbehördliche Entscheidung eines Organs der Finanzstrafbehörde zum Zwecke ihrer Aufhebung oder Abänderung anfechten.[588]

Wegen ihrer Bedeutung für das Vorverfahren und für das Thema dieses Buches wird nachfolgend lediglich das (ordentliche) Rechtsmittel der Beschwerde dargestellt.

b) Allgemeine Ausführungen

Gegen Erkenntnisse (§§ 136 ff FinStrG) sieht das FinStrG das (ordentliche) Rechtsmittel der Beschwerde vor (vgl dazu § 151 FinStrG). Gegen die sonstigen Bescheide sowie gegen die Ausübung unmittelbarer finanzstrafbehördlicher Befehls- und Zwangsgewalt kann – soweit nicht ein Rechtsmittel für unzulässig erklärt ist – gem § 152 Abs 1 S 1 FinStrG das Rechtsmittel der Beschwerde erhoben werden.

---

588   Siehe dazu mwA *Leitner/Toifl/Brandl*, Finanzstrafrecht³ Rz 2082 ff.

Die Rechtsmittelfrist beträgt einen Monat und beginnt (auch bei mündlicher Verkündigung zB des Erkenntnisses) mit der (schriftlichen) Zustellung des angefochtenen Erkenntnisses oder sonstigen Bescheides, bei Beschwerden gegen die Ausübung unmittelbarer finanzstrafbehördlicher Befehls- und Zwangsgewalt grds mit deren Kenntnis (vgl § 150 Abs 2 FinStrG).[589]

Für den Fristenlauf selbst gelten gem § 56 Abs 2 FinStrG grds die Bestimmungen der BAO (§§ 108–110 BAO). Im FinStrG ist jedoch keine Möglichkeit der Fristverlängerung für die Einbringung eines Rechtsmittels vorgesehen (vgl § 110 Abs 1 BAO). Dies führt dazu, dass nach ungenütztem Ablauf der Rechtsmittelfrist die sog formelle Rechtskraft eintritt. Die Bekämpfung eines Verwaltungsaktes mit einem ordentlichen Rechtsmittel ist dann nicht mehr möglich. Formelle Rechtskraft, dh Unanfechtbarkeit durch ein ordentliches Rechtsmittel, tritt neben dem Fristablauf auch mit einem Rechtsmittelverzicht (§ 154 FinStrG) sowie mit der (teilweisen) Rechtsmittelzurücknahme (§ 155 FinStrG) ein.[590]

Das Rechtsmittel ist bei der Finanzstrafbehörde einzubringen, die das angefochtene Erkenntnis oder den angefochtenen Bescheid erlassen hat. Dies gilt für Beschwerden gegen die Ausübung unmittelbarer finanzstrafbehördlicher Befehls- und Zwangsgewalt sinngemäß, wobei solche Beschwerden allerdings auch bei den Finanzstrafbehörden eingebracht werden können, in deren Bereich der angefochtene Verwaltungsakt gesetzt worden ist (vgl § 150 Abs 3 S 1 und 2 FinStrG).

Wenn aber das Rechtsmittel bei einer anderen Stelle eingebracht wurde, dann gilt das Rechtsmittel nur dann als rechtzeitig, wenn es noch vor Ablauf der Rechtsmittelfrist einer der zuständigen Behörden zukommt (§ 150 Abs 3 letzter Satz FinStrG). Ausgenommen davon sind die Fälle des § 140 Abs 4 FinStrG, wenn das Erkenntnis keine oder eine unrichtige Angabe über die Behörde enthält, bei der das Rechtsmittel einzubringen ist, dann ist das Rechtsmittel auch richtig eingebracht, wenn es bei der Behörde, die das Erkenntnis ausgefertigt hat, oder bei der angegebenen Behörde eingebracht wird.

c) Beschwerde gegen sonstige Bescheide und gegen die Ausübung unmittelbarer Befehls- und Zwangsgewalt

aa) Allgemeines

Soweit nicht das Rechtsmittel der Beschwerde erhoben werden kann oder das Gesetz nicht ein Rechtsmittel ausdrücklich für unzulässig erklärt, sieht das FinStrG neben der Beschwerde noch das Rechtsmittel der Administrativbeschwerde vor.[591] Bei den sonstigen Bescheiden handelt es sich um Bescheide, die keine Er-

---

589 Gem § 141 Abs 1 FinStrG sind auch mündlich verkündete Bescheide schriftlich auszufertigen; *Fellner*, FinStrG II⁶ § 136–141 Rz 26.

590 Vgl VwGH 11.5.1979, 730/79, JBl 1980, 445 = SWK 1980 A V 9 = ÖJZ 1980, 162/25 F = ÖStZB 1980, 78; *Fellner*, FinStrG II⁶ §§ 150–155 Rz 6.

591 Siehe dazu mwN *Tannert*, FinStrG⁸ § 152 Anm 1a zu Abs 1.

kenntnisse (dh keine das Finanzstrafverfahren abschließenden Erledigungen) darstellen. Dazu gehören:[592]

- Bescheide, die durch den Vorsitzenden des Spruchsenates erlassen werden, wie die Anordnung der Festnahme (§ 85 Abs 2 FinStrG), die Anordnung der Untersuchungshaft (§ 86 Abs 1 FinStrG), die Feststellung, ob unter Siegel genommene Gegenstände einem Beschlagnahmeverbot unterliegen (§ 89 Abs 5 FinStrG), die Anordnung von Haus- und Personendurchsuchungen (§ 93 FinStrG), die Verhängung der Ordnungsstrafe (§ 127 Abs 7 FinStrG);
- Bescheide, die durch den Einzelbeamten erlassen werden, wie die Einleitung eines Finanzstrafverfahrens wegen eines vorsätzlichen Finanzvergehens (ausgenommen Finanzordnungswidrigkeiten, § 83 Abs 1 FinStrG), die Verhängung einer Ordnungsstrafe (§ 127 Abs 7 FinStrG), eine Beschlagnahmeanordnung (§ 89 FinStrG).

§ 152 Abs 1 S 1 FinStrG ermöglicht auch, eine Administrativbeschwerde gegen die Ausübung unmittelbarer Befehls- und Zwangsgewalt zu erheben, soweit nicht ein Rechtsmittel für unzulässig erklärt ist. Immer dann, wenn die Behörde ohne formelles Verfahren oder bescheidmäßige Absprache Zwangs- oder sonstige Maßnahmen setzt und dabei in subjektive Rechte eingreift, liegen diese Akte unmittelbarer Befehls- und Zwangsgewalt vor. Dies betrifft va die Fälle der Beschlagnahme (§ 89 Abs 2 FinStrG), der Festnahme (§ 85 Abs 2 FinStrG) und der Personen- und Hausdurchsuchung (§ 93 Abs 4 FinStrG) – jeweils bei Gefahr im Verzug. Derartige Handlungen können grds die Organe der Finanzstrafbehörden, der Abgabenbehörden und des öffentlichen Sicherheitsdienstes setzen.[593]

Zur Erhebung der Beschwerde gegen sonstige Bescheide ist einerseits derjenige berechtigt, an den der angefochtene Bescheid ergangen ist, andererseits kann auch der Amtsbeauftragte eine Beschwerde einbringen, und zwar gegen einen sonstigen Bescheid eines Spruchsenates oder Spruchsenatsvorsitzenden (vgl § 152 Abs 1 letzter S FinStrG).

Die Erhebung einer Beschwerde ist jedoch dann nicht möglich, wenn dies ex lege ausdrücklich für unzulässig erklärt wird. Dies ist etwa bei der Beschwerde gegen die Einstellung (§ 124 Abs 1 FinStrG) oder hinsichtlich der Verhängung einer Ordnungsstrafe (§ 127 Abs 7 FinStrG), wenn sie vom Vorsitzenden des Spruchsenates verhängt wird, vorgesehen.[594]

Zur Erhebung einer Beschwerde gegen Akte unmittelbarer Befehls- und Zwangsgewalt ist allerdings nur derjenige berechtigt, der behauptet, durch die Ausübung unmittelbarer Befehls- und Zwangsgewalt in seinen Rechten verletzt worden zu sein (§ 152 Abs 1 letzter S FinStrG).

---

592 Vgl *Leitner/Toifl/Brandl*, Finanzstrafrecht[3] Rz 2105.
593 Vgl *Leitner/Toifl/Brandl*, Finanzstrafrecht[3] Rz 2106; *Seiler/Seiler*, Finanzstrafgesetz[4] § 152 Rz 13.
594 Vgl *Seiler/Seiler*, Finanzstrafgesetz[4] § 152 Rz 2; siehe dazu auch mwN *Tannert*, FinStrG[8] § 152 Anm 9 zu Abs 1.

bb) Aufschiebende Wirkung

Der Beschwerde kommt kraft Gesetzes grds keine aufschiebende Wirkung zu. Diejenige Behörde, deren Bescheid angefochten wird, ist jedoch verpflichtet (arg „hat"), auf Antrag des Beschwerdeführers die aufschiebende Wirkung zuzuerkennen, wenn folgende Voraussetzungen erfüllt sind (§ 152 Abs 2 S 1 FinStrG):[595]

- Durch die Vollziehung des Bescheides würde ein nicht wieder gutzumachender Schaden (das ist ein Schaden, der über jene Nachteile hinausgeht, die mit der Vollstreckung zwangsläufig verbunden sind, weshalb gewisse Nachteile stets selbst zu tragen sind)[596] eintreten und
- öffentliche Rücksichten würden nicht die sofortige Vollziehung gebieten (die Gefährdung der Einbringlichkeit der Abgabenschuld oder die drohende Vollstreckungsverjährung gebieten eine sofortige Vollziehung).[597]

Wird die aufschiebende Wirkung nicht zuerkannt, ist ein abgesondertes Rechtsmittel nicht zulässig (§ 152 Abs 2 letzter Satz FinStrG).[598] Dieser Ausschluss lässt sich damit begründen, dass die Berechtigung der von der Behörde angeordneten dringlichen Maßnahme erst mit der endgültigen Entscheidung verlässlich beurteilt werden kann.[599]

Wird die aufschiebende Wirkung zuerkannt, so hat die Behörde die Vollziehung des Bescheides zu unterlassen und die hierzu erforderlichen Verfügungen zu veranlassen, wobei jedoch bereits gesetzte Vollzugshandlungen bestehen bleiben.[600]

cc) Inhalt

Das Rechtsmittel der Beschwerde gegen sonstige Bescheide hat – wie auch die Beschwerde gegen Erkenntnisse – folgenden Inhalt aufzuweisen (vgl § 153 Abs 1 FinStrG):[601]

- Bezeichnung des Bescheides, gegen den es sich richtet,
- Erklärung, in welchen Punkten der Bescheid angefochten wird,
- Erklärung, welche Änderungen beantragt werden,
- Begründung,
- Bezeichnung eventuell vorgebrachter neuer Tatsachen oder Beweismittel.

Die Beschwerde gegen Akte unmittelbarer Befehls- und Zwangsgewalt hat folgenden Inhalt aufzuweisen (vgl § 153 Abs 3 FinStrG):[602]

---

595 MwN *Leitner/Toifl/Brandl*, Finanzstrafrecht³ Rz 2110; *Tannert*, FinStrG⁸ § 152 Anm zu Abs 2.
596 Vgl VwGH 21.12.1961, 2634/59, VwSlg 2564 F; VwGH 18.12.1964, 1129/63, VwSlg 3203 F.
597 Vgl VwGH 22.5.1970, 612/70; VwGH 20.3.1951, 1424/50, VwSlg 1997 A.
598 Vgl VwGH 23.2.1989, 88/16/0214, AnwBl 1990/3389 = ÖStZ 1989, 122 = ÖStZB 1990, 272.
599 S dazu VfGH 1.12.1992, B 1552/92, SWK 1993, R 145; siehe dazu auch *Seiler/Seiler*, Finanzstrafgesetz⁴ § 152 Rz 20.
600 Vgl OGH 18.12.1974, 5 Ob 311/74; mwN *Tannert*, FinStrG⁸ § 152 Anm 11 zu Abs 2.
601 MwA *Leitner/Toifl/Brandl*, Finanzstrafrecht³ Rz 2112 ff.
602 MwA *Leitner/Toifl/Brandl*, Finanzstrafrecht³ Rz 2121 ff.

- Bezeichnung des angefochtenen Verwaltungsaktes,
- Angabe darüber, welches Organ den angefochtenen Verwaltungsakt gesetzt hat, sofern dies zumutbar ist,
- Sachverhalt,
- Gründe, worauf sich die behauptete Rechtswidrigkeit stützt,
- Begehren, den angefochtenen Verwaltungsakt für rechtswidrig zu erklären,
- Angaben, welche für die Beurteilung der fristgerechten Einbringung der Beschwerde erforderlich sind.

dd) Rechtsmittelverfahren

Zunächst sieht § 156 Abs 1 FinStrG ein Vorprüfungsrecht der Finanzstrafbehörde hinsichtlich jener Rechtsmittel vor, die gegen einen von ihr erlassenen Bescheid (bzw ein von ihr erlassenes Erkenntnis) eingebracht worden sind. Sie hat das Rechtsmittel mittels Bescheid zurückzuweisen, wenn es entweder nicht zulässig ist (zB eine Beschwerde gegen die Ablehnung von Beweisanträgen, da gegen eine verfahrensregelnde Anordnung ein abgesondertes Rechtsmittel nicht zulässig ist) oder nicht fristgerecht eingebracht wurde.[603]

Liegen die inhaltlichen Voraussetzungen des § 153 FinStrG nicht vor (zB Fehlen der Bezeichnung des angefochtenen Bescheides) oder weist das Rechtsmittel ein Formgebrechen auf (wie etwa eine fehlende Unterschrift), dann hat die Finanzstrafbehörde dem Rechtsmittelwerber die Behebung der Mängel aufzutragen und dafür eine bestimmte Frist zu setzen. Dieser sog Mängelbehebungsauftrag, der in Bescheidform ergeht, hat den Hinweis zu enthalten, dass das eingebrachte Rechtsmittel als zurückgenommen gilt, wenn dem Auftrag nicht innerhalb der festgesetzten Frist entsprochen wird. Wurde der Mangel innerhalb der Frist behoben, dann gilt das Rechtsmittel als ursprünglich richtig eingebracht (vgl § 156 Abs 2 FinStrG).[604]

Wenn in weiterer Folge kein Anlass für eine Zurückweisung des Rechtsmittels oder für die Erteilung eines Mängelbehebungsauftrags vorliegt oder etwaige Formgebrechen oder inhaltliche Mängel behoben sind, dann ist das Rechtsmittel unverzüglich dem BFG vorzulegen. Dieses hat ihrerseits zunächst zu prüfen, ob in eventu ein von der Finanzstrafbehörde nicht aufgegriffener Grund für eine Zurückweisung oder einen Mängelbehebungsauftrag vorliegt. Ist diese Überprüfung positiv, dann hat sie entsprechend den Abs 1 und 2 des § 156 FinStrG vorzugehen (vgl § 156 Abs 3 und 4 FinStrG).

Für das Rechtsmittelverfahren selbst gelten gem § 157 FinStrG sinngemäß die Bestimmungen für das erstinstanzliche Finanzstrafverfahren. Aus diesem Grund stehen dem BFG im Ermittlungsverfahren grds auch dieselben Rechte und Oblie-

---

603 Vgl dazu mit weiteren Beispielen *Seiler/Seiler*, Finanzstrafgesetz[4] § 156 Rz 1 f.
604 *Leitner/Toifl/Brandl*, Finanzstrafrecht[3] Rz 2126 f; *Seiler/Seiler*, Finanzstrafgesetz[4] § 156 Rz 7.

genheiten wie der Finanzstrafbehörde zu. Besonders zu betonen für das Rechtsmittelverfahren ist die Tatsache, dass kein Neuerungsverbot besteht und der Beschuldigte daher auch neue Beweismittel und Tatsachen vorbringen kann.[605]

Im Rechtsmittelverfahren ist aber nicht nur die Rechtmäßigkeit der erstinstanzlichen Entscheidung im Zeitpunkt des Ergehens zu überprüfen, sondern zusätzlich auch eine eigenständige Beurteilung der Sach- und Rechtslage vorzunehmen. Die Finanzstrafbehörde und das BFG sind dabei verpflichtet, die Feststellung des maßgeblichen Sachverhalts und dessen rechtliche Beurteilung, ob und in welchem Ausmaß eine Abgabe verkürzt wurde, nicht nur in Bezug auf die subjektive, sondern auch auf die objektive Tatseite unter Wahrung der Grundsätze der Amtswegigkeit des Verfahrens (vgl § 115 FinStrG) und der materiellen Wahrheit (vgl § 57 Abs 1 FinStrG) ohne jede Einschränkung selbst vorzunehmen.[606]

Beweisaufnahmen, welche schon im erstinstanzlichen Verfahren durchgeführt worden sind, müssen im Rechtsmittelverfahren nur dann wiederholt werden, sofern dies zur Ermittlung des wahren Sachverhalts notwendig ist (vgl § 158 FinStrG). Diese Vermeidung von Verzögerungen aus Gründen der Prozessökonomie wird grds wohl nur dann der Fall sein, wenn das BFG auch die Beweiswürdigung der Erstinstanz übernimmt. Zudem kann das BFG – ohne erneute Beweisaufnahmen – die von der Erstinstanz vorgenommenen Beweise auch anders würdigen. Wenn die von der Finanzstrafbehörde durchgeführten Beweisaufnahmen allerdings mangelhaft sind, dann wird die Rechtsmittelinstanz Beweisaufnahmen wiederholen müssen.[607]

Das BFG hat grds in der Sache selbst zu entscheiden. Sie ist dabei berechtigt, sowohl im Spruch als auch hinsichtlich der Begründung der Rechtsmittelentscheidung ihre Anschauung an die Stelle jener der Finanzstrafbehörde zu setzen und den angefochtenen Bescheid bzw das angefochtene Erkenntnis abzuändern oder aufzuheben, den angefochtenen Verwaltungsakt für rechtswidrig zu erklären oder das Rechtsmittel als unbegründet abzuweisen (§ 161 Abs 1 FinStrG).[608]

---

605 MwN *Leitner/Toifl/Brandl*, Finanzstrafrecht[3] Rz 2146 ff.
606 Vgl dazu VwGH 27.2.2001, 98/13/0110, ÖStZB 2001/386 = ecolex 2001/265; VwGH 3.7.2003, 2003/15/0047, ÖStZB 2004/258; *Tannert*, FinStrG[8] § 157 Anm zu Abs 2; *Seiler/Seiler*, Finanzstrafgesetz[4] § 157 Rz 1.
607 MwN *Tannert/Dorazil*, FinStrG-Kommentar § 158 Anm 1 ff.
608 Wichtig in diesem Zusammenhang ist auch die Bestimmung des § 161 Abs 3 FinStrG, wonach eine Änderung des Erkenntnisses zum Nachteil des Beschuldigten oder der Nebenbeteiligten nur dann zulässig ist, wenn dieses vom Amtsbeauftragten angefochten wird (Verbot der reformatio in peius). Mangels Erwähnung im Gesetz findet diese Bestimmung bzw dieses Verbot jedoch nicht auf sonstige Bescheide Anwendung. Wenn im Rahmen des Rechtsmittelverfahrens herauskommt, dass zum Nachteil eines anderen Beschuldigten oder Nebenbeteiligten, der allerdings kein Rechtsmittel eingebracht hat, das Gesetz unrichtig angewendet wurde, so hat die Finanzstrafbehörde II. Instanz so vorzugehen, als wäre auch von diesen Personen ein Rechtsmittel eingebracht worden (beneficium cohaesionis); siehe dazu mwA *Leitner/Toifl/Brandl*, Finanzstrafrecht[3] Rz 2169 f.

Hält das BFG umfangreiche Ergänzungen des Untersuchungsverfahrens für erforderlich, so kann sie gem § 161 Abs 4 FinStrG auch die Aufhebung des angefochtenen Bescheides bzw Erkenntnisses unter Zurückverweisung der Sache an die Finanzstrafbehörde verfügen. Im weiteren Verfahren ist die Finanzstrafbehörde an die im Aufhebungsbescheid niedergelegte Rechtsanschauung gebunden.[609]

ee) Exkurs: Verfahrensregelnde Anordnungen

Die verfahrensregelnden Anordnungen betreffen die Rechte der Verfahrensbeteiligten und bestimmen dadurch den Gang des Verfahrens. Dazu zählen bspw die Ablehnung von Beweisanträgen, die Aufforderung, den Verhandlungsraum zu verlassen oder die Verweigerung der Akteneinsicht, wenn eine abschließende Sachentscheidung ergeht. Soweit nicht ausdrücklich ein Rechtsmittel für zulässig erklärt wurde (zB gegen den Ausschluss des Verteidigers von der Teilnahme an Beweisaufnahmen nach § 78 Abs 2 FinStrG), ist gegen solche Anordnungen (mangels selbstständigem Normcharakter) gem § 152 Abs 1 S 2 FinStrG kein abgesondertes Rechtsmittel zulässig; sie sind erst mit einem Rechtsmittel gegen das das Verfahren abschließende Erkenntnis (den Bescheid) anfechtbar.[610]

ff) Grafische Darstellungen

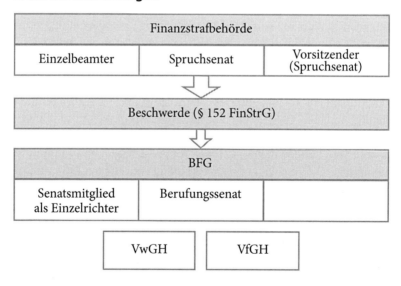

Abb 14: Allgemeiner Instanzenzug Bescheid – Beschwerde

---

609   Vgl dazu etwa *Hilber*, Verfahrensrecht in Steuersachen 268 ff.
610   MwN und Beispielen siehe *Leitner/Toifl/Brandl*, Finanzstrafrecht³ Rz 2109; *Seiler/Seiler*, Finanzstrafgesetz⁴ § 152 Rz 17.

VI. Ausblick

Die Entwicklungen der letzten Jahre im Bereich der Betrugsbekämpfung und der Eindämmung von Abgabenhinterziehungen zeigen, dass es zunehmend zu einer Verschärfung des materiellen Finanzstrafrechts sowie zu einer Ausweitung der finanzstrafrechtlichen Ermittlungsmaßnahmen gekommen ist. Dieser Trend ist auch auf internationaler Ebene zu beobachten. Druck zu mehr Transparenz und gegen Steuerbetrug wurde dabei vor allem von Seiten der OECD im Rahmen des BEPS-Programms und des automatischen Informationsaustauschs ausgeübt. Die Entwicklungen in diese Richtung sind aber noch lange nicht am Ende angelangt.

Auch die Steuerreform 2015/2016 – die zu mehr als einem Drittel durch Betrugsbekämpfung gegenfinanziert werden soll – sieht finanzstrafrechtliche Begleitmaßnahmen und Befugniserweiterungen für die Verfolgungsbehörden vor.

Ein Großteil der materiellen Änderungen im Finanzstrafrecht ist auf die Bekämpfung von Steuerhinterziehung im Zusammenhang mit Schwarzumsätzen gerichtet. Dazu ist angedacht, neue Finanzvergehen für den Verstoß gegen das Barzahlungsverbot am Bau sowie die Verletzung der Verpflichtung zur Verwendung von nicht manipulierbaren Registrierkassen einzuführen. Dies geht so weit, dass die Abgabenhinterziehung durch systematische Manipulation von Registrierkassen künftig den Tatbestand des Abgabenbetrugs erfüllen und damit zu primären Haftstrafen führen kann. Im Gegenzug dazu soll eine fahrlässige Abgabenverkürzung (mit Ausnahme der Verkürzung von Mineralölsteuer) nur mehr beim Vorliegen von grober Fahrlässigkeit strafbar sein.

Darüber hinaus sieht die Steuerreform 2015/2016 (im Stadium des Ministerialentwurfs) auch einige neue Ermittlungsmaßnahmen im finanzstrafrechtlichen Ermittlungsverfahren vor.

- Eine gravierende Einschränkungen des Bankgeheimnisses: Künftig sollen Behörden, im Gegensatz zu heute, ohne richterlichen Beschluss Einsicht in das eigens dafür erstellte Kontenregister nehmen können; dafür soll eine Anordnung der Staatsanwaltschaft ausreichen. Der Zugriff auf inhaltliche Daten (Urkunden und Unterlagen über Art und Umfang einer Geschäftsverbindung sowie Geschäftsvorgänge für vergangene oder künftige Zeiträume) soll dabei aber auch weiterhin nur mit gerichtlicher Bewilligung möglich sein. Als Rechtsmittel stehen dem Betroffenen der Einspruch wegen Rechtsverletzung sowie die Beschwerde gegen die daraufhin erfolgte Entscheidung des Gerichts zur Verfügung. Die Bank hat schriftlichen Auskunftsersuchen ohne weitere Prüfung nachzukommen und hat dagegen kein Verweigerungsrecht oder Rechtsmittel.

- Die Möglichkeit zur Abfrage von IP-Adressen: Damit sollen künftig Nutzer auch dann erfasst werden können, wenn sie dynamische IP-Adressen verwenden. Ziel der Bestimmung ist die Ausforschung der hinter den IP-Adressen stehenden Nutzer und nicht der Inhalt der Nachrichten. Dabei soll es möglich sein, den Autor bestimmter Nachrichten sowie den Zeitpunkt ihrer Übermittlung abzufragen. Diese Ermittlungsmaßnahme soll jedoch nur auf vorsätzliche Finanzvergehen mit Ausnahme von Finanzordnungswidrigkeiten beschränkt sein. Zudem ist dafür eine Anordnung des Vorsitzenden des Spruchsenats und somit eines unabhängigen Richters vorgesehen. Aufgrund des damit zusammenhängenden besonderen Bedarfs an Rechtsschutz soll in diesem Zusammenhang beim BMF ein Rechtsschutzbeauftragter eingerichtet werden, der über derartige Ermittlungsmaßnahmen zu informieren ist.
- Die Berechtigung zur Abnahme von Fingerabdrücken: Die Finanzstrafbehörde soll künftig ermächtigt sein, Fingerabdrücke von Beschuldigten zu nehmen, wenn angenommen werden kann, dass bei der Begehung von Finanzvergehen Spuren hinterlassen wurden.
- Weiters soll die Möglichkeit zur Abfrage von Fahndungsdaten durch die Finanzstrafbehörden, die im Zuge von Ermittlungsverfahren benötigt werden, geschaffen werden. Dies soll der Sicherheit der ermittelnden Beamten dienen, damit diese allfällige Gefährdungen frühzeitig erkennen können. Andererseits soll auch die Ermächtigung zur Übermittlung von für die Durchführung eines Finanzstrafverfahrens erforderlichen Daten von Kriminalbehörden und Gerichten an Finanzstrafbehörden geschaffen werden. Diese Regelung zur Ermächtigung der Datenübermittlung war aufgrund des VfGH-Erkenntnis vom 1.10.2013, G 2/2013, erforderlich und soll bereits am Tag nach Kundmachung des Gesetzes in Kraft treten.

Wie nicht anders zu erwarten war, bieten diese mitunter sehr weitgehenden Reformvorschläge viel Stoff für Diskussionen. In der öffentlichen Debatte bestehen mehrere kontroversielle Standpunkte. Die einen sind für volle Transparenz und sehen die vorgesehene Einschränkung der Konteneinsicht, wonach diese nur in Fällen, in welchen die Behörden Bedenken gegen die Richtigkeit von Abgabenerklärungen hegen, erfolgen darf, als ausreichend an. Die anderen bestehen darauf, die Einsichtnahme von einer richterlichen Bewilligung abhängig zu machen und argumentieren, dass sonst *„der Willkür Tür und Tor geöffnet wäre"*. Dann gibt es noch jene, die eine Änderung des Status quo generell ablehnen. Der Ausgang dieser Diskussion, inwieweit und unter welchen Voraussetzungen der Abgabenanspruch des Staates denn Eingriff in die persönlichen Daten der Steuerpflichtigen rechtfertigt, ist derzeit noch ungewiss.

Es bleibt abzuwarten, welche der geplanten Regelungen im Laufe des Gesetzwerdungsprozesses tatsächlich umgesetzt werden. Die neuen Bestimmungen sollen ab 1.1.2016 in Kraft treten.

Die geplante Steuerreform bringt zusätzliche Ermittlungsmöglichkeiten für die Strafverfolgungsorgane im finanzstrafrechtlichen Ermittlungsverfahren. Unter der Voraussetzung, dass die dafür benötigten personellen Ressourcen geschaffen werden, ist durch die erhöhte Ermittlungstätigkeit mit einer Zunahme der Anzahl an Finanzstrafverfahren zu rechnen.

Stichwortverzeichnis